# 天国は現実、しかし地獄も現実

## 来たるべきことについての目撃者の証言

ヴァスーラ・リデン

「この著者は謙虚に著述しているが、
メッセージの信憑性《しんぴょうせい》に関して疑いを抱くことはないだろう …
この分野《ジャンル》が最終的に伝えようとしていることは、
圧迫された状況に置かれた信じる者たちへ、神の愛に応え、
信仰を守り抜くようにとの励ましである …
この本は読みやすい分量で、
明確な文体と誠実さを持って書かれている …」

プロスペロ・グレッヒ枢機卿
『インサイド・ザ・バチカン』誌
２０１４年１月号

# 目次

天国は現実、しかし地獄も現実

# 1章　予　感

私はこれまで、生涯を通じて霊的な世界を見てきました。天使たちや聖人たちなどの超自然的な存在を見ることができ、死者たちの霊魂を見ることができます。あなたが生きている人々を見るように、彼らをはっきりと見ることができます。ある人々は、心の中で音楽を聴いて交響曲を作曲することができますし、またある人々は、心の目で数字を見て驚異的な方程式を解くことができます。

私は超自然の世界を見るために招かれたのです……

あなたがもし街で私と出会ったとしても、そんなことは決して想像できないでしょう。私は他の人々と同じように見えるでしょうし、同じように振る舞います。修道女でもなければ世捨て人でもなく、ジプシーの占い師でもありません。私はあなたとまったく同じです。それにもかかわらず、私やあなたをはるかに超越したある世界――ひとつの様相――を見るように招かれたのです。

それは私たちをとりまく目に見えない世界――天使と悪魔の世界、そして私たちの生活の一瞬一瞬に作用する支配力と影響力の世界です。私はこの世界を見ることができますが、それは私たちの物質的な世界に対するものの見方を変えてしまいます。私たちの人生には、答えが得られない疑問が数多くありますが、この世界を見ることは、私にとってそういった疑問の背後に隠された意味を把握する助けとなりました。

・人は死後どこへ行くのか?
・天国は存在するのか……そして地獄は? その間には何が存在するのか?
・悪魔や悪霊は存在するのか、それともただの神話にすぎないのか?
・出来事にはそれが起こる理由があるのか?
・もし神が善であるなら、なぜ私たちが苦しむのを許されるのか?
・夢や予感は未来に起こることを告げるのか?
・私たちは終末の時代を生きているのか?
・終わりには神の裁きがあるのか?

終わりのない疑問……人生について、死について、私たち皆がこの世界で行なっていることについて。こういった疑問の多くに対する答えは、物事を異なる視点から見ることによってのみ見いだすことができるものです――それはタペストリーの裏側に回り、極めて複雑に絡みあった糸が、どのようにしてひとつのエレガントなイメージを作りだしているかを見るようなものです。

小さな頃から神秘的な体験をしてきましたが、神がこれを与えられたのは、私にそのような視点から物事を見るようにさせるためだけではなく、神ご自身にもまた別の理由があったからなのです。

これは驚くべき、信じられないような体験と、神聖なる存在——神——との遭遇の物語、そして私やあなた、あるいは全世界にとって、この遭遇が何を意味するのかについての物語です。

## 始まり

まずは時間をさかのぼり、多事多端《たじたたん》だった私の誕生の頃に戻ることにしましょう。１９４２年1月18日、私はエジプトのカイロで、ギリシャ人の両親のもとに生まれました。この日が聖ペトロの使徒座の祝日[*1]であり、キリスト教一致祈祷《きとう》週間の初日でもあることは重要な意味を持っています。一致週間には様々な教派が集まって、分裂と不一致の問題に対する解決策を見いだすために働くのです。

私が生まれる前、父方の祖母は、私の代母《だいぼ》[*2]になることにこだわりました。祖母は自分の母親にちなんで、ヴァシリキ[*3]という名前を私に付けました。私の母は、この名前はあまりに古くさいと思ってがっかりしましたが、私たちの慣習ではいくつかの名前を付けてもよいことになっているので、気に入っていたクロードという名前を付け加えました。

生まれた時、私の目は固く閉じたまま、まったく開きませんでした。母はパニックに陥りました。両目が完全にくっついたまま生まれてくる赤ちゃんは大変珍しく、もし閉じたままだとしても、通常は二、三時間か、せいぜい一日くらいのことです。

私の目は永久に固く閉じたままに見え、まるで、私が世界を見たくないかのようでした。まる三日間、私の目は固く閉じたままだったのです。医者も説明がつかず、母は私が盲目かもしれないと考えてさらに動揺し、母乳が出なくなってしまいました。そこで医者は、同じ産科病棟にいて同じ日に女の子を産んだ別の母親に乳を飲ませてもらってはどうかと勧めました。私の乳母、イタリア人のフォルトゥーネ夫人は、自身の娘をルチアと名付けていました。ルチアとはイタリア語で「光」を意味しますが、それは私が持っていないものだったのです！

祈りの力を固く信じていた母は、解決を求めて必死に神に願い求めました。すると突然、目に関する奇跡を起こすと信じられていた、ギリシャの聖女パラスケヴィの話を思い出したのです。母は聖パラスケヴィに祈り求め、とりなしを願って、もし私の目が正常とわかったなら、聖女にちなんだ名前を付けますと誓いました。

ギリシャ語でパラスケヴィとは「金曜日」を意味し、「主の道を整えよ」という意味もあります。母は知るよしもありませんでしたが、それは将来私を待ち受けていた事にふさわしいものでした。ちょうど三日後、私の目はついに開き、母は誓いを守って、喜んで主を称えました。そういうわけで、私は現在名前を三つ持っています。

さて、私が初めて「死者たち」を見たのは、スイスに住んでいた十代の終わりのことでした。ある日、彼らは不意に姿を現し、私を取りまくようにして自宅の床に座っていたのです。彼らは皆、同じような姿をしていました。男性も女性も互いに区別がつかず、まるで糊《のり》でくっつけられたように、ぴったりと寄り添うように座っていました。彼らが亡くなった人々であるということに疑う余地はありませんでしたが、本当にそこにいるということもわかっていました。皆同じ体型をしており、禿げ頭で、顔色は灰色っぽく、やせ衰えていました。灰色の衣服はあまりにも地味で目立たないものでした。

私には彼らが誰なのか、なぜ私を取り囲むのか知るよしもありませんでしたが、亡くなった人々の霊魂であることはわかりました。それから時々、何の予告もなく、家のどこにいようと、霊魂の目で大勢の死者たちを見るようになったのです。彼らの静けさと、私に対する敬意がとても強く印象に残っています。

グループの中心にいる一人が、他の人たちよりも高い所に上がってきて、私の邪魔をせず、静かにしているようにと皆に合図を送っていることに気づきました。彼らは何かが起こるのを待っているかのように、何時間でも座っていました。もしかすると、そこが居心地よく、平和だったからかもしれません。妙なことに、彼らの存在が私の邪魔をしたり、私に恐れを抱かせたりすることはありませんでした。なぜ彼らが私に姿を現すのか、それが何を意味するのか、不思議に思うこともありませんでした。周囲の人には彼らが見えていないことは十分承知していたので、そのことを話題にしたり、誰かに話したりすることもありませんでした。自分の両親にもです。

はじめのうち、「死者たち」は静かに音を立てないようにしていましたが、そのうち、彼らが何を望んでいるのかを私に理解させるために話しかけてきたり、身ぶり手ぶりをしたり、様々な方法で自分たちを現すようになりました。かなり後――二十年も経ってから――やっと私は彼らの存在の意味を理解するのです。彼らはもはや、私を取り囲んで静かに一緒に座ってはおらず、それぞれ個別に私の前に現れるようになりました。自分たちの存在を知らせるため、あるいは助けを求めるため、特に祈りを求めるために。夜遅くか明け方前に、ドアをノックする音をたびたび聞きました。時にはドアベルが鳴ることもありました。開けてみても誰も見えませんでしたが、霊的な存在を感じ、霊魂が、私に助けを求めて泣き叫んでいることがわかりました。

時々、私が彼らの領域に引き上げられ、彼らの中にいるということもありました。私の身体が実際にそこに運ばれたわけではありませんが、私の霊は神秘的な方法で死者たちと共におり、彼らにも私がよく見えたのです。私がまだ地上にいて生きており、彼らと同じではないことは、彼らにもちゃんとわかっていました。中には驚きを隠さない者もいて、「こんな所で私たちと何をしているの?」と言いたそうでした。

彼らが苦しんでいることは確かで、私とのつながりは、助けを乞うための一つの方法だったのです。

とはいえ、それは彼らにどう応えたらよいのかを知るよりずっと前のことでした……

「別の世界」を初めて経験したのは、死者たちを見た時ではありません。まだ四歳にもならない頃から、繰り返し起こる悪夢の中で、超自然的な世界を見ていました。

もし「悪魔が悪夢を見させるのですか?」と聞かれたなら、「ええ、そうです」と答えるでしょう。しかし、私たちが見る悪夢のすべてを同じように分類することはできません。生まれつき、または心理的なものが原因の悪夢もありますし、そのうちにどちらかわかるようになるでしょう。

夢の中で、私はベッドから起き上がり、薄暗い廊下を歩いていました。廊下の先には恐ろしい赤い目をした大きな黒い犬がいて、歯をむき出して、私を八つ裂きにしようと今にも飛びかからんばかりでした。私の中の何かが、この犬はただの犬ではなく、悪魔だと悟らせてくれました。

六歳の頃、夢の中ではなく、目覚めている時にもこういった恐ろしい体験をすることになりました。ある夜、目を覚ましたままベッドに横になっていると、突然、スタンドの薄暗い光のもと、老人の醜い手が二つ、私の喉のすぐ上に現れたのを見ました。私は恐怖で凍りつきました。凝視していると、その手はだんだんと下に降りてきて、私の首を絞めようと近づいてきたのです。叫び声を上げて家族を起こしたくなかったので、横になったまま手から逃れようともがき、恐怖におののきながら、手が見えなくなるまで頭を後ろに動かしました。このヴィジョンがあまりにも私を苦しめたので、翌日の早朝になると母に言いました。

「昨日の夜、醜い二つの手が私の首に近づいてきたの。あれは悪いものよ。だって私の首を絞めようとしたんだもの!」

私が動揺しているのを見た母は、その手は邪悪な存在のものではなく、聖母マリアのものだと私を納得させるのが良いと考えたようでした。しかし私は、あの醜い老人の手は聖母マリアのものではないとずっと確信していました。何年も後になってから、あの手が一体誰のものなのか知ることになります。

十歳の頃、私は初めての「予感」を経験しました。両親がエジプトからレバノンに休暇に行こうと決めた時のことです。母は旅行の準備を始め、旅用に新しい服を縫ってくれました。その頃はデパートで服を買うよりも、自分で縫う習慣があったのです。初めての海を渡る旅行の計画に、皆わくわくしていました。

旅行の準備が着々と進む中、私たちは親戚の家に遊びに行きました。大人たちはレバノン旅行の話に夢中になり、子どもたちは皆、外に遊びに行きました。

突然、不可解な恐れが私を捕らえ、全身を恐怖で満たしました。私は震えだし、わっと泣き出してしまいました。レバノン旅行の先には死が待ち構えているということが、どういうわけか疑いの余地もなくわかったのです。もしこの旅行に行けば、生きては帰れないと。

この奇妙な予感は、私の想像の産物ではありませんでした。私の命を救うために、超自然的な介入があったと感じたのです。家の中にいた母のもとに泣きながら駆け寄ると、母は「一体どうしたの？　転んだの？　誰かにけがをさせられたの？」と繰り返し聞くばかりでした。

恐怖におののく私を皆が見ていましたが、私は話すこともできませんでした。泣きじゃくりながら、ようやく打ち明けました。

「もしあそこに連れていかれたら、私は生きては帰れない！」

何度も何度も繰り返しそう言いました。

皆がショックを受けました。すると、私の母が私の予感にどう対応するかをよく知っていた親戚の一人が言いました。

「それじゃあ、これでその旅行は終わりだね！」

彼は正しかったのです。私が自然界を超えたものとのつながりを持っていることを知っていた母にとって、この「予感」は旅行をキャンセルするのに十分でした。誰も反対する人はおらず、しばらくの間、休暇やレバノンについて言及する人は誰もいませんでした。

レバノンにどんな危険があったのか知ることはありませんでしたが、神が私を守ってくださったことは明らかでした。神は私の人生にご計画を持っておられ、その目的のために私を保護してくださったのです。しばらく経った後、夢を見ました――それはとても現実的なものでした。私は翌朝、すぐに両親に説明しました。

「私、イエスを見たの。イエスは私に微笑みかけていたわ」

夢の中で、私はまばゆい光に満ちた廊下に立っていました。すると突然、向かい側の壁にイエスの顔が見えたのです。私はイエスからほんの数メートルしか離れていませんでした。イエスは微笑みながら、「私のところに来なさい」と言われました。

すると、電流のような不思議な力が、私をイエスのもとへと引き寄せました。あらがうこともできず、イエスのもとに滑《すべ》っていくのがわかりました。

「私のところに来なさい」と三回言われて、その都度、その力がイエスのもとへと私を引き寄せました。自分の足をコントロールできないので、私は不安を感じ始めました。ですがついに、私の顔がイエスの顔に近づき、あっという間に、私の顔はイエスの顔を通り抜けてしまいました。

この夢について両親に話すと、父は母に言いました。

「またそんな夢だよ。この子はどんな風に育つのかね。イエスが夢の中で訪れてくださるとは！」

この夢はもう旅行に行っても大丈夫というしるしだと信じた母は、旅行先をキプロス島に変更しました。

旅行の間ずっと、母は私から目を離しませんでした。特に、ロバに乗って山を登った時には。私の乗ったロバが崖の端に沿って小走りに進むたびに、母は取り乱しながら、ロバを道の安全な方へと引き寄せました。頑固なロバは暴れ放題でしたが、母も私もなんとか無事だったのです！

二年後、十二歳のとき、また神秘的な夢を見ました。私は結婚したのです。花婿はキリストでした。私はイエスの近くを歩いており、たくさんの人々が楽しそうに手を振りながら、イエスが通る道を開けるために後ろの方に立っていました。私はイエスが隣りにおられるのを感じてはいましたが、まだ見ることを許されてはいませんでした。そのすぐ後、部屋に入ると、イエスの母マリアが喜びのうちに私を迎えてくださいました。満面の笑顔で、息子であるイエスにふさわしくなるように、私の髪やドレスを整えてくださったのです。

驚いたことに、このような神秘的な夢や予感を感じた初めの頃、私は決して「信仰の篤《あつ》い」人間ではありませんでした。とはいえ、弟と二人の姉妹と一緒に、教区が経営する学校に通ってはいました。校長先生は高齢で、とても厳しい方でした。生徒が袖をまくり上げたり、ネクタイを緩めたり、シャツの襟ボタンをはずしたりすると叱責されました。私たちが息の詰まるような暑さで死にそうになってもおかまいなし、規則は規則でした。

規則が破られると、愛すべき校長先生によって鞭打ち刑が執行されました。私は何度も校長室に呼び出されたので、先生の鞭にはすっかり詳しくなったほどです。きまり悪さと自尊心ゆえに沈黙を保っていたので、私の太ももにできたみみず腫れについて両親が知ることはありませんでした。

ミッションスクールの先生たちは宗教的すぎて、私の好みには合いませんでした。学校での毎日の日課は、集会室で詩篇を復唱して「主の祈り」を唱えることから始められました。これが私には退屈で、先生たちがさらにお祈りを増やした時などは、なんて狂信的なんだろうと思ったほどでした。もうすでに神様とお話ししたのに、どうしてさらに増やすんだろう？　夢の中でイエスと話すことは何の問題もありませんでしたが、学校で押し付けられた宗教的しきたりは私の性に合いませんでした。

それに加えて、私は文学、書き取りと美術以外はあまり成績が良くなかったので、持ち前のウィットで学校の友達を楽しませる方が好きでした。笑いのコツをつかんでいた私は、クラスで一番のお調子者でした。楽しい生活を送れそうだから、私とぜひ友達になりたいという女の子がいたくらいです！

その一方で先生たちは、私のことをトラブルメーカーであり、やっかいな生徒だと正しく評価していました。クラスを騒乱に導くかもしれないので、私が授業に出席するのを許さない先生さえいたのです。十代はじめのこの頃、ちょっとしたリーダー格になりましたが、先生たちからは拒絶されているのを感じました。でも私の自尊心はそれを表にあらわすことを許さず、大したことではないふりをしていました。そのうち、私のせいではないことでも私が非難され、罰を受けるようになりました。ある日のこと、崩壊したクラスにうんざりした先生が、私に八つ当たりしたのです。先生は私の頬を打って、「居残り！」と叫びました。

私は先生に挑戦して叫び返しました。「倍にしたら！」と。もちろん先生はすぐさまそうしました。クラスは静まり返って凍りつき、私がクラス全員分の罰を引き受けたことを悟りました。私が罪をかぶる筋合いなどないことを皆わかっていましたが、安易なスケープゴートにされたのです。

それから、誰も予想できないようなことが起こりました。明らかにユーモアのセンスを持っておられる神を別にすればですが。

毎年、学期の始めに、先生の不在時に先生の椅子に座り、クラスの秩序を保つ「クラスルーム・キャプテン」を決めるために、各クラスが投票を行うことになっていました。学期末には、一番規律正しかったクラスに大きな銀の賞杯が授与されるのです。

女の子たちが私をキャプテンにしようと決めた時には、まさかと思いました。みんなの中で一番悪い私なら、「愉快な」キャプテンになって、決して先生に報告したりはしないと思ったからに違いありません。この役目を引き受けることには強く抵抗したにもかかわらず、全員の要求で、私が選ばれてしまいました。

先生が教室を出た途端、追いかけっこをしたり、机の上に立ち上がったり、叫んだり、笑ったり、鉛筆が飛び交ったりと、クラスは予想通りの大騒ぎになりました。動物園よりもひどい有様で（動物園には檻があるからです）、まるでジャングルのようでした。「静かにして」と呼びかける私の声はかき消されてしまいます。ついに私は怒鳴りました。

「誰か一人でも動いたり、音を出したりしたら、その人の名前を先生に渡すわよ！」

もちろん、みんなは私がはったりをかけているのだと思って大騒ぎを続けました。私が一人ひとりの名前を書き始めたことに誰も気づきません。先生が戻ってきたので、すぐに私は堕落者たちのリストを渡しました。

クラスメートは唖然呆然《あぜんぼうぜん》。はっと息をのんで泣き出す子もいれば、裏切った私をにらみつける子もいました。でも私は、ただ単に与えられた仕事をこなしただけです――みんなが私に与えた仕事を。

責任を与えられたのですから、たとえ友達の支持を失おうとも、私はそれを果たすだけでした。義務はお楽しみよりも重いのです。その日から、私たちのクラスは「改心」し、実に規律正しくなりました。行儀が良くなったので、しまいには銀の賞杯を勝ち取ったほどです！　その頃には、次に私が何になるのか、クラスのお調子者か、学級委員長か、先生たちには見当もつきませんでした。

しかし次に起こった出来事は、先生たちには決して予測できなかったことで、思いもよらない形で起こりました。

ある日のこと、宗教の授業でイエスの十字架刑の話を聞いていた時、突然、私はヴィジョンの中で、それが実際に起きた時代のその場所に移動したのです。私の意識は、まるでタイムマシンで旅行しているかのように、二千年前のエルサレムへと「流されて」いきました。そこは夜で、人々が暖を取るために焚《た》く焚き火の真っ赤な光と、そこから巻き起こる煙に、エルサレムの嘆きの壁のシルエットが浮かび上がって見えました。私は実際に冷たい夜風を頬に感じ、乾燥した空気の中を漂ってくる薪《まき》の煙の匂いを嗅ぎました。周りでは低い話し声があちらこちらで聞こえ、何かが起きる予感がしました。

それは暗く不穏な恐ろしい時、永遠に残る恐怖と苦悶《くもん》の時であることがわかりました。私は町から離れ、イエスが苦悩のうちに祈っておられるゲツセマネのオリーブ園にやって来ました。それは最後の晩餐の後で、使徒たちは見張り番をするためにイエスと一緒に来ていましたが、仕事中なのに皆眠っていたのです。私はイエスが感じておられた恐れとユダの裏切り、見捨てられた思いを感じとることができました。しかし、イエスが十字架上で死ぬという使命をいま一度受け入れ、御父から差し出された杯から飲むことを愛が受け入れた時、幾千もの悪魔たちが恐れにかられて逃亡するのが見えました。

すると、私の視界は次の日の朝に移り、エルサレムからゴルゴタの丘に向かう曲がりくねった道に自分がいることに気づきました。日中なのに、雲があまりにも低く暗くたちこめているので、夜がまだ明けていないのではと思うほどでした。サンダルを履いた私の足は乾いた草の上に立っていて、兵士たちが丘を登って行く重い足音と、がちゃがちゃという金属音が聞こえました。こういった場面は恐ろしいほどに現実的でした。私の周りには大勢の人だかりができていて、このヴィジョンの中で私はほんの小さな子どもでした。大勢の人混みのために、目の前で何が起こっているのかを見ることができなかったので、単独の見物人や団体の人々、家族たちの間を無理矢理押し分けて入って、イエスがあの恐ろしい十字架を担いで歩いておられた道のすぐ前まで来ました。

まるで時間が止まってしまったかのようで、私のそばまで来られたイエスがよく見えました。イエスはやや若い男性で、息を切らし、疲れ果てて死に瀕しておられました。顔も体も傷だらけで、血を流し、茨で編んだ残酷な偽の冠をかぶせられておられました。冠が額を引っ掻いて突き刺してしまうせいで、血が顔を流れ落ち、眉で固まり、頬につたっていました。イエスが大きな苦しみを受けておられたという事実にもかかわらず、悲しみに満ちたその目は、私の心を深く感動させました。私にはわかっていました。ここで起きている出来事は不当なものだということを。

私はわがままでやんちゃな子どもだったかもしれませんが、人の苦しみに対して鈍感ではありませんでした。同情の気持ちでいっぱいになり、イエスを取り戻して、迫害者たちや、イエスの血を求めて叫ぶ悪意に満ちた群衆から引き離し、安全な場所にいますぐ連れて行きたいという猛烈な欲求にかられました。

しかし、イエスを救い出すその前に、私は再び教室に座っていたことに気がつき、授業に集中していない私をひどく叱責する先生の声が聞こえました。私が「どこかに行っていた」ことに、誰かが気づいてやしないかと周りを見回しました。そのようなヴィジョンの間にでさえ、周囲には、私が早く昼食に行きたがっているようにしか見えなかったに違いありません。

なんて皮肉なんだろうと思いました。神について教えようという先生の努力を、私が無視しているように見えたまさにその瞬間、実は私は神秘的な方法で、聖書の中の出来事を現実のままに追体験していたのですから！　どうして彼らが知ることができたでしょう？

彼らには知るよしもありませんでした。誰にもこのことを話さなかったからです。何が起こったのか説明することなんて、とてもできないとわかっていましたし、気でも狂ったかと思われるのが関の山だったからです。しかし、エルサレムのヴィジョンに続いて他のヴィジョンも見るようになり、それらは単なる幻想と言うにはあまりにも強烈なものでした。とは言っても、私自身にも説明がつかなかったのですが。

「現実の」世界に話を戻しますと、１９５６年、エジプトでは西欧諸国に対して非友好的な新政権が発足しました。その結果、私たちが住んでいたカイロは攻撃を受けるようになったのです。毎日のように爆撃され、戦争は私たちの社会、特に子どもたちに壊滅的な影響を与えました。昼も夜も戦闘機の恐怖におびえて暮らしていては、正常な生活を送ることなどできませんでした。

母がついにストレスで参ってしまい、家族でどこか安全な場所、絶対に爆撃を受けないところへ引っ越すことを決断しました。答えは明らかでした。永世中立国であるスイスです。

そういうわけで、十代半ばにして、私の新しい冒険が始まりました。私たちは全財産を売り払ったも同然の状態で、エジプトから発つためにアレクサンドリアに向かって北上しました。そこから船でイタリアへ渡ったのです。

着いた途端、私はすっかり魅了されてしまいました。ヨーロッパの緑豊かな牧草地、繁華街、色とりどりの街並み、どれも初めて見るものばかりでした。イタリアを鉄道で北上するにつれ、色彩豊かな野原や小さな町々はやがて、真っ白な雪をかぶったスイスの山々へと変わっていきます。なんて素晴らしいのでしょう！

私たちの乗った列車はジュネーブ行きでしたが、終点への到着時刻の一時間ほど前、スイスのもう一つの都市、ローザンヌの駅に立ち寄りました。そしてそこで降りて街を見て回ることにしました。美しい街並みを少し歩いてみただけで、兄弟たちと私はここにとどまりたいと両親に懇願しました。そうしない理由も見当たらず、両親は賛成してくれ、ここに住居を構えることになったのです。

最初は変化に慣れるのに大変でしたが、三年ほどで、私たちはスイスの文化にすんなり溶け込みました。学校では勉強に励み、新しい国とその隣人たちについてよく知るようになりました。

十八歳になる頃には、近くのピュリーという町に引っ越していました。静かな環境の中にある大きなアパートで、小さな庭もあり、ベランダからはジュネーブ湖が望めました。先にお話しした「死者たち」に初めて出会ったのがここでした。

友達や男の子と出かけるといった社会生活を経験し始めたのも、この年頃でした。コーヒーや軽食、ピザなどを食べに、時々少人数で集まるのです。映画を見に行ったり、誰かの家に集まって流行りのロックに合わせて踊ったり。こうした集まりにはなぜか魅力を感じませんでした。なぜなら、心の底ではわかっていたからです。男の子たちのほとんどは、ある一つのこと、つまり仲良くなった女の子と一夜を過ごすことしか頭にないということを。それは私にとって本物の愛ではありませんでした。

私は自分の中に空虚感を覚え、それが霊魂に入り込むのを感じました。私の用心深い態度のせいで、デートは長続きしませんでした。後になって、自分の態度が変だったとわかって落ち込みました。自分を責め、この世界にはますます合わなくなってきているように感じました。

とはいえ、神秘的な体験にもかかわらず、デートや求愛といった「現実の」世界は、徐々に霊的な世界に影を投げ掛け始めました。私は他の女の子たちのように、もっと気楽になるように努めました。まるで水から出た魚のように感じていましたが、社会に適合するために努力し、渇いた地になじむようになりました。十八歳の女の子にとって、それは伴侶を探し始めることを意味していました。

ある日、友達とローザンヌへ遊びに出かけた時、その役割を果たしてくれることになる若いスウェーデン人、ヨハンに出会いました。彼が二十代の時、私たちは結婚を決め、結婚後はスウェーデンに移りました。

スウェーデンで家庭生活を始めることに、期待で胸をふくらませていましたが、暗く寒冷な気候やスカンジナビア人の気質、言葉の違いになじむのに苦労しました。さらに悪いことに、友達が一人もいませんでした。夫の家族は私にスウェーデン語を学ぶよう勧め、スウェーデン語のレッスンを受けるために、私は寒い冬の夜に外出することを強いられました。

二年後、ようやく夫が学業を終え、国連開発計画（UNDP）の若手職員として採用されました。真冬のスウェーデンで、シエラレオネでの任務を受けたのです。これで暖かいアフリカに逃げられる、と喜びました！

夫の仕事のおかげで、アフリカの様々な国を旅して住むことになりました。シエラレオネの次はスーダンに移り、そこで長男のヤンが生まれました。

この砂漠の国で、神はまたも私の命を助けてくださいました。瓶をいくつか運んでいた時、そのうちのひとつが落ちて割れ、とがった破片で左足首を切ってしまったのです。一日か二日すると、その傷から感染してゴルフボール大にまで腫れ上がり、膿《うみ》がにじみ出てきました。医者のところに行くと、傷を消毒してくれ、これはいずれ治るだろうと推測しました。ところがさらに悪くなってしまい、歩くために足を下ろすこともできなくなったため、もう一度その医者のところに行くと、壊疽《えそ》を恐れた医者は私を入院させました。彼は傷にメスを入れ、削り取って洗浄しました。そして消毒し、傷の穴にガーゼを詰めたのですが、すべてを麻酔なしに行ったのです。医者は、回復を促《うなが》すために傷口を開けておかなければならないと言いました。痛み止めが全く効かなかったので、モルヒネを注射してもらいました。私はベッドにいて、夫がそばに座っていてくれ、やがて夕食が運ばれてきました。

食べ始めた途端、どういうわけか、呼吸が突然止まってしまったのです。私は苦しくなって喘《あえ》ぎ、本当に窒息するところでした。心の目に、子どもの頃に私の首を絞めようと現れた、あの醜い悪魔的な手が見えました。私はパニックを起こし、必死に息をしようと、食事のトレイをひっくり返して飛び上がりました。死が自分に迫ってくるのを感じました。夫は助けを呼びに走って行きましたが、誰もいません。すべてがあっという間の出来事で、私たちにできることは何もありませんでした。すべてが絶望的に思われたちょうどその時、突然呼吸ができるようになりました。まるで誰かが私の喉の栓を抜いてくれたかのようでした。

ようやく看護婦が急いでやって来ました。状況を見た彼女は、私の体が耐え切れないほどのモルヒネを投与されたに違いない、と説明しました。

邪悪な死の手が再び私を捕らえようとしましたが、神は別のご計画を持っておられたのです。そのための準備がまだ私には整っていなかったにしても。

スーダンでの任務が終わると、次の新しい五年間の任務のために、私たちは生後九か月の息子を連れてエチオピアに引っ越し、そこで次男のファビアンが誕生しました。駐在員には多くの特権が与えられており、生活は快適でした。使用人を雇うのが普通だったので、家政婦としてとても良い女性を見つけました。家事や料理をしなくてもよいので、私は絵を描き始めました。油絵を描き、一年後には、ついにホテルで個展を開いたのです。特に肖像画が得意でした。それでもまだ自由な時間がたっぷりあったので、テニスを始めました。始めはただ時間潰しのためにやっていたのですが、そのうちすっかり熱中するようになりました――クラブやトーナメント、選手権大会といったことに。

ある日、親しい友人が、アジスアベバの地元紙に載っていた肖像画コンテストの募集広告を見せてくれました。題材はエチオピアの皇帝、ハイレ・セラシエでした。受賞した肖像画は、新作の限定切手に描かれ、十九種類の色で印刷されることになっていました。ハイレ・セラシエの公式の全称号は、「皇帝陛下ハイレ・セラシエ一世、ユダ族の獅子、エチオピアの皇帝、神に選ばれし者」です。

この称号は、メネリク一世を始祖とするエチオピア王朝の伝統を反映しています。エチオピアの伝統では、君主は皆、ソロモン王とアクスム王国のマケダ女王（アブラハムの伝統ではシバの女王として知られる）の間に生まれた、メネリク一世の系統をたどるものとしています。

参加者は通信省のオフィスで登録するように、と通信大臣が案内していました。

私がコンテストに参加することを友人が望んだので、翌日車で通信省のビルまで行き、門衛《もんえい》に大臣のオフィスはどこかと尋ねました。彼は私の言っていることがわからなかったらしく、けげんな表情で私を見ていました。とにかくエレベーターに乗ってみるしかなく、七階あるうちの三階のボタンを適当に押してみました。長い廊下が左から右へと伸びており、人っ子ひとりおらず、たくさんの閉まっているドアがこちらを見詰めていました。一体どこへ行ったらいいのやら、気後れしましたが、とにかくどれかのドアを試してみようと思いました。いくつかのドアを通り過ぎ、あるドアの前で立ち止まって、ドアベルを押してみました。すると驚いたことに、緑色の「入」のサインが点いたのです。ドアを開けて、中には入らずに頭だけ出すと、机に座った男性がこちらを見て微笑んでいるのが見えました。そこで尋ねました。

「大臣のオフィスはどちらでしょうか？」

「ここです。ここで合っていますよ」

私は思わずつまずいて転びそうになりました。七階建ての数えきれないほどのドアの中から、私は真っすぐに正しいドアのところに来ていたのです。頭をドアから出したまま言いました。

「あの、もし私の描いた絵が一位で、二位がエチオピアの方でしたら、エチオピアの方の絵を一位にしていただけますか？　私は外国人ですので」

単刀直入な私の質問に、大臣はあっけにとられていました。

「とんでもない、私の妻はギリシャ人ですよ。どうぞお入りください」

「私もギリシャ人です……」と言うと、彼も私と同じように驚いていました。私は言葉が出ません。彼は引出しから皇帝の写真を取り出しました。白黒でしたが、どうやらそれは皇帝のお気に入りの写真のようでした。

「応募作品はすべて審査団に提出されます。私も審査団のメンバーです」と言い、必要とされる絵のサイズを説明してくれました。お礼を言うと、私は急いで家に帰りました。途中でクレヨンを買い、すぐにとりかかりました。週末には皇帝の肖像画を完成させ、言われた通りに郵送しました。

一か月ほど過ぎた頃、不思議な夢を見ました。夢の中で、修道士の黒い服を着た大臣が、同じような服装をした他の七人と一緒にいるのが見えました。彼らは列をなして丘陵を歩いていました。大臣は列の一番後ろで、私が見ていると、振り向いて私のほうを見ました。彼は列を離れて私の方までやって来ると、息を切らしながら言いました。

「あなたが優勝しました。でも、審査団を説得するのに大変苦労しましたて！」

翌朝、電話が鳴ると大臣からで、彼は夢の中と全く同じことを言ったのです。状況を説明するのでオフィスまで来てほしいと言われました。

「他の審査団のメンバーたちとかなりやり合ったんです。ミスがある肖像画は、どれもはずすという話でしたので。あなたが描いた肖像画はずば抜けて良かったんですよ。でも、皇帝のポケットのハンカチを描きませんでしたね。ハンカチには皇帝のイニシャルが刺しゅうされていたんですよ」

私は溜息をつきました。そうです、画家として、胸部はぼかした方が良いと考えたので、ハンカチは見えるか見えないかという感じになっていました。

「しかし、あなたのために私は戦ったんですよ。一番良かったし、私は婚外子ですが、ハイレ・セラシエの息子で、父とはよく宮殿で夕食を共にしました。父の顔はよく知っています」

彼は続けて説明しました。彼の母はエジプト人で、自分はエジプト生まれだと。

どうやら彼は審査団にこう言ったようです。

「いいですか、あなたたちの誰も私ほど近くで父の顔を見たことがないでしょう。はっきり言って、この肖像画が一番です！」

それから彼はもう一度、今度はキャンバスに油絵で皇帝の肖像画を描くように私に言いました。そして、皇帝に献上するために謁見を申し込むようにと言うのです。

「皇帝があなたに会いたいと思われるのはおわかりですよね？　限定切手の肖像画家であるあなたに」

「私が？　皇帝にお目にかかる？　そんなに簡単なことなんですか？」

「そうです、謁見を申し込んでください。でもまずはハンカチを描いて、切手のための肖像画を持って来てください」

数日後、私は大臣に言われた通りにしました。絵を直して送ったのです。それから、油絵で皇帝の肖像画を描き始めました。

一週間が過ぎ、宮殿宛てに手紙を書きました。自分はコンテストに優勝した画家で、皇帝陛下の謁見を申請しますと。驚いたことに、わずか二日後、すぐに宮殿に来るようにという招待状が届いたのです！　考えれば考えるほど気持ちが高まってきて、自分に言い聞かせました。

「目を覚ましなさい、ヴァスーラ！　誰に会うかわかってるの？　ソロモン王の血筋の末裔《まつえい》、ユダ族の獅子に会うのよ！」

皇帝陛下に肖像画を献上するため、夫を同伴し、宮殿に向けて出発しました。立派な門を四つくぐり、控え室に通され、皇帝の秘書官が私の描いた肖像画を見ました。そして接見の間に案内されました。

そこはあまりに広く、至る所に家具があって、軍服を着て立っておられた皇帝がどこにおられるのか、すぐには見つけられないほどでした。果てしないホールの中に、やっと陛下を見つけたのです。突然、聖書の物語が生き生きと甦ってきました。目の前に立っておられるのは驚異の象徴、その血脈《けつみゃく》にはソロモン王の血が流れているのです。皇帝陛下を見ながら、ソロモン王と似ている所があるのかしらと思いました。お辞儀をしてご挨拶し、肖像画をお見せしました。ご覧になると微笑まれて、喜んでおられるようでした。そしてフランス語でお尋ねになりました。

「美しいですね。どのくらいかかりましたか？」

「この肖像画は完成まで三日かかりました」

「たったそれだけ！」

本当は一日半で仕上げたのですが、価値ある絵にしては短すぎると思われるのが不安で、黙っていました。何を感じておられたにせよ、満足しておられるようでした。そして、ヘルメットを被ったボディガードに何か言われると、ボディガードは急いで立ち去り、すぐに小さな箱を持って戻って来ました。陛下はその箱を開けて金のメダルをお見せになり、私に下さいました。それは故メネリク二世の金メダルでした。幸福を感じつつ、陛下に感謝を申し上げ、謁見は終わりに近づきました。接見の間を退出する前に、陛下に向かって振り返り、もう一度お辞儀をするようにと秘書に言われました。私は背を向けてしまったようで、儀礼《プロトコル》に反していたからでした。

三か月後、エチオピアで革命が起こり、皇帝ハイレ・セラシエは退位させられて投獄され、殺されたという噂さえ流れました。皇帝がどこに埋葬されたのか、誰も知りません。切手はどうなったかというと、スイスで印刷するために多額のお金を投資してあったので、皇帝亡き後も長年使用されることになりました。

数年後、エチオピアのアジスアベバで次男のファビアンが生まれました。ちょうど生後二か月になった頃、私たちはスウェーデンに戻りました。戻った途端に、夫がまた何週間もアフリカに行くことになってしまいました。この数週間は、私にとってとても長く感じられました。スウェーデンには友人もおらず、幼い子どもと赤ちゃんを私一人で育てる大変さはさておき、腰痛にも悩まされ始めました。当然ながら、結婚生活は打撃を受け始め、私と夫は互いにとても縁遠くなってしまいました。

もうこれ以上は無理と感じていた矢先、夫がモザンビークでの長期赴任を提示されました。これは私にとって素晴らしいことで、私たちは引っ越すためにまた荷造りをしました。

私の人生で起こったこのすべてを、神が見ておられるのが目に浮かびます。「普通の」生活を送ろうとする私の試みを、愛情をこめて見守っておられるのが。でも「普通の」生活とは異常さに満ちていて、神の助けなしで自分で対処していこうとすると、私たちの生活はすぐにほころびてしまうのです。

モザンビークでも問題は改善されませんでした――結婚生活は破綻し、私には修復する力はないように思われました。どうしてかわかりませんが、私たちは互いにとってすべてとなれず、それを何とかしようとする気にもなれませんでした。多くの困難の末、ついに私たちは別れるという悲しくて辛い決断をしました。子どもたちのために、離婚後も友人でいることで同意したとはいえ、私たち全員にとってそれは大きな心の痛手になりました。

それは私にとって、人生で初めての大きな失敗でした。私は途方に暮れ、尊厳を失ってしまったように感じました。超自然的なものとのつながりも、夢も、予感も、すべてが無駄でした――私は人生にもがく一人の人間に過ぎませんでした。何もかも神の助けなしにやっていたのです。

やがて、元夫がスウェーデンに戻る時がやって来ました。長男のヤンは学校に通う年齢になっていたため、父親と一緒に行くのが賢明なように思われました。父親のそばで学校教育が受けられるからです。母親と弟のファビアンから離れるのは、ヤンにとってどれほど辛かったことでしょう。私にとっても、人生で最も辛い時でした。私たちはなるべく頻繁に一緒に過ごすようにしましたが、兄弟は離ればなれになり、私は長男が恋しくてたまりませんでした。家族は互いに結びつき、支え合う一つの単位であるべきで、それが壊れると、全員を感情面でも引き裂いてしまうのです。

しかし、私たちはなんとか乗り越え、人生は続いていきました。

やがて、ペル・リデンという別のスウェーデン人に出会う時が来ました。彼はとても親切で、最初の結婚による痛手を負っていたにもかかわらず、彼なら信頼できると感じました。次男のファビアンを育てる上で、家には父親が必要だということもわかっていました。私も年をとって成長しましたし、二度目の結婚はきっとうまくやっていけると信じたのです。そこでペルと私は結婚しました。*4

ペルの仕事も家族を開発途上国へ連れて行く必要があり、すぐに、以前に一度住んだことのあるモザンビークへと引っ越し、それから二年後にはレソトに移りました。ここでの日常生活はそれほど悪くなかったとはいえ、この国に配属されることは困難な任務とみなされていました。ここでの滞在中、私たちは思いもよらぬ非常事態に巻き込まれたのです。

一九八二年、人種隔離政策《アパルトヘイト》がその頂点に達していました。ある晩、私たちは戦車が通る凄まじい音やマシンガンの発砲音、手榴弾《しゅりゅうだん》の爆発音で目を覚ましました。本当に恐ろしい出来事で、ペルは銃弾があちこち飛び交っているから絶対に立ち上がるな、ベッドに横になったまま動くな、と私たちに叫びました。もし銃弾が私たちの方に飛んできていたら、ブリキでできた私たちの平屋《バンガロー》は蜂の巣になっていたでしょう。

暴動はやがて静まりましたが、その跡は恐ろしいものでした。南アフリカ軍はあちこちで人々を虐殺していました。命乞いをした罪のない女性や子どもたちですら、無情にも冷酷な銃撃を受けたのです。

人種間の緊張の高まりは悪化の一途をたどり、犯罪が激増しました。広がる貧困と憎悪がこの国を占拠し、どこを見ても犯罪者が増えているようでした。まさに無政府状態です。夜になると、強盗が石や手斧《おの》を持って民家を襲ってきます。協力して貴重品を差し出さないと暴行されるのです。友人たちは皆武装し、ペルと私でさえ、鉄の棒をベッドのそばに備え、侵入者の目を一時的にくらます液体を噴射するプラスチックの鉄砲を買うことにしました。

皮肉なことに、日中の時間帯は、物事は比較的正常のようでした。私はテニスをするためにまだクラブに行っていて、買い物をし、友人と集まりました。しかし夜になると、最悪の事態におびえ、皆眠るのを怖がりました。

ある晩、私は目が覚めてしまい、眠れなくなりました。うとうとし始めたちょうどその時、見えない手が私を揺り起こしました。夜中の一時頃、半分眠っていると、はじけるような音が一定の間隔で聞こえ始めました。心の中で、大きな白いワイヤーカッターを握った強盗の手が、玄関のそばの蚊帳《かや》を切って、ドアの鍵を開けようとしているヴィジョンが見えました。すぐに目を覚まし、ベッドから飛び起きようとすると、私の内部のどこかで、ベッドから出ずに待つようにと指示する澄んだ声を聞いたのです。

「まだ起きてはだめです」とその声は言いました。もう一度起きようとすると、「まだだめです。待ちなさい」と言います。

私は声に従いました。その命令には説得力がありましたが、優しいものでした。従わないという考えは頭に浮かびませんでした。声は何度も何度も待つようにと言って私を安心させ、そのうちに私は時間の感覚を失くしてしまったのです。

すると突然、切迫した口調で、その声が私に起きるように命令しました。私は従い、勝手口を見るためにすばやく家の裏にまわりました。何もおかしなことはなさそうでした。静かに寝室に戻り、そっとカーテンを引くと、まさに私の目の前、家の外に男が立っており、共犯者がドアを開けて押し入ろうとしているところでした。

夫も息子もぐっすり眠っていました。騎士道精神もそこまでです！　彼らにも、飼っていた犬にさえも、何も聞こえてはいませんでした！　けれど、窓の外に男がいるのを見て、私は力の限り大声で叫びました。

**「ペル！　外に誰かいる！」**

私の叫び声でペルは目を覚ましました。ですが、さらに重要なことは、侵入者が死ぬほど驚いたということです。男は縮み上がって飛び上がりました！　仲間と一緒に脱兎のごとく逃げ出し、フェンスをよじ登って越えると、隣りの庭へ逃走しました。

窓の外に強盗がいたまさにその瞬間に、私が叫び声を上げるように導いてくれたその声が一体誰のものだったのか、その時は知るよしもありませんでした。何年か後、はるか遠いバングラデシュの地で、その声について知るようになるということも。それにしても、神はまたしても私を守ってくださいました。それが何故なのか、いずれ知ることになります……

＊1　聖ペトロの使徒座の祝日は、伝統的には1月18日と2月22日の二つがあった。（訳注）

＊2　代父母《だいふぼ》（教父母《きょうふぼ》）は、キリスト教の伝統において、洗礼式に立会い、神に対する契約の証人となる役割の者を言う。名付け親となる場合も多い。（訳注）

＊3　「ヴァスーラ」は「ヴァシリキ」の英語名。（訳注）

＊4　ギリシャ正教会は後に、この結婚を正統なものとした。（訳注）

# 2章　接　触

アフリカでの経験を考えると、夫が別の国での新しい任務を与えられたのは喜ばしいことでした。今回、私たちはアジアへと向かいました。貧しいけれど美しい国、バングラデシュへ。そこで私の人生のすべてが根底から覆されたのです。

バングラデシュは世界で最も貧しい国のひとつです。首都ダッカに到着した時は、大勢の人々や混雑した道路、大渋滞に圧倒されました。こんな光景を見たのは初めてでした。あちこちに物乞いがいて、信号待ちをしている時ですら、子どもから老人までが車の窓を叩いて施しをせがむのです。イライラして「わあ！　まるでハエみたいね！」と思ったのを思い出します。ところがその直後、私の中で声が聞こえました。

**「彼らも私の子どもたちだ」**

私はその声を気にも留めませんでした。

道行く人々は誰もがせわしなく、忙しそうでした。ありとあらゆる物が山のように積み上げられたカートを引いている人々もいました。交通状況は凄まじく、頭がおかしくなってしまうほどでした。四方八方を人力車に囲まれ、クラクションを鳴らしっぱなしの巨大なおんぼろバスのせいで、周囲にあるものすべてが小人の世界のようでした。バイクは家族の交通手段として使われていて、二、三人の子どもが両親にしがみついて乗っています。人々は好き勝手に道路を渡り、命を危険にさらしながら車の間をすり抜けて行くのです。障害のある人々、中には手足を切断された人もいて、彼らでさえ、土ぼこりの中で足を引きずりながらこの混沌《カオス》の中を通り抜けて行きます。一体、彼らのうちで何人が生き延びられるのだろうと思いました。列車も似たようなもので、車内は大勢の人でぎゅうぎゅう詰め、窓やドアからは、ぶどうのように人々がぶら下がっていました。屋根の上にただ乗りする人々がいたのは言うまでもありません。

この国の守護の天使たちは、課せられた任務を果たすために、世界中で一番忙しく働いているに違いない、と思いました。

皮肉なことに、私はこの地で霊的な世界に引き込まれることになるのです。

ダッカでの新しい生活が落ち着くと、私の生活スタイルはアフリカにいた頃と同じようになっていきました。レセプション、ブリッジの試合、テニスのトーナメントの繰り返しです。午後はテニスか、友達が企画したファッションショーでモデルをするかのどちらかでした。午前中は、私のもう一つの情熱である絵を描くことに費やしました。展覧会の準備をすることにしたので、油絵や木炭画のスケッチを描き始めていたからです。

１９８５年11月28日、この日もいつもと同じように始まりました。私を待ち受けていることへの予感もありませんでした。その夜、友人たちに会うのを楽しみにしながら、ディナーパーティに必要なものの買い物リストを作ろうと、二階のラウンジに上がって行きました。リストを書こうと、メモ用紙の上で鉛筆を持った途端、何かの存在を感じ、その何かが自分を見ているのを感じたのです。それは以前に見たことのある「死者たち」ではありませんでした。これまで経験したどんなものとも全く違っていたのです。全身全霊が信じられないほどの喜びに包まれました。すると突然、右手首に何かが触れて――見えない存在に握られたように感じたのです。まるで手首と手に弱い電流が流れたような、ビリビリした感じがしました。その瞬間、優しいけれどしっかりとした力が、私の手をメモ用紙の上に置き、書く体勢にさせたので、何が起きているのか考える暇もありませんでした。私はすっかり当惑し、混乱してしまいました。そして自分にこう問いかけました。

「これは一体何?」

その「電流」は強くなってきて、見えない存在は私の手を取り、ハートを描くように導きました。それから、そのハートの中心に一本の薔薇を描きました。まるでそのハートから咲き出たように。そして私の人生を永遠に変えてしまうことになった、あの言葉を書いたのです。

**「私はあなたの守護の天使、名前はダニエル」**

この言葉が書かれるのと同時に、あの声が話すのを一音節ずつ、耳に聞こえるどんな声よりもはっきりと聞き取りました。私は驚きのあまり、椅子から転げ落ちそうになりました。特に、筆跡が私のものとは似ても似つかぬものだったからです。それは美しく、荘厳で、イコンに書かれている文字を思い出させるものでした。買い物リストを作ろうとしていたところに、天使が神秘的なやり方で、すらすらと書き上げたこの言葉によって、私の人生は思いもよらぬ転機をむかえ、永遠に変えられました。私は唖然《あぜん》とし、かたずを飲んで沈黙していました。座ったまま何度も何度も読み返し、何とか理解しようと努めたのです。

十代の頃に「死者たち」に出会い、ヴィジョンを見始めてから、長い年月が経っていました。子ども時代に持っていた、神秘的な「もう一つの世界」についての思考から長いこと離れてしまっていたので、守護の天使の出現は、まるで頭に煉瓦《れんが》が落ちてきたかのような不意打ちでした。

書かれた言葉の意味に気づき始め、私は大喜びしました。自分の守護の天使が訪れてくれたことにびっくりし、クスクス笑いだしました。あまりの嬉しさに、鉛筆を宙に放り投げ、家じゅうを飛んでまわり、ほとんど地面に足がついていませんでした。「私は地球上で一番ラッキーだわ！」と繰り返し叫びながら。

その日一日、私は——羽のように軽やかに——気分が高揚し、興奮しながらペルの帰宅を待ちました。ペルは帰って来るなり、私の高揚した様子に気づいて尋ねました。

「それで、何があったの？」

「私ね……あの……ええっと……天使が私に話しかけてきたのよ！」

私はうっかり口を滑らせてしまいました。ペルは私をじっと見つめ、次に何を言うのか待っていました。

「天使が私の手を押して言葉を書いたの……天使を見たのよ……彼がいるのを感じたわ。それに……私に書いてくれたのよ」

「どうやって？　何て言ったの？」

「ただ名前を教えてくれて、ハートを描いてくれたの、ハートの中から薔薇が出ていて」

ペルが「ついに妻がおかしくなった、本当に気が狂ってしまった。拘束服*を着せられるはめになるのでは」と思うかもしれない、とは考えもしませんでした。

私は何度も詳しく話しましたが、ペルはとても冷静に、落ち着いて聞いてくれ、時おりただ「ふうん」と言うだけでした。スカンジナビア人的気質のせいでしょうか？　それとも、あまりに驚いて反応できなかっただけでしょうか？　そして彼は、学生時代に神秘体験について少し読んだことがあると言いました。これは異常なことではない――他の人にも起こったことがあると言って、私を安心させてくれたのです。

それを聞いて「なるほど……」と言いながら、自分の体験は確かに驚くべきものではあるけれど、決して他に例がないものではないことを理解しました。

不思議なことに、私はこの新しい神秘体験を過去のものとは結びつけませんでした。あの日に起きたこと、自分自身の守護の天使に出会ったという素晴らしい出来事しか頭になかったのです。私の人生はいつも楽しむことを中心に回ってきたので、この出来事も、一度限りの素晴らしい贈り物としか理解していませんでした。天使がまた訪れるとはまったく予想していなかったのです。

ところが、果たして天使は翌日も戻ってきたのです。驚いたことに、今度は大勢の天使の合唱団を引き連れて。突然、天国の門が大きく開いたのを感じました。なぜなら、この天使の大群の動作を、天の方からも私の周囲にも容易に感じとることができたからです。天使たちは、素晴らしいことが起こる前の特別な期待感にわくわくして、嬉しそうでした。彼らの歓びようから、天国では祝祭を迎えてお祝いをしているようでした。すると、天使たちは声を一つにしてこう歌ったのです。

**「今にも嬉しいことが起こりそう！」**

その「嬉しいこと」がどんなことであれ、どうやら私に直接関係していることだということはわかるのですが、いくら考えても見当がつきません。天が開くたびに、天使たちはこの歌を歌い、間に数分の沈黙をおいて、同じ言葉を繰り返しました。これが一日中続いたのです。

そして私の守護の天使が再び現れ、初めて神について私に話しました。

**「神はあなたのそばにおられ、あなたを愛しておられます」**

私は何も答えず、天使もそれ以上何も付け加えませんでした。天使が神様について語るのはよくあることだわ、と考えました。なんといっても、彼らは神様と一緒に暮らしているのですから！

この驚くべき体験を、家族以外の誰かに話すつもりはありませんでした。私のことを「正常な」人間だと思っている友達に、からかわれるようなリスクを負う心の準備はできていなかったのです。他の神秘体験のように、この小さな冒険は「別の世界」と私との間の秘密にしておきました。

翌日も天使はやって来ました。ところが、今度の彼の態度は違っていました。とても厳粛な様子で、厳かな声で「神のみ言葉」を読むように求めたのです。私は天使が言っていることがわからないふりをしました。心の中で「ああ、とうとう来てしまった……」と言いながら、それはどういう意味かと尋ねました。天使は、私が本当はその意味をわかっていることをよく知っていて、厳しい口調で、「み言葉」とは聖書のことだと言いました。私はこの会話の行方が気に入らず、聖書は持っていないと正直に答えました。聖書を持っていないことは百も承知だと天使は言い、一冊持ってくるようにと指示します。私はまた反論して、私が住んでいるのはイスラムの国で、本屋に行っても聖書は売っていないのだから、それは不可能だと言いました。天使は言いました。

「**息子さんが通っているアメリカンスクールに行きなさい。図書室に聖書があります**」

これを受けて、私は行くべきか、それとも断って家に残るべきか考えました。はっきり態度を決める準備がまだできていなかったのです。私が気にしていたのは、もし私がテニスラケットの代わりに聖書を手に持っていたら、夫や友達がどう思うだろうということでした。きっとからかうか、頭がおかしくなったと言うに違いありません。誰にも見つからないようにするには、家のどこに聖書を隠せばいいのだろうと考えていました。しかし一つだけ確かなことは、ダニエルはとても真剣だったのです。聖書を読むのだけは何としても避けたかったのですが、ここは彼に従った方がよさそうでした。何しろ、天使には本当に迫力がありましたから。

そういうわけで、私は知りあいのスタッフもいるアメリカンスクールに出向きました。図書室の本棚に聖書が何冊かあったので、一冊借りる許可をもらいました。

家に着き、ダニエルが命じた通りに、聖書をうやうやしく開いてみると、ちょうどそこは詩篇でした。少し読んでみましたが、驚いたことに、私の話せない言語で書かれているかのように、言葉が全く理解できません。何節かくらいはわかるだろうと自分に言い聞かせましたが、全く何も、一語たりともわからなかったのです。それは辛い体験でした。

天使が私に理解させてくれたことはこうです。神は私の生涯を通じて、実に多くのものを与えてくださったにもかかわらず、私は全く感謝してこなかった。それゆえ私は暗闇の中に生きており、み言葉を理解することも、把握することもできなかったのだと。

その瞬間、私の霊魂に不思議な光が静かに差し込むのを感じました。その光が私の霊魂の暗闇を照らすにつれ、突然、私の内面が神と天使たちの前にさらされ、そのために、私の全身全霊が震えだしました。自分の霊魂の状態を見抜く力を与えられたのですが、それは私にとって衝撃的な出来事だったのです。まるで霊的な火に衣服をはぎ取られたかのような、かつて経験したことのない霊的な貧しさを体験しました。

私たちが神と対面する時、どのように感じるのか、実際に起きてみるまでは想像もつかないでしょう。ダニエルと一緒にたどってきた美しく穏やかな道のりは不意に消え去り、激しく燃え盛る天からの火に取って代わりました。私はこの火に焼き尽くされ、自分自身の霊魂の暗黒の奥底という現実に深く投げ込まれたのです。

この状況の中で最も厳しい試練となったのは、自分がそれまでに犯した過ちのすべてを自覚し、はっきりと認識したということです。私の身に起きていたことは理解を超えていました。天使が私の過ちと罪深さを認識させると、私の中に激しい痛悔の念と憤《いきどお》りがこみ上げてきました。私は痛悔と悲しみと痛みに震えながら、泣いていました。ひとことで言うと、神の聖性に逆らってきた自分の行為をすべて見たのです。同時に、これらの罪のために私は自分を責め、嫌悪し、身体と精神、霊魂の隅々にまで激しい痛みを感じました。まるで燃え猛《たけ》る天の火に四方から包まれる中、自分自身の霊魂の泥沼の底に落ちていくようなものでした。この火は、私の情念を根こそぎ焼き尽くし、神への道を妨げるものすべてを焼いて灰にしてしまいます。

ダニエルは、私が犯した無礼な振る舞いの中でも、特にひどかった二つの事についてはっきりと教えてくれました。それは神の祝福を無視したこと、そして神が与えてくださった才能を悪用したことでした。

私の霊魂に関するこの啓示は、もう一つ、驚くような体験をもたらしました。それは、腐敗に覆われた自分が完全にむき出しになったまま、不名誉と恥辱のうちに、神の目の前にたった一人で立っているというものでした。アダムとエバが罪を犯した後、清らかな光の中を近づいて来られた神と対面した時、どんな気持ちだったのかがわかったような気がしました。

本当の私自身の絶望的な状態を見せられ、そこには無に至るまで小さくされた私がいました。つまり、天使は私たちの見方ではなく、神の見方で、神の目に私の罪がどのように映るかを見せてくれたのです。私は自分の過ちの重さを感じ始め、すっかり気が滅入ってしまい、「私は清められているの？　罰せられているの？」と考えていました。

そしてさらに、次の不思議な場所へと引きずり込まれたことに気づきました。天使は、私が長年にわたって、暗闇の中、危険な沼地を歩き続けていたことを理解させてくれました。私の霊魂は危険にさらされていましたが、祈ろうとか、神を称えようとは全く考えもしなかったことを見せてくれたのです。この想像を超えた予期せぬ清めの過程が、三週間も続きました。

一時間ごと、一日ごとに、少しも良いところのない自分の要素に向き合わねばなりませんでした。現実を直視しなければならなかったのです。ついさっきまでは素晴らしいと思えたことが、実際にはそうではなかったと認めなければならず、自分の本当の姿に直面しなければなりませんでした。この超自然的な火は、頑《かたく》なだった私の心を溶かし、同時に金槌《かなづち》で固い殻を叩いて粉々にしてしまいました。

過去を取り戻すことはできませんが、この啓示と清めによって、隠されていた自分の心の奥底と、私たち人間の本性という現実を鮮明に見ることができました。この霊魂の気づきは「主の日」と呼ばれるもので、誰もこの出来事から逃れることはできません。男であれ女であれ、誰もが神の裁き、私審判を受けることになります。まだ地上にいる間、なお悪いことには死後、それぞれの罪を認識させられるのです。

苦悩の日々の末、ようやく痛みが徐々にやわらぎ始め、いくぶん「普通の」状態に戻ってきたようでした。浄化され、洗い清められたように感じたのです。火のような清めをくぐり抜けたことによって、心が開かれ、以前には持っていなかった、他者を思いやる感受性が心の中に生まれました。厳しい試練の間——まさに厳しい試練でした——私の天使は何度も慰めに来てくれました。叱責するにあたって、非常に単刀直入で厳しい時もありましたが、本当の友人がしてくれるように優しく励ましてくれたのです。ある段階で、おそらく神ご自身のものと思われる一つの声さえも聞きました。

**「娘よ、これを罰とは受け取らないように。これはあなたへの愛が大きいゆえに、あなたの罪を償うためになされている」**

厳しい試練の後、私はダニエルの使命を理解し始めました。ダニエルが「**おお神よ、彼女があなたに従いますように**」と懇願するのを耳にしたからです。

「誰のために祈っているの？」とダニエルに尋ねました。

彼は悲嘆にくれた様子で「**あなたのために祈っていたのですよ**」と答えました。

私は当惑しました。私はまだそんなに悪いの？　どうしてダニエルは神と和解するようにと言い続けるの？　私はイライラしてさらに尋ねました。

「どうやって神様と和解すればいいの？　もともと敵対していたわけでもないし、神様が存在していることくらい知ってるわ」

天使はただ「**神と和解しなさい**」と繰り返すだけでした。のちに私は、守護の天使が私たちのために、四六時中神に懇願してくれていることを知りました。天使たちは、私たちが心を入れ替えて神のほうを向き、反逆を止めて神と「平和」を築くようにと祈ってくれるのです。

この間もずっと、展覧会のために油絵を描き、人づき合いに、テニスにと通常の生活を続けていましたが、天使が私を呼んでいると感じた時は、話を聞くためにすぐに彼のもとへと急ぎました。やがて私は天使との関わりにますます頼るようになり、彼のためにもっと時間を割くようになりましたが、神ご自身からの呼びかけに対しては全く準備ができていませんでした。

この現代に、神が人間に話しかけられるなんて、ましてや普通の一般人に話しかけられるなんて、聞いたこともありません。旧約聖書の時代には預言者と語られたのかもしれませんが、それは遠い昔のことです。

ダニエルは、超自然的な体験はこれで終わりではないことを私に理解させ、準備をさせようとしていたのです。このようなことが起きるのには理由があって、この後、より深遠で劇的な何かが私を待ち受けており、いずれ具体化されると。しかし、私にはその意味はほとんど理解できませんでした。火による試練をくぐり抜けた後、私はまるで「重力が無くなってしまった」かのような状態でした。このような空虚な状態にあって、この世の物事はもはや私にとって重要ではなくなりました。私たちが離脱した状態に達すると、予想外のことが起きても驚かなくなり、物質的な世界はその価値を失います。恐れや不安に心を奪われることがなくなり、鮮やかに彩られた地上の諸要素はどんよりと色褪《あ》せ、心と魂は静かで穏やかになります。

自分の罪に気づき、悔い改めたことで、神の秩序と完全なる自由に向けて大きな扉が開かれました。火による試練以来、私の霊魂は平和になり、何事も私の心をかき乱したり、影響を及ぼしたりすることがなくなりました。心と魂のうちにはただ受諾と従順があるだけでした。現実に、私はまさに「地獄」を通過しましたが、あの降下によって、超自然的な炎が、私の鎖と手かせ足かせを溶かしてしまいました。ついに私は自由の身となりました。解放されたのです！

そして、そのような放心状態にある中、突然甘い香りの吐息が私の顔に吹きかけられ、私の中に優しく語りかける声が聞こえました。

**「私はあなたの父、そしてあなたは私の子孫……あなたは私から出た者……あなたは私に属している……あなたは私のもの……私の種子である……」**

この言葉を聞いて圧倒されてしまいました。瞬く間に、私は創造されざる光の入り口に立っていました。輝くばかりの神の現存が私を満たし、私の存在全体を爆発させ、霊魂を引き上げました。この神の輝かしい顕現《けんげん》は、これまでダニエルを通じて経験したどんなものよりもはるかに素晴らしいものでした。ダニエルが訪れた時は、霊魂の目で彼を見ることができ、彼以外の誰でもないことがわかりました。しかし、神の現存は目に見えるものではなく、内的にも見ることはできませんでした。私は神を見たわけではありません、否定しようのない神の現存を心のうちに感じたのです。

ダニエルは以前にこう言っていました。高位の天使たちが出入りする「ヤハウェの王宮」で、私は教えを賜《たまわ》ることになると。

言葉で言い表せないほどの愛と、父親らしい慈愛が神からあふれ出るのを体験しました。それだけではありません。私の心と精神と霊魂を包み込んだ神の光は、それは輝かしく強力なもので、これまで誰からも与えられたことのない平和を私にもたらしました。最も激高した心でさえ静めてしまうほどの、神だけが与えることができる平和です。神の現存は力と全能性に満ちているにもかかわらず、あれほどの単純さをもって、繊細に、父性に満ちたやり方で私を訪れてくださったので、私はすっかりその愛に夢中になってしまいました。

私は神を知っていると感じ、私の霊魂は神を近しい方だと認めました。そして自分に問いかけました。

「この方が、あのはるか遠くにあって、厳しく、すぐに有罪宣告を下すと言われる『裁き主』なの？　私はこれまで、神について、なんて間違ったことを教えられてきたのかしら？」

この方が、今まで想像してきたその神であられるなんて、全く信じられませんでした！　そこで思い出しました。

「主は怒るに遅く、ゆるすに早い方。憐れみ深く、柔和で寛大な方」

それが真実の神なのです！　絶対的存在である神に対面して立っているという感覚がどのようなものか、それを通常の言葉で説明するのは私の能力を超えています。

神が私にウィンクされ、楽しんでおられるのが、どういうわけか霊魂のうちでわかりました。神が喜んでおられたのは多分、私があまりに当惑し、畏怖《いふ》していたからでしょう。

神は私の存在の中で再び話し始められましたが、そのみ声を聞いた瞬間、この方が私を創造したお方であり、私の父なのだと確信しました。神はまさに、ご自身が言われる通りの方なのだと、骨の髄までわかったのです。

「**見よ、私はあなたの父**」

その瞬間、私たちの本当の家は神のもとにあることを理解しました。天国は疑いもなく存在し、そこが私たちの家なのだと直ちにわかりました。地上？　地上のことなど知ったことではありません。私たちは本当にいと高き方の子であり、壮麗なる主権者の子孫であり、神に属し、天国に属しているのだと理解した途端、頭がくらくらしてきました……私たちは皆王族の子孫であり、私たちの父は王の中の王だとわかり、物事を見る目が変わってしまいました――私たちは神の骨の骨であり、神の肉の肉なのです！

これは、それまでの私の人生の中で最も鮮明で説得力のあるヴィジョンでした。

私は衝撃を受けながらも理解しました。創造主、まごうことなき霊的存在、宇宙全体を動かす力であるお方が――私のようなただの普通の人間に、かくもたやすく語りかけておられるのだと！　今でも、このようなことが起こりえたことに驚嘆しています。しかし私の心の中で、当時も今も、紛れもない体験の力によって明らかにされたのは、神はいつでもお好きな時に、お選びになった誰かを通して語りかけることがおできになるということです。これはまぎれもない事実です。

なんとか鉛筆と紙をつかむと、神が話されたことを書きとめようとしました。神が一緒にいてくださる間、何でも助けをお願いできるように感じました。私は窓の方へと神をご案内し、外の世界の物乞いたちと貧困を指して言いました。

「ご覧ください！　世の中はこんな風になってしまいました」

とても穏やかに、あまり驚かれた様子もなく、神はおっしゃいました。

**「私があなたたちを助けられると本当に信じるか？」**

「はい、あなたならおできになります。神様ですもの！」

すると神は、「主の祈り」をみ前で祈るようにとおっしゃいました。私がちゃんと覚えていた祈りを唱えるように求められたので、私は大喜びで、思わず「はい、お父さん！」と口走ってしまいました。

一体どうやってこの言葉が口に出てしまったのか、私にもよくわかりません。神があまりにも父性に満ち、親しみに満ちておられたので、すでに神を知っていると感じたからでしょうか？　何か神秘的な方法によって、自分が創造主によって造られた被造物であることを認識し、神が万物の父であられることに気づいたからでしょうか？　どんな理由にせよ、私はたちまち恐怖に凍りついてしまいました。「お父さん」と呼んでしまったことに対して、神がどんな反応を示されるだろうかと思いながら。

神は言われました。

**「恐れることはない、娘よ。私はその『お父さん』という言葉を、宝石のようにこの手に受け取った」**

神のお答えにとても安堵し、喜びにあふれて、私は大急ぎで「主の祈り」を唱えました。唱え終わると、神は愛情を込めて言われました。私があまりに急いで祈ったので、その祈り方をあまり喜ばれないと。そこで今度はもう一度、もっとゆっくりと祈りを唱えました。するとまだ良い祈り方ではないと言われます。私が祈りながら動き回っていたからです。何回も何回も主の祈りを唱えましたが、その都度、神は良くない、もう一度唱えなさいと言われました。これが何時間も続きました。

私がこれまでの生涯で祈ってこなかった「主の祈り」を、神は全部唱えさせようとされておられるのかしら、と思い始めました！　何度も正しく唱えようと試みた末、ついに神をお喜ばせすることができました。私が一文一文を唱える度に「よろしい！」と言われ、ついに満足してくださったのです。

最初はこのレッスンの意味が理解できず、なぜ神のみ前で、何度もこの祈りを繰り返さなければならなかったのか理解できませんでした。ところが時間が経つにつれ、私の心を覆っていた殻の最後の一片がはがれ、神の愛に触れるようになりました。そしてようやく理解しました。私は口にする一語一語のすべてに愛を込めて、心を込めて唱えなければならなかったのです。

それ以来、私の霊魂は、父である神の現存より受けた調和と静寂を得て、多くの祝福に包まれました。それまでの心の動揺は、神の豊かさと完全さのうちにすべて忘れ去られました。この豊かさと完全さのうちに、私の霊魂は親密な霊的抱擁を受けたのです。

＊隔離病棟などで使われる、精神疾患などで暴れるのを防ぐために、両袖が胴に付いた丈夫な素材でできている装具。（訳注）

# 3章　闇　夜

私はこの啓示に大喜びでした。それから数日の間、私と神との交流は、まるで新しい恋人同士が、お互いに夢中になる最初の日々のように感じられました。いつも神と一緒にいたくて、他の事はどうでもよくなってしまったようでした。それは天上の喜びだったのです。

それから何の前触れもなく、突然、神や守護の天使との交流がすべて途絶えてしまいました。まるで誰かが電気を消してしまったかのように、突然、私は真っ暗闇の中でぽつんと座っていることに気が付きました。

家族や友人たちに囲まれてはいましたが、あんなに孤独でみじめな思いをしたことはありません。神の現存も、守護の天使の現存も、もうありませんでした。呼びかけても返事がありません。神は意図的に天国を閉め、私を砂漠に引きずり出して、孤独のうちに「焼かれる」ようにされたのだと感じました。私は恐れ、悲嘆に暮れて天使を呼び続けましたが、天使も私を見捨ててしまったようでした。

所属するテニスクラブで、毎年恒例のトーナメントの準備が始まったので、私も参加したのですが、テニスをしていても、いつもの熱中も喜びも全然ありません。

「これが神様のやり方なの？　誘惑するために近づいて来て、夢中にさせた途端に放り出すの？」

そう思いました。
後になって、神がなぜ霊魂を砂漠に引き入れられるのか理解しました。これが神のお言葉です。「**私はあなたたちの牢獄の扉を粉々に打ち砕き、罪の鎖を私の炎で溶かすためにやって来る。捕われの身から解放し、邪悪さを取り除き、放蕩《ほうとう》を終わらせるために訪れる。あなたを救うつもりだ、世代よ、たとえはるばる砂漠まで引きずって行き、そこであなたの不毛さを見せ、全身がどれほど闇に覆われているかを見せて語りかけねばならないとしても。あなたを救うためにはそのようにする。ああ、被造物よ！　あなたたちのためにしないことがあるだろうか……**」（1990年9月12日*）
私は起こっていることの意味を理解しようと、最近自分の身に起きた出来事を整理してみました。まず、神は私の好奇心と注意を引くために、守護の天使を送られました。それから天国のメロディを聞かせ、神のお住まいにいる聖なる天使の大群を垣間見せてくださり、私が目にしたものに大喜びすると、泥の中から私を引きずり出して、たちどころに魅了されたのです。そして躊躇《ちゅうちょ》なく、最初の霊的な火で私を「焼いて」、結局、まだ水ぶくれができたままの私を砂漠に追放したまま、私の天使と共に姿を消し、天国を閉ざしてしまわれました。私の絶望も、苦悩も、苦しみも無視されて、独りぼっちで苦しみ嘆くように、私を恐怖に満ちた砂漠の静寂の中にすっかり捨ててしまわれました。
ところが、神は隠れた場所から、私が自らを明け渡して悲嘆の叫びをあげるのを静かに待ち続け、見守っておられたのです。

「こんなふうに私を避けられるなんて、私が何をしたというのですか？　あなたに心を開いた途端、神よ、あなたは逃げ去り、隠れてしまわれました」

神は返事をされませんでした。

ここから助け出してほしいのに、この砂漠で私を取り囲むものは、魂を満たすことのない影や幻影のような、生命を持たないものだけでした。神を探し求め、私の天使を探し求めて四方八方を見て回りましたが、どちらも見つかりません。

この砂漠で、三週間にわたって肉と霊の間をさまよい、まるで生きた心地がしませんでした。すると不思議なことが起こりました。この「死」を体験していると、突然「死者たち」の霊を久しぶりに感じ取ったのです。ゆっくりと霧の中から忍び寄り、影のように近づいてくる彼らの灰色がかった体が見え、たちまち私は取り囲まれてしまいました。自分の霊魂が「死者たち」の場所――煉獄《れんごく》へと引き込まれたのを感じました。神との離別がもたらした私の煉獄が、この死者の煉獄へと私を導いたのです。彼らもそこで神との離別に苦しみながら、ある清めの期間を経て、神へと旅しているのです。

煉獄を旅しながら、私の関心は自分の周囲の状況よりも、男性か女性かの区別もつかず、大勢でさまよっている死者たちの霊魂に向けられました。彼らは苦しそうで、悲しげな顔つきをしているので、皆同じに見えました。私を見つけるとこちらに突進して来ました。物乞いのように私にしがみついてきます。中には自ら名乗り出る者もいました。必死に助けを乞う人々の中に、私の知っている人がいました。彼は地上にいる間はとても名高く、有名な人で、世界で高く評価されていました。そこで気づきました。名声、地位、富、美貌は、地上にいる間の束《つか》の間の楽しみに過ぎず、私たちを天国へと導いてはくれないのだと。

地上にいる時に色々と問題を起こし、私をさんざん悲しませた霊魂たちが私に近づいてきました。彼らは名乗り出ると、私にゆるしを乞い、彼らのために祈るように頼んできました。後になってわかったことは、亡くなった人に対して恨みを抱かないようにすることがどれほど大切かということです。もし私たちが彼らをゆるさないままでいると、神秘的な方法で「引き留める」ことになり、彼らを苦しませてしまうのです。私たちが地上から彼らを引き留めることになり、彼らは鎖につながれたまま、天国にたどり着けません。私たちはゆるさなければならないのです。

霊魂たちが私を取り囲んで祈りを乞う中、私には全くどうすることもできないにもかかわらず、涙ぐましい努力をして彼らの言う通りにしました。すると不意に、霊魂たちがまるで声をそろえるようにして、彼らに聖水をふりかけるように熱心に頼むのです。すっかり面食らってしまった私は、彼らに尋ねました。

「聖水──何のために？」

「ただそうしてください、お願いです」

何だかよくわからなくて溜息がでました。どこに行けば聖水が手に入るのかと自分自身に問いかけた途端、彼らは皆叫びました。

「教会に行って、私たちのためにもらって来てください」

まるで私の考えを読んでいたかのようでした。

近所の教会に聖水を取りに行く気分にはとてもなれませんでした。「どうして聖水をほしがるのかしら?」と当惑していたのです。しかし彼らはなお一層懇願し、それをするまでは私を解放してくれないとわかり、いやいやながら道路に出て、家の向かい側にある教会へと歩きました。

そこで神父を見つけると、大急ぎで尋ねました。

「聖水を家に持ち帰りたいのですが、いただけますか? 霊魂たちがいて、ご存じでしょう、『死者たち』が私に聖水を振りかけてほしいようなのです」

神父が笑い出すのを待ち構えましたが、その時の私は悩み苦しんでいたので、どう思われるかなんて気にしてはいられませんでした。ですから神父が笑う代わりに「いいですよ。差し上げましょう。それは私たちカトリックの伝統です」と言ったのには驚きました。

神父が聖水を入れた小さなボトルをくれたので、霊魂たちと向き合うため、足早に歩いて家に帰りました。論理的には、どうやったらいいのか見当がつきませんでした。私はここで亡くなった人々の霊魂たちを見、話を聞いていますが、彼らは実体の無いまさに霊なのです。水をまけば物理的には地上に落ちるというのに、一体どうやって彼らに水を振りかければいいのでしょう?

そこで彼らに尋ねました。

「あなたたちは実体の無い霊なのに、どうやって水をかけてあげればいいの？」

「私たちのためにという意向を持って水をふりかけてください！」と彼らは答えました。

そこでそのようにしました。

もし彼らが物理的に物質化していたなら、私は押し寄せる群衆に押しつぶされていたでしょう。たった一滴の聖水をかけてもらうために、大勢が私に向かって押し寄せてきたからです。聖水はたっぷりあったので、繰り返しふりかけ続けました。このときばかりは、煉獄中のすべての霊魂が、たった一滴の聖水を求めて、私に向かって殺到してきたかのようでした！ そして驚いたことに、たくさんの霊魂がシューッと上げられて、流れ星のように天国に吸い込まれていったのです。彼らはとても幸せそうでした！

皮肉なことに、その霊魂たちは苦しみから解放されていくのに、私はまだ神から見捨てられたと感じる痛みに耐えていました。もちろん、彼らがいるのをいいことに、私の天使と、私が愚かなまでに愛し始めたあの方を見かけなかったかと尋ねてみましたが、彼らは何の返事もせず、現れたときのように霧の中に消えていってしまいました。

おそらく神は、煉獄の霊魂が神から引き離されてどれほど苦しんでいるか、私が感じることをお許しになったのでしょう。どんな理由だったにせよ、私の霊的な飢え渇きは続いていました。過ぎゆく一日が一年のように長く感じられ、忙しい周囲の世界とは裏腹に、絶望的な孤独を感じ続けていました。

叫び続けましたが、ただ自分の声がこだまして返ってくるだけでした。ついに私は耐え切れなくなりました。生まれたばかりの赤ん坊のように声をあげて、哀れを誘うほど泣きました。天に目を上げて、全身全霊を込めて、降伏の叫びを上げました。

「お父さん！　どこにいらっしゃるのですか？　なぜ私を置いて行かれたのですか？　どうか私を取って、お望みのままにしてください！　もしそれがみ旨《むね》なら、私を清め、お使いください！」

とうとう私は、神のみ旨に自分を完全に明け渡したのです。

すると、瞬く間に天国が開き、感極まって叫ぶ大きな声がしました。

**「私、神はあなたを愛している！　来なさい、そのような完全な明け渡しの言葉を聞かせて、いつも私を喜ばせてほしい……」**

この言葉は、私の霊魂が砂漠で受けた大きな傷の上に香油のように注がれ、私はたちどころに癒やされました。天国から放たれた稲妻のように、神は私に届こうと喜びのうちに降って来られ、私をその心にまで引き上げてくださったのに、今度は矢のように素早く、その抱擁から私を再び混乱したこの世に突き放されたのです。しかし神は、私がいつでも好きな時に主の王宮の中庭に出入りできるようにと、天国の門を開いておくことで埋め合わせをしてくださいました。

こうしてすべてを神に明け渡してから、私の霊魂は天の露で生き生きと満たされて、神を賛美しました。次のような言葉で神の栄光を称えました。

「ヤハウェが訪ねてくださった、一陣の風のように、その霊は私を引き上げ、み顔を顕してくださった。示されたのは、いたわり、愛、そして限りない慈しみ、そしてあふれる祝福を降り注ぎ、兄弟と分かち合うマンナを豊かに下さった。忘却の地を共に歩んでくださり、死者たちのもとから私を引き上げ、神を忘れ去った人々の間から私を立ち上がらせ、霊魂の記憶を取り戻させてくださった。ああ、主なるヤハウェ、どれほど感謝していることでしょう！　あなたの甘美さが、ああ主よ、私たち皆の上にありますように。ヤハウェは祝されますように、永遠にいつまでも」（1992年1月16日）

神の愛の掟に生き、生活の中で神を第一に置いて、神のうちに真《まこと》に生きることを私がついに受け入れた時、主は私に近づいて来られると、私に対して、また世界全体に対して、その嫉妬深いほどの愛の深みを示されました。

**「あなたを嫉妬するほどに愛している。あなたたち皆を私のものにしたい。あなたが行うことのすべてが私のためであってほしい、敵対者は許さない。私を礼拝し、私のために生き、私のために呼吸し、私のために愛し、私のために食べ、私に微笑み、私のために自分を献げてほしい。行うすべてを私のために行いなさい。あなたを焼き尽くして、私だけを望むように燃え立たせたい。あなたの花びらで私を飾りなさい、私の花よ、あなたの愛の冠を私の頭に載せてほしい……あなたの香りで私を包みなさい」**（1987年5月5日）

**「あなたを教育し、強めさせてほしい。あなたを裸足の走者《アスリート》へと鍛え上げ、私と共に世界中を走り回って、人々を昏睡状態から目覚めさせ、死者を墓から引き上げ、大聖堂《カテドラル》へと変容させるよう**

**にさせてほしい**」

「うわあ！」私は叫び声をあげました。これは重大なことです。私たちはそんなに悪いのでしょうか？　死者？　腐敗？　腐った果物のように腐敗しているという意味？　本当なのでしょうか？　これは警告？　それが神が語られる理由なのでしょうか？

私は知っていました、神が私に話されるとき、それは私たち一人ひとりに話されているのだと。世界が本当にひどい状態にあり、まさに壊滅的な状態にあるのでなければ、神がわざわざ来られて、語ったりされることはないのだと、霊的に未熟な私にさえわかりました。神は手を後ろに組まれて「やあ、被造物よ。今日の調子はどうですか？　万事うまくいっていますか？　何か必要なものは？　ここにいますから、まあ電話してください」というような、平然とした調子で私たちのもとに来られるわけではないのです。

神は、私たちが行いを改める最後のチャンスを与えてくださっているのをはっきりと感じました――もしそうしなければ、私たちはみんな放り出されてしまうでしょう！

そして、１９８６年12月15日、神は事もなげに私にこう尋ねられました。

「**娘よ……知恵がほしいか？**」

「はい、主よ！」

私は差し出されたものの価値もわからないまま、ただ「はい」と返事はしたものの、冷静になって考えてみました。知恵？　それは、ソロモンに与えられたあの才能のことでは？　私が何を差し出されているのかを理解したのをご覧になった神は、こうおっしゃいました。

**「あなたは知恵を得る必要がある……それを得ることができるように私が教えよう」**

それは自分で獲得しなければならないものだと理解しました。どうやったらよいのかはわかりませんでしたが、神は助けてくださると言われました。かなり後になってから理解したのは、知恵とは自己犠牲を必要とし、献身、生けにえ、どんなにひどく打たれても文句ひとつ言わずに非難を受け止め、神のご意志に従うことを必要とするものだとわかったのです。

神の寛大さはそれに留まらず、こう言われました。

**「あなたに識別の賜物、剛毅《ごうき》の賜物、知識の賜物を授けよう。私に従い、私の意志を行う限り、これらの賜物を与える」**

神と共に走るマラソンがいよいよ始まります。守護の天使は言いました、私は天の王宮で神ご自身から教えを賜《たまわ》り、不信仰なこの世界、死にゆくこの世界に対して証言することになるだろうと。私は休むことも止まることもなく、走者《アスリート》のように走るだろうと。その時理解したのは、神の武具に頼るほかないのだということです。なぜなら、「わたしたちの戦いは、血肉を相手にするものではなく、支配と権威、暗闇の世界の支配者、天にいる悪の諸霊を相手にするもの」（エフェソ6・12―13）だからです。

レースの火ぶたは切って落とされました。

＊日付を伴った引用は、特に記載がない限り、すべてヴァスーラ・リデンの著書『神のうちの真のいのち』（ケンブリッジ大学出版局、2006年、イギリス）からの引用である。日本語版は天使館から出版されている。

# 4章　天使か悪魔か？

絶対に私をゴールラインにたどりつかせまいと固く決意している敵がいるということに、私はすぐに気づきました。

これから立ち向かおうとしているものに比べれば、若い頃の悪の体験など大したことではありません。私は超自然の世界で特訓コースを受けていて、今度は悪の側の出番が来るのです。

現代の多くの人々が悪魔と聞いて思い浮かべるものは、すべて中世の概念です――割れた蹄《ひづめ》と角《つの》のある生き物、漫画の中、あるいは教会やアートギャラリーの絵画の中で描かれているような――笑いの対象、もしくは馬鹿げた迷信だと。しかし私たちは知らねばなりません、目に見えない二つの軍勢が私たちをとり囲んでいるということを。励みになるのは、守護の天使たちの軍勢は、堕天使たちの軍勢よりもはるかに強いということです。私たちの戦いは血肉を相手にするものではなく、支配と権威を相手にするものです。とはいえ、決して忘れてはなりません。神は悪魔よりもはるかに強く、力ある方であられるということを、また神はこの世において、御子《おん》イエスの十字架上の苦しみを通して、サタンに決定的に打ち勝たれたということを。それは私たちを愛することを止めさせようとする悪魔の試みを、イエスがまさに死に至るまで拒絶された時のことです――これこそが、サタンがイエスに行わせようとしていたことでした。

それによって、神は人類の歴史上最も悲劇的な出来事を、大いなる勝利へと変えられたのです。最後にはサタンが常に敗者であったことが明らかになるように、神は始めから時の終わりまで、人類の歴史のすべてを征服されました。私たちがあまりに悲惨だと思っていた出来事が、神の最大の勝利となったのです。

守護の天使は、私たちのそばを決して離れない見張りのようです。私たちが行く所にはどこへでも一緒について来ます。しかし同時に、彼らは神の現存からも決して離れることはありません。まるで同時に二カ所、あるいは何カ所にも存在できるかのようです。

悪魔は時々、ばれないように巧妙に悪を実行します。またある時には、憎悪や嫉妬をあからさまに表し、しかも暴力を伴います。とはいえ、それも超自然的な力が彼を制圧するまでのことです。打ち倒された時は大抵、軽率にふるまいます。浮かび上がって姿を現すのです。しかしながらサタンは、その存在と邪悪な目論見《もくろみ》が気づかれないように密かに働いた時に、最大の成果を挙げるということが知られています。サタンの企みは、あからさまな対決を避けて、隠れたところで遂行された時、より効果的で良好な結果を得るのです。サタンが「水面にさざ波を立てず」にいたとしても、そこに危険な底意が流れていないというわけではありません。

デジタル製品、科学と技術が発達した現代の世の中で、悪魔は存在し、それは実際に邪悪な霊そのものだと宣言すれば、大抵は、古くさい信仰をお持ちだと言われてしまいます。それは中世の仮説に過ぎないと。悪魔は多くの学者たちに、自分は存在しないと思い込ませており、中には悪魔が存在しないことを証明しようとする科学者もいるほどです。これだけでも、人間がどれほど騙《だま》されやすいかがわかります。このように善良な人々が、自分たちより百万倍もずる賢くて、邪悪な闇に住まう悪霊を科学的な方法で検証できるなどと、どうしたら信じられるのでしょう？悪魔が存在しないとどうやって証明するのでしょう？　悪魔はどうするでしょうか？　なおさら自分はいないふりをして、彼らをさらに騙すでしょう！　物事を偽る能力は悪魔にとって最も実戦に役立つ武器なのですから。これは自ら体験することによってのみ学ぶことができるもので、私がこの本を書いている理由の一つでもあります。

人がそれぞれに持つ生来の弱さは、私たちを闇の領域へと導くことができ、磁石のように悪霊を私たちに引きつけます。サタンは策略家でもあり、ありとあらゆる方法を使って、私たちの不意を突くことができるのです。

サタンはその目的のために、頻繁に人々を利用します。攻撃したい相手を徹底的に破滅させるために、全く何もないところから責め立てる行為を引き起こすことができるのです。それだけではありません。サタンの最も卑劣な行為のひとつは、「眠っている」霊魂を動揺させ、完全に不安な状態に陥るようなあらゆる種類の考えを吹き込み、霊魂の内部から平和をすべて奪い取ってしまうというものです。そういうわけで、私たちは警戒を怠ってはならず、「眠っている」ところを悪霊に見つかってはならないのです。

私は皆さんを怖がらせようとしているのではありません。以前に言いましたように、悪魔よりもはるかに大きな神のみ力に頼りつつ、どのようにして悪魔から自分の身を守ればよいのか、私がかつて学んだように、皆さんも私自身の体験から学ぶことができるように、分かち合っているのです。

子どもの頃から、悪魔は様々な方法で私の前に現れました。私を絞め殺そうとする手のヴィジョンが繰り返しあっただけではありません。私を八つ裂きにしようと唸《うな》りながら、今にも襲いかかろうとする赤い目をした黒い犬を何度も見ました。

悪魔は、神が私に対して特別な目的をお持ちだったことを知っていたに違いありません。ところが私は、それまで悪魔がどれほど強力かということも、サタンや悪霊たちが常に私たちの周りで働いているということも、十分には理解していませんでした。

私の人生を神に明け渡して以来、神に従う者は誰もがそうであるように、私も悪の勢力にとって脅威となりました。誰かが神に立ち戻ると、地獄で突然サイレンが鳴りだし、その人物が悪魔のレーダーに捉えられてしまうようなものです。どうしてでしょう? それは、信仰に身を献げる人物は世界を変えることができ、悪魔の計画を阻止することができるからです。

私が守護の天使に遭遇し、神に自分を明け渡してから間もなく、地獄全体が解放されました――まさに文字通りに。サタンは激怒して私を攻撃してきました。

サタンが私に近づいてきた時は、ダニエルが近づいてきた時の体験とは全く正反対のものでした。ダニエルが私のところに来て、「神はあなたのそばにおられ、あなたを愛しておられます」

と教えてくれた時、私は喜びと平和を感じました。ところがサタンが近づいてくると、私はすぐに憎悪と残酷さを感じとり、耳障りな声で「ゴォーッ！」と叫びをあげるのが聞こえたのです。

それは多分「行け（Ｇｏ）」という意味で、天使や神と話すのは止めろと言っていたのでしょう。私は悪魔についてあまり多くを知りませんでしたが、あの耳触りな声に込められた悪意は間違えようがありません。恐ろしい声でした。悪魔の現存は私を驚かせました。それは最も凄まじい恐怖感の体験で、私は恐怖で凍りついてしまったのです。邪悪な影響力が私を取り囲み、あたりに立ちこめる硫黄の悪臭を伴っていました。

悪魔の唸り声は、人間というよりも野生動物のもののようでした。それは響き渡り、私は生まれて初めて、背筋から頭まで戦慄が走るのを感じました。私自身の中で、もう一度ダニエルと神を探しましたが、どちらも退いてしまったようでした。

するとまたあの声が轟《とどろ》いたのです。

「ゴォーッ！　ここから引き下がれ、このあまが！　身を引きやがれ、さもないと地獄の火が容赦しねえぞ！」

私は持てる力をすべて奮い起こし、霊魂のうちに神を呼び求めながら、ただ一言、「イヤよ！」と答えました。ダニエルからも神からも身を引かないという意味を込めて。悪魔は、私は呪われている、私の霊魂は地獄に落ちると大声で叫び、狂人の姿をとりながら卑猥な言葉を叫び続け、激しく責め立てて私を苦しめました。

また悪魔は、あらゆる種類の悪事について私を非難しました。後になって、悪魔は告発者という別の名を持つことを知りました。裁きの日にイエスが私たちを義とされる時、悪魔は私たちが犯したすべての罪を告発するからです。神は愛そのものであり、憐れみ深く、思いやりに満ちておられますが、悪魔はまさにその正反対なのです。攻撃された時の侮辱があまりにもひどくて、私は頭がおかしくなってしまうのではと思いました。

このような攻撃が日中にありましたが、夜にはいっそう恐ろしいものとなり、ほとんど眠ることができませんでした。悪魔は私を押しつぶし、私の体から息という息を全部絞りだそうとしているように感じられました。まるで鷲が私の胃に爪をかけてつかみ、窒息させようとしているかのようでした。それはとても現実的な身体の感覚だったのです。

この拷問が続き、私が泣き始めると、悪魔は私を馬鹿にしてあざけりました。

「傷を濡らすのは止めな！」

私が絶対的恐怖を味わっている水面下では、守護の天使ダニエルが、私を守るために悪魔と激闘を繰り広げているのを感じました。超自然的な支援がなければ、とても生き延びることはできなかったでしょう。私の天使を呼び始めると、彼はただ一言答えて言いました。

「**祈りなさい**」

そこで私は神に助けを乞い、全身全霊を込めて祈ったのです。

しばらく経って、ついに戦いは終わりました。悪魔は攻撃を止め、私は二、三日の間、平和に過ごすことができたのです。この静かで平穏な時に、自分の守護の天使がどれほど大切かを考え始めました。彼が私のために戦い、悪魔を遠ざけ、良き友として私を気遣い、護ってくれていると知っていました。私は天使の保護を必要としていたのです。なぜなら、悪魔は簡単にはあきらめず、別の攻撃を新たに準備していたからです。

悪魔は、まず私の家族にその矛先《ほこさき》を向けました。私が代母《だいぼ》である姪は、15年も経ってから、彼女が見た悪夢について話してくれました。その夢の中で彼女は、首にロザリオを幾つかぶら下げて、長いダイニング・テーブルの端に座っていたそうです。テーブルには他にも座っている人がいて、末席には私もいました。突然ドアが開き、サタンが踏み込んできて、彼女のところへやって来ました。悪魔は、腰から下半分はヤギで、上半身は醜い顔と曲がった大きな角《つの》が生えた頭を持つ人間だったと言います。この悪夢について話しながら、姪はわっと泣き出し、その時の恐ろしい光景とサタンの脅し文句を思い出して、激しく泣きじゃくりました。

「俺はお前の叔母を憎んでいる。お前もだ！」

似たようなことが、私の息子が寝ている時にも起こりました。悪魔は長い髭の老人の姿で息子の前に現れ、夢の中で息子に言ったのです。

「おい、ママに書くのを止めろと言え。でないとママが小さい時にしてやったのと同じことをお前にもしてやるからな。お前の首に手をかけて絞め殺してやる！」

私自身の悪夢について、息子に話したことは一度もありませんでした。ですからこれは悪魔の仕業に違いありません。

こういった攻撃に私は不安を覚えました。悪魔に私の家族を攻撃させないよう、神に介入をお願いしました。すると神は、大天使聖ミカエルを私たちの守護者に任命すると約束してくださり、その保証により少し気持ちが楽になりました。

次に、悪魔は違う方法で影響を及ぼしてきました。ずる賢いことこの上なく、私が霊の世界にまだ疎《うと》いのをいいことに、悪魔は私の天使ダニエルの姿をとったのです。

この偽天使は、主の祈りを唱えたあの日の愛情深い神、思いやりに満ちた御父とは違う神のイメージを示して、私を騙《だま》そうとしました。

天使のふりをした悪魔は、神は恐ろしい存在だから、もっと恐れなければならないと言い始めました。サタンの目的は、神からも、神のご計画からも私を引き離すことでした。神はとても恐ろしい方だと思わせ、私を恐怖で縮み上がらせようとしました。そうすれば、神が来て話をされる時、私はその呼びかけに恐れをなすだろうからです。ダニエルの声と悪魔の声を聞き分けるのは、ほとんど不可能に近い時さえありました。偽天使は私に、神は短気で、怒るに早く、些細《ささい》な過ちでも民に罰を下される恐ろしい審判者だと信じさせようとしました。少しの間、私はそれを信じ始めてしまったのです。

その少し後、悪魔は亡くなった私の父の姿で現れました。声まで父とそっくりでした。この父の「そっくりさん」は、父がよくそうしたように、私にフランス語で話しかけてきました。この神との交流はすべて私の錯覚だと伝えるために、神に遣わされて来たと言います。

「神様がお前と話をされるだって！　いままでそんなことを聞いたことがあるかい？」

私は気が狂ったに違いない、と彼は言いました。

このヴィジョンは何かがおかしい、とうすうす感じ始め、私は言いました。

「じゃあダニエルはどうなの？　天使も私たちに姿を現すことはできるの？」

「ああ、あれね」

彼は答えましたが、その声には憎しみがこもっていたので、悪魔が私を騙そうとしているのがすぐにわかりました。私の父は、決して私にあのような話し方はしませんでしたから。

この時期、私はひどい孤独を感じ始めました。その頃のバングラデシュには、アドバイスや霊的助けを求められるような人は誰もいなかったからです。夫を心配させたくなかったので、何が起きているのか説明はせず、すべてを自分の中にしまっておきました。悪魔もこのすべてを知っており、さらに攻撃の手を強めてきました。毎日毎日、さらに多くの悪霊たちを一緒に連れて来たのです。昼も夜も周囲に彼らを感じ、声や物音が聞こえました。この堕天使たちは私を攻撃し、あざ笑い、あらゆる種類の卑猥な名前で私を呼ぶのです。神はどうして私をこんな辛い目に遭わせるのだろう、と不思議に思いました。

しかし最後には、味わってきたこの精神的拷問も、もはやそれまでのような影響を私に及ぼさなくなってきました。神は悪魔よりも強いとわかったからです。神に近づくにつれ、サタンへの恐れは無くなりました。悪魔は私の死を欲していっそう身震いし、怒りを増大させるにつれて、またもや戦略を変えてきました。

悪魔はついに、私の身体を攻撃し始めたのです。霊的にも身体的にも攻撃を受けていたので、どのようにしてこれが起こったのかを十分には説明できないのですが。

最初に、悪魔は沸騰している油を私の手にかけました。私は神と天使からのメッセージを書き下ろしていましたが、この油のために右手の中指を火傷し、鉛筆を持っていたまさにその箇所に、ひどい水膨れができました。鉛筆を持ってダニエルや神とのやりとりを続けるためには、毎日包帯を巻かなければなりませんでした。

こういう事もありました。家族とタイで休暇中、私たちはある島を訪れたのですが、帰り道の途中、岸に近づくにつれて、ボートが激しく揺れたのです。私はよろめき、体のバランスをとるために、とにかく近くにあったものにつかまりました。なんとそれは、真っ赤に焼けたエンジンの排気筒だったのです。以前、油をかけられて負った火傷に加えて、今度は右の手のひら全体にひどい火傷を負ってしまいました。耐えがたいほどの痛みだったので、ホテルに戻る途中も、これは病院に行って手当てする必要があるかもしれない、と心配しました。また鉛筆が持てるようになるまで何日も――ひょっとすると何週間も――かかるのは確実と思われました。

ひどい火傷だったにもかかわらず、ホテルに着いた時には、手に全く痛みを感じなくなっていました。その上、真っ赤な腫れも、火傷を負った痕跡すらも消えていました。

神は悪魔がそこまでするのをお許しにならず、憐れみによって私の手を癒やしてくださったのです！

時に、悪魔は私たちが最も嫌いなものを使います。私の一番苦手なものはゴキブリです。この話をするだけでもぞっとしてしまうのですが、いかに悪魔が邪悪で忌まわしいかおわかりになると思います。ある日、家にいた私は、部屋を出ようと後ろ手にドアを閉めました。すると直後に、何か液体のようなものが私に降りかかってきて、顔が濡れてしまったのを感じました。すぐさま、悪魔が笑いながらこう言い放つのが聞こえました。

「これが俺の洗礼のやり方だ！」

その時気づきました、ドアとドア枠の間に巨大なゴキブリをぺしゃんこに潰してしまったことに。私に降りかかってきた液体はゴキブリの体液だったのです。どんなに気持ち悪かったか、言葉にできません。悪魔はどんなことでもします。復讐を果たすため、そして私たちを脅して、神に背を向けさせ、正しい道にも背を向けさせるために。状況ははっきりしてきました。サタンは、私が神と語り合うのを何としても阻止したいのです。これは重大な霊的戦いでした。

悪魔にこうして攻撃されるようになったのは、特に、私が神に立ち帰ったためだと神は示してくださいました。まだ神と十分に一致していなかった時、私は特に悪魔の邪魔にはなっていませんでしたが、悪と戦うために神が私を訓練し養成されるのを見て、悪魔は激怒したのです。

ある晩、私はこんなヴィジョンを見ました。私は部屋の中に立っており、蛇がニョロニョロと這《は》って来ました。この蛇は悪魔を表しています。この蛇は私のペットだったのですが、私はもう関心を失い、餌もやらずに放っておいたのです。お腹をすかせ、驚きを隠せない蛇は、餌を求めて穴から這い出してきました。ぶどうが載ったお皿に向かって進んでいくのを私は眺めています。

蛇はぶどうを飲み込んでも満足せず、食べ物を探しにキッチンへと這って行きました。そのうちに、私の蛇に対する気持ちが変わってしまい、もはや友人ではなく、敵となってしまったことに気づいたようです。蛇はすぐに私に敵意を抱き、殺そうとするだろうと本能的にわかって、私はおびえました。

その途端、私の守護の天使が現れ、困っているのは何かと尋ねてくれました。私は蛇について話し、敵となった今、どんなに不安を感じているかを伝えました。天使は追い払ってあげようと言ってくれました。その戦いに参戦すべきか迷い、躊躇《ちゅうちょ》しましたが、天使と共に戦うことに決めました。

ダニエルはほうきを手に取り、外へ通じるドアを開けました。そして蛇をほうきで脅かし、開いたドアの方へ追いやろうとしました。蛇はほうきをよけようとそこら中を這いまわり、棚や食器棚に登ろうとします。私の天使の圧倒的な存在感のために、蛇はついにドアの外に出て行き、天使はドアをばたんと閉めました。蛇がどんな反応を示すか、窓から一緒に眺めていると、蛇はパニックに陥っていました。ドアに向かって戻って来るのが見えましたが、ドアはしっかりと閉まっています。どこに行けばよいのやら、蛇は階段をすべり下りると、通りに出ました。玄関の敷居をまたいで寒い外に出た途端、（人間よりも大きい）巨大なヒキガエルに変身すると、再び悪霊の姿になったのです。警報が鳴り、その時外にいた人々は、悪霊を捕まえて縛り上げました。

このヴィジョンは、私が神を受け入れ、完全に自分を明け渡した後に与えられました。

数日後、家の中でキッチンへ通じる階段を降りて行くと、階段の踊り場のところで突然イエスが見えました。イエスは私に微笑んでおられ、頬にはえくぼがありました。非常に満足して喜んでおられるように見え、その瞳は私への愛を示しておられました。私が立ちつくし、じっと見つめていると、イエスは消えてしまわれました。その時まで、守護の天使と天の御父が私に近づいて来られることはあったのですが、なんと私はイエス・キリストご自身を見たのです！

突然、小さい頃に見たイエスの夢を思い出しました。でも今度は、イエスはここにおられ、私にもう一度微笑みかけてくださったのです。その日の午後遅く、イエスは現れて自己紹介されました。

**「私は聖心《みこころ》。私の聖心の真ん中にあなたの場所を占めなさい。愛する者よ、あなたはそこに住むだろう」**

そしてイエスは突然見えなくなってしまいました。しばらく経って戻って来られると、こう言われました。

**「このすべてを書き留めてほしい……私の子どもたちに理解してもらいたい、あなたたちの霊魂は生き続けることを、そして悪魔は存在するということを。私の聖書に書かれているすべては神**

**話ではない、サタンは存在し、あなたたちの霊魂を破滅させようと企んでいる……」**（1987年3月7日）

この言葉が発せられるや否や、私は自分が地下にいるのがわかりました。脱魂状態に陥ったわけではありません。このヴィジョンは私の思考に与えられたものだからです。

私がいたのは地下の洞窟のような場所で、天井は低く、暗くて、明かりといえば火が照らす光だけでした。じめじめしていて、濃い灰色の地面はまるで濡れているかのように粘ついていましたが、土壌の感触は粉のように非常にきめ細かいのです。

私の前方に、何人かの霊魂がつながれて列をなしているのが見えました。見えたのは彼らの頭部だけです。身体の他の部分は「壁」の後ろ側に隠れていたからです。彼らの顔はまるで苦悶《くもん》の仮面をかぶっているように見えました。そして周囲の騒音に気づきました。重い鉄の機械が動いているような音、わめき声とハンマーで打ち付けるような音、周囲の至る所で、地獄に落とされた死者たちのうめき声や悲鳴が聞こえました。なんてうるさい所だろうという印象を持ちました。

私の前方、五メートルほどの所にサタンが立っていました。滅びた霊魂たちの方を向き、私には背を向けています。伸ばした手に燃えたぎる溶岩を持ち、右へ左へと腕を振っては、霊魂たちの顔に溶岩を投げつけて焼き焦がすので、彼らの顔は腫れ上がっています。サタンは後ろに誰かがいることに気づき、振り向いて私を見ました。その顔は人間の顔に似ていましたが、その目には絶対的な怒りと憎悪が宿っていて、まるで狂人のように見えました。

サタンは私を見た途端、むかついて地面に唾を吐き、荒々しいガラガラの怒鳴り声で言いました。

「あの女を見ろ！　哀れな虫けらめ、あいつを見ろ！　最近じゃ蛆虫《うじむし》でさえ俺たちの血を吸おうとやって来るのか。行け、失せろ！」

そして悪意の喜びのうちに、私に言いました。

「見てみろ！」

サタンは、苦しみ悶えている霊魂たちの顔をめがけて再び溶岩を投げつけ、彼らが泣き叫ぶのが聞こえました。

「ああ、いっそのこと死なせて……」

サタンはいらだち、逆上して叫びました。

「地上の奴らめ、俺の言うことを聞け。お前らは俺の所に来るんだからな！」

サタンが金切り声で脅し文句を叫んでいたにもかかわらず、私は思いました。

「最後には勝てると信じているなんて、なんて馬鹿なんだろう……」

サタンは私が何を考えていたかを察したようで、威嚇的な口調で言い返してきました。

「俺は馬鹿じゃねえ！」

それから、悪意に満ちた笑いと皮肉を込めて、哀れな霊魂たちに向かって叫びました。

「聞いたか？　こいつは俺を馬鹿呼ばわりしたぞ。わが最愛の霊魂どもよ、あの女の言ったことに対して償ってもらうからな」

サタンが新しい溶岩を取って投げつけようとしているので、私はイエスの方を向き、止めさせるために何かしてくださるよう必死に願いました。イエスはおっしゃいました。

**「彼を止めよう」**

サタンが溶岩を投げようと腕を振り上げた途端、激しい痛みが彼を襲いました。サタンは悲鳴を上げると、イエスを罵《ののし》り、私に向かって大声で言いました。

「魔女め！　行っちまえ！　そうだ、さっさと行け！　俺たちをほっといてくれ！」

突然、地獄の門のすぐ外――煉獄《れんごく》の最下層で、地獄ではありません――に立っていた霊魂たちの声が聞こえました。私たちの存在に気づいたようで、必死になって叫んでいます。

「助けて！　助けて！」

するとどこからともなく、誰かがサタンの前に進み出ました。手下の悪魔の一人のようでした。サタンにはもう私たちは見えていないようで、私たちがそこにいないかのように任務を遂行していたのです。サタンは悪魔に言いました。

「任務についているか？　お前にやれと言ったことをやっているか？　あの女を痛めつけろ。破滅させ、絶望させるんだ」

その悪魔に対するサタンの命令は、私を対象にしたものでした。私の後を追わせ、私の使命をぶち壊し、やる気を殺《そ》がせたいのです。

サタンは他の悪魔の名前を呼び始めました。その中には人間の名前も混じっていました。地獄に落ちた霊魂たちは、人々に取り憑《つ》いて悪魔的なトラブルを引き起こすことができるということがわかりました。なぜなら、彼らはルシファーの支配下にあり、配下にいる者は誰もが憎しみに生きているからです。しかし、彼らには堕天使ほどの大きな力はありません。

私はイエスに、この場所から離れたいとお願いしました。するとイエスはおっしゃいました。

「さあ、行こう。このすべてを書き留めてもらいたい」

このヴィジョンの後、イエスはサタンより完全に優勢であることを知りました。イエスは教えてくださったのです。悪魔を退散させるためには、イエスのみ名を使わなければならないと。それで私は平和と自信を得ることができました。

地獄のヴィジョンを見てから間もなく、サタンは悪魔のグループ全体を送りこんで私を攻撃してきました。新たな自信のおかげで、私は皮肉っぽく「ああイヤだ、まただわ」と言いつつも、今度はきちんと対処できるとわかっていました。

この悪魔たちは小さくて、チンパンジーに似ていました。怒り狂った猫のように私の背中に飛びかかってきます。けれども私は心配せず、彼らよりも強くいることができ、もはや彼らを恐れることはありませんでした。ただ、もう飽き飽きしていました。イエスのみ名を使えば、彼らを撃退できると霊魂の奥底で感じていたのです。食べ物の周りを飛ぶハエのような、危険というよりは厄介な邪魔者という感じでした。うんざりした私は、イエスのみ名によって彼らに地獄に戻るように命じました。ぶつぶつと泣き言を言いながら、悪魔たちは即座に立ち去ったのです！

# 5章　霊的な世界

この時点で、いよいよ私は自分の体験を少数の友人たちに話し始めました。彼らが私の話を本当に信じてくれたので、どれほど安堵したかわかりません。私の天使のことや、神が近づいてきてくださったことを話しましたが、ほとんどの友人が、このすべてを素晴らしいと思ってくれました。そこで、私はそれまでに学んだことのすべてを友人たちに説明し始めました。サタンの攻撃は記憶に新しかったので、サタンのことも話したのです。

「私たちは悪魔が周りにいることにほとんど気づいていないわ」

まず説明しました。

「恐ろしい犯罪について読んだりする時、悪魔について考えたりするかもしれないけれど、私たちの多くは、悪魔は自分たちを放っておいてくれると思っている。自分の道を行って、好きなように生きているけれど、ちょうど創造のうちに善の力があるように、悪の力もあるのは当然なのよ」

友人の一人は、悪とは人々が悪いことをして、周囲に「地獄」を作り上げている結果に過ぎないと思う、と言いました。

現代における悪魔の最新のトリックは、悪魔も――地獄も――存在しないふりをすることだ、と私は答えました。まさにそのために、主は私に地獄のヴィジョンを見せてくださったのです。私がその存在を証言できるように。ある男性が聖ピオ神父に、地獄なんて信じないと言ったところ、聖人はそっけなくこう答えたそうです。

「そこに行ったら信じるでしょう!」

　別の友人が尋ねました。

「堕天使はどうなの、彼らも悪魔と同じなの?」

「そう、同じよ。彼らも最後の審判の日に厳しく裁かれるの。神は、裁きを受けるために神の玉座に進む彼らのヴィジョンも見せてくださったわ。あの恐ろしい日には、すべてが静止して、不気味な静けさがあたりを包んでいたのを覚えてる。救われて、天国を受けるに値する霊魂たちはみんな、中心に広いスペースを空けて、そこを囲むように立っていたわ。その広い場所の反対側からは、大勢の堕天使たちが、頭を垂れて足をひきずりながら、ゆっくりと前に進み出てきたの。荘厳であると同時に、とても悲しい光景だった。まるで戦争に負けて捕虜になって、審判を待っている無力な兵士たちのようだった」

　このヴィジョンを与えられた時の神のメッセージです。

**「最高の権限を与えられた私の天使たちが私に反旗をひるがえし、その中でも最も優れた者たちが破滅した時、私の義は彼らを容赦しなかった。彼らは審判の日を待つために下界に突き落とされた。まさに全員の目の前で、彼らも裁きを受ける。そして、ああ!　……何と恐ろしい光景に**

**なるだろうか！　私はすべての人々をその行いによって、そして行わなかったことによって裁く。私の玉座の前で、誰もが畏怖し、沈黙して立つだろう。至高の判事である私を前にして、誰もが恐怖におののくほどに、この最後の審判の日はまことに恐ろしいものとなるからだ」**

**「あなたたちは皆、おびただしい数の堕天使たちに会うだろう。彼らは天国から追放され、敵意と恨みを抱いて、大天使ミカエルとその配下の天使たちと戦った。そう、あなたたちの目は私の敵対者たちを見ることになる。聖なる者、油注がれた者の敵対者を。あなたたちは皆、あの堕天使たち、ルシファーの手下ども、私の息子や娘たちを堕落させようとした原初の蛇に会うだろう。私の名を冒涜《ぼうとく》し、私の掟に背いた大勢の者たちに会うだろう。私の聖性に育てられて養われるのを拒み、欺《あざむ》く者によって額に刻印される方を選んだ者たちに。ヴァスーラ、あなたに示されたものは極めて苛酷なヴィジョンだった……」**（1992年7月20日）

まだ天使だった頃にルシファーという名を持っていたサタンは、神に反逆しました。彼の謀反《むほん》は天国の三分の一の天使に影響を及ぼし、彼らが堕落した時に、その住処《すみか》として地獄が作られたのです。地獄は彼らの領地であり、実在します。

最近では、人々は神の存在をしばしば無視しますが、まさに実在する悪魔と悪霊たちの勢力も認識しません。この悪の勢力は、私たちが神と直接接触するのを忌み嫌い、地上で神のご意志が行われるのを阻止するためにはどんなことでもします。

友人の一人が話をさえぎって言いました。

「でも、出来事の中に悪魔がいるってどうやったらわかるの？」

「いつも警戒していなければならないわ」私は答えました。

「悪魔は何でも使うの。どんな小さなことでも使って利用するのよ。悪魔は卓越した戦略家で、律法主義者だから、私たちの罪や弱さから付け入る隙を見つけては、罪は自分の専門分野とばかりに、律法主義者さながらに主張するの。私たちの中で、あるいは私たちを通して、邪悪な業《わざ》を行うあらゆる権利があると。罪はサタンに足がかりを与えてしまうの。肉体の堕落や、隠れた悪事を行うといった反逆的行為に道を開くことは、悪との接触の始まりなのよ」

　別の友人が、明らかに理解できずにいる様子で尋ねました。

「何の足がかり？」

　私は繰り返しました。

「罪よ。ありふれた罪。寛容さの欠如、頑なな心、ゆるさないこと、プライド、敵意、悪口、偏見、傲慢、その他いろいろ。盗みや嘘、不正、姦通、殺人といった罪については言うまでもないわね。サタンは狡猾《こうかつ》で、さっきも言ったように律法主義者だから、何か足がかりを見つけるとこう言うの。『ははあ、これは俺のお気に入りの罪だぞ。さあ、この領域に関する法的権利を行使するぞ、こいつらは俺のものだからな！』」

「例えば、もし家族の中でゆるしが不足していたり、愛と祈りが不足していると、悪霊はこうした隙をついて混乱を引き起こしたり、家族間の分裂を招いたりすることができる。家族間の対立の多くは、私たちが家庭で、悪魔に足がかりを与えてしまっていることが原因なのよ。祈りが無ければ、家庭も家族も簡単に侵入されてしまう。私たちの身体も同じよ。多くの人々が、自分の身体は自分のものだから、好きなようにすると自慢げに言うけれど、私たちは身体があるだけでなく、霊魂でもあることを忘れているわ。私たちの身体は本当は聖所であって、聖霊が住まわれる住処なの」

　これを聞いた友人の一人が、背を向けて涙を流し始めました。どうしたのと尋ねると、何年か前に、妊娠中絶をしたことがあると言います。部屋にいた人の中で、この罪の影響を受けたのは、彼女だけではなかったに違いありません。現代では広く行われているからです。私は彼女と他の全員に言いました。

「聞いて。あなたたちの罪は、心から悔い改めればゆるされるのよ」

　皆、わかったというようにうなずきました。ここで私はメッセージを収めた本を開き、次の一節を皆に読んで聞かせました。

「私はイエスに尋ねました。『私をゆるしてくださいますか?』。イエスはお答えになりました。『ああ、ヴァスーラ、あなたをゆるす。見たことを書きなさい』。私は書きました。イエスの聖なるお顔は明るい笑顔で輝き、えくぼをお見せになると、私がそこに飛び込むことができるように、腕を大きく広げられました」

**「ゆるしはいつでも、一瞬のためらいもなく与えられる。そして私がどのようにゆるすかを私の**

子どもたちに教えられるように、はっきりと識別させた」（1987年12月6日）

「サタンはあなたの罪を責めて、絶望させたいの。あなたを非難するためには、他の人々さえ使うわ。全く事実でないことから、あなたに対する非難を作り出すことができる。このすべてはあなたを絶望させ、動揺させ、不安にさせるため――あなたにこう思わせたいの。『そうよ、私はだめな人間、罪人だわ。だからもうどうだっていいでしょ？』」

「でも、神は私たちにゆるしをお与えになりたい。私たちに神の愛と救いを差し出そうと、できることはすべてなさっておられるのよ。イエスのみ心は愛に震えておられる。神のみ国はイエスやマリアのご出現の中だけではなく、私たち自身の中にあることを、多くの人々が理解していないのを見るのは悲しいことね」

「私たちはみんな天国を待ち望んでいるけれど、地上的な活動から離脱する精神を持って働かなければならないわ。神が私たちを地上に置いておかれるのには理由があって、それは私たちの霊魂が神のうちに真に形づくられるためなの。この地上の墓穴《はかあな》のような空虚さは、主がまことに復活されたことを、より完全に信じるための他には何の助けにもならない、そう思える段階に達するまで」

「超自然的なしるしが、気の触れた人々にではなく『普通の人々』に与えられている――その数は無視したり、背を向けるにはあまりに多すぎる。今こそこのしるしを認識して、人生を神に献げていく時よ」

その時点で、皆これが何を意味するのかを考え、部屋は静まり返りました。私の言葉を理解してくれたようでした。

しばらく後、こういう体験がありました。ある友人が、自分の犯した罪の現実に向き合ったのです――それは非常に奇妙で気味の悪い方法によってでした。

彼女が危うい生き方をし始めていたので、私はアドバイスするために家に招きました。

「このままあなたのやり方を続けるのか、それとも変わるのか、決めなければいけないわ。あなたに悪いことをさせようと、悪影響を与えている友達から離れなければだめ。彼らがあなたを、正しい道から引き離そうとしているのがわからない？」

初めは彼女も抵抗していました。彼女にとって、簡単なことではないのはわかっていました。私は冷蔵庫に行ってソーダを取り出し、コップに注ぎました。彼女はまだ自分の罪について語ろうとはせず、私に嘘をついて否定しようとしていました。しかしまさにその瞬間、神は私に、彼女が犯したすべての間違いを見せてくださったのです。彼女を正し、助言できるように。私が彼女の罪を明らかにしていくにつれ、彼女はショックを受け、涙が頬をつたい始めました。

しばらくすると、コップは空になりました。私がまた注ぎ入れると、突然、彼女のコップの中に蛆虫《うじむし》がいるのを見たのです！　それは突然現れました――何百もの蛆虫が、コップの中にうじゃうじゃ湧いていました。そのソーダは濃い色をしていたので、白い蛆虫はコントラストのためにはっきりと見えました。本当に気味が悪いものでした。

しかし、私には何が起きているのかよくわかりました。これはしるしです。彼女に言いました。
「これが何だかわかる？　これはサタンのしるしの一つよ。サタンを暴《あば》くと、彼は自分のしるしを現すの。蛆虫はサタンのしるしの一つ。私はあなたの罪を明らかにしたけれど、実際のところ、暴かれたのは悪魔だったのね。彼があなたに罠をしかけていたのを、今、怒りと復讐心からこうして現しているのよ」

この女性はこの日を生涯忘れないでしょう！

その後、もう一つの体験がありました。この体験は、悪魔がいかに私たちの暮らしの中に影響を及ぼしているか、そして神がどのようにして、私たちを悪から救い出してくださるのかを理解する助けとなりました。仲の良い友人の一人が、長い間、両親とうまくいっていませんでした。彼女は常に両親から拒まれ続け、何年もの間、両親からの敵意を感じていました。彼らの間にあった憎しみと敵意が、悪魔がその家に入り込むのを許してしまったのです。友人は最後には仕事も家も失ってしまったので、彼女が自立できるまで、私の家に招待しました。

ある日のこと、私は彼女の母親が住む家の近くまで行ってみよう、と彼女を誘いました。お母さんに、プレゼントを持っていくのもいいと提案しました。母親の住む町に到着すると、彼女はすぐに電話をしましたが、お母さんの返事は冷たく厳しいものでした。友人は、家に行ってプレゼントを渡させてほしいと嘆願しなければなりませんでした。

彼女の母親も、最初ははっきりと断ってきましたが、娘は家の中には入れないと言い張りながらも、玄関のドアの所にプレゼントを置くだけならよいと、ついに承諾してくれました。

そこで、私たちは彼女の母親の家まで車で行き、道路の反対側に駐車しました。すると、母親が外に出て私たちを待っているのが見えました。彼女が自分の娘も私も嫌っているのを知っていたので、私はあえて近づこうとはしませんでした。ところが、母親は私たちを見つけると、来て中に入るようにと手招きしています。友人がプレゼントを取りに行っている間に、私は中に入りました。

母親はコーヒーを準備しながら、息子も自分と夫から離れていってしまったと、抱えている問題を私に吐露し始めたのです。私はこの家族の問題を辛抱強く聞きました。

やっと三人揃って小さなテーブルに座り、一緒にコーヒーを飲みました。そのテーブルは庭に面した窓の下にあったのですが、彼女が話している間、私は数人の悪霊が窓から飛び出して、家から逃げ出すのをはっきりと見ました。彼らは醜いチンパンジーのような姿で、自分たちが立ち去る時だとわかっていたようでした。

この面会の後、この家に平和が訪れました。両親は娘と仲直りし、彼女をもう一度愛し始めました。それだけではなく、お母さんは、私の娘さんに対する善意の行為に感謝してくださり、私を「第二の母」と呼んでくださったのです。悪魔に足がかりを与えてしまった憎しみは今、愛に置き換えられました。それは聖霊の働きであることのしるしでした。

またある時には、アルコール依存症の男性に、五つの悪霊が取り憑《つ》いているのを見ました。この男性を依存症に追い込んだ悪魔と、他の四つの悪霊、怒り、恨み、頑固さ、うぬぼれの霊を見たのです。彼らは皆、この男性を苦しめ、離そうとしませんでした。チンパンジーのように男性の体中によじ登り、彼は必死に追い払おうとしましたが、一人で立ち向かうには数が多すぎました。ここで言っておかなければなりませんが、このヴィジョンは、この人物が他国にいたのにもかかわらず与えられたものです。

この人が危険に瀕していることがわかったので、忠告するために彼の職場に電話をかけました。しかし彼の秘書は、不在なので後程かけ直してはどうかと言いました。それから毎日のように電話をしましたが、彼はつかまりませんでした。二、三日後、主にアルコールによる問題から、彼が危篤に陥ったと聞きました。不幸にも、その後すぐに亡くなってしまったのです。

悪魔は祈りを忌み嫌い、祈りの最中は不安を感じます。これはエクソシズム（悪魔払《ばら》い）に関する別の話です。

以前ブラジルで、私の証しを聞くために、二万六千人の聴衆がスタジアムのホールに集まって一緒に祈っていた時のことです。聴衆の中に、一人の取り憑《つ》かれた男性がいました。ある司教がそこに参加していましたが、あの場所で起こった出来事を忘れることは決してありませんでした。私が神との体験を話し始め、メッセージを読み上げた途端、スタンドのかなり高い所に腰かけていたその男性が、まるで拡声器を百個使ったような大声で叫び始めたのです。

「俺は神の言葉なんてもうこれ以上聞きたくない！　お前が神から来たのは知っている、それを聞くと俺は苦しいんだ！」

彼は、かなり高い場所から身を投げようとしていました。すると突然、聴衆全体がカリスマ的なキリスト者となり、まるで全員がプログラムされていたかのように、自然発生的に振り返って彼の方に向かって手をかざし、解放のために祈ったのです。男性は、固い地面にドスンという音と共に落下し、しばらくの間動かずに横たわっていました。私たちは彼のために祈り続けていましたが、しばらくすると彼は立ち上がり、少し驚きながら、眠りから覚めたかのように当惑して、周りを見回しました。さらに数分後、彼は両手を高く上げると、神を賛美し始めたのです。悪魔から彼を解放してくださった、神の憐れみのゆえに。祈りと賛美は悪魔を遠ざけます。この出来事が起こるのを主がお許しになったのは、悪魔が存在するとしても、祈りを通して彼らから解放される方法がいつもあることを、私たちに思い起こさせるためでした。

ある日、コロンビアでの黙想会が成功のうちに終わり、会場から空港に向かう前に、ちょうど昼食を食べ終えてテーブルに座っていた人たちがいたので、さようならを言いに行きました。私が近づいていくと、その中の一人の若い女性が慌てて立ち上がって、顔を手で覆いながら後ずさりしたのです。ブルブル震えながら、顔を隠したまま、ホールの隅へと逃げて行きます。私は隅に行くと、ゆっくりと彼女に近づきました。最初は、この若い女性の異常な反応が理解できず、優しく彼女の肩に触れました。彼女は、まるで触れられて火傷でも負ったようにシクシクと泣き、恐怖に震えながら、消え入りたいかのようにしゃがみこみました。それでわかりました。彼女の中の悪魔が私を恐れているのだと。飛行機の出発時間のため、そこに留まって彼女のために祈り、悪魔を追い払うことができないのをとても悔しく思いました。そこで、このすべてを見ていたカリスマを持つ友人に頼ることにしました。彼が以前にも、悪魔と対峙したことがあるのを知っていたからです。彼に聞きました。

「どうすればいいかわかっているわね？」

「ええ、私が相手をしましょう」

私は安心して空港に向かいました。しかし、道中こんな考えが浮かんできました。サタンは嘘つきで、喜劇役者でもあることを私は知っています。私自身の弱さも自覚しており、その上、自分が聖なるものからほど遠いのもわかっています。なのになぜ、悪魔はあんなにも私を恐れて見せたのでしょう？　私は聖なる重要人物だから、そこに居るだけで悪魔を荒れ狂わせることができる、それ以上は必要ない、そう思わせるためにあんなふりをしたのではないでしょうか？　私を誘惑して高慢に陥らせようとしたのでは？　私の考えはこの説に落ち着きました。悪魔は私を恐れるふりをしたのだと……神は次のメッセージを下さいました。

**「今日はこれまで以上に、悪魔と悪霊たちが地上の隅々まで歩き回り、あなたたち全員を騙《だま》し、陥れようと罠を仕掛けている。これが、絶え間なく祈るようにとあなたたちに求めている理由だ。眠っているところを私の敵に見つかってはならない。今の時代を警戒していなさい。悪魔があなたのうちに隙を見つけることがないように、私の言葉によって、私の愛によって、私の平和と私**

**の徳によって自らを満たしなさい。清い心でしばしば訪れ、小さく白いホスチアのうちなる私**（聖体）**を受けなさい、そうするなら、誘惑に陥ることはない。絶え間なく祈りなさい。あなたが求める以前に、今何が必要かを、私はあなたが以上に心得ている。あなたの心を知っている。可能な限り、私の方を向いて祈りなさい……**」（1989年4月5日）

神は私たちを悪から守るために、強力な武器を与えてくださいました。この武器こそ、祈りなのです。

これらの体験は、私にとって素晴らしい気づきとなり、霊的な世界と、善と悪の天使の勢力が持つ目的を把握しはじめました。

聖なる交流が進むにつれ、神への愛も知恵も増し、私の中で目に見える変化が起こりました。

# 6章　対　立

私の身に起こった出来事の結果として、近所の教会に行き始めました。そこはローマ・カトリックの教会でした。私自身はギリシャ正教徒でしたが、私の家から一番近かったのが、カトリック教会だったのです――ほんの数ブロック先でした。何日かすると、私の天使が、教会の敷地内にある神学校へ行き、そこに住んでいるアメリカ人の神父を探すようにと頼んできました。私の超自然的な体験を話し、ノートに丁寧に書かれたメッセージを見せるようにと言うのです。

夕暮れ時、神学校の庭を歩いていくと、乾いた洗濯物が入ったプラスチックのバケツを持った男性がいました。こんな時間に私がいることに驚いた様子で、誰かをお探しですかと尋ねてきました。「アメリカ人の神父様を」と答えると、神父はすぐ戻るので、その間、自分の部屋で待っていてはどうかと言ってくれました。

この男性は、私はカール神父ですと自己紹介しました。彼の部屋へ歩きながら、私は自分の体験を話し始め、自信を持ってメッセージを見せました。こういったことに関する考えがまだ甘かった私は、彼が私と喜びを共にしてくれると期待していました。ところが、彼は頭をかしげて下を向くのです。彼の言葉から、私が心理的危機にあるか、あるいは統合失調症を患っていると思われているのがわかりました。私の夫はどこにいるかと尋ねられたので、しばらくの間ヨーロッパに行っていると答えました。アジアに一人残されて、寂しくてみじめなあまり、おかしくなってしまったと推測したに違いありません。手のひらを見せてほしいと言われ、詳しく調べられているうちに、特定の精神病患者に現れるような、精神疾患の痕《あと》がないか見つけようとしているのがわかりました。私を気の毒に思われ、いつでも好きな時に会いに来るようにと誘ってくださいました。

最初の出会いから、私は数日おきに彼に会いに行き、自分は正常だと証明しようとしました。ある日彼は、「あなたが天国と交流している現象を見せてもらえますか?」と頼んできました。私が静かに祈ると、すぐに神が特別な方法で近づいてこられるのを感じました。そこで神は私に語られ、私はみ言葉を書き下ろそうと手を置きました。しかしまさにその瞬間、神父は書くのを止められるかどうか確かめるために、私の手首をつかみました。瞬時に、彼は腕にビリビリと電流のようなものが走るのを感じ、驚いた表情を見せ、あわてて手を引っ込めました。そして、私が神のみ言葉を受けるのを何も言わずただ静かに見ていました。

後になって、カール神父がアメリカ人司祭であるジム神父にこのすべてを、特にビリビリした電流の感触があの午後、ずっと続いたことを話しに行ったことを知りました。ジム神父は敷地内で私をよく見かけていたので、この最近の体験を耳にして、これは悪魔の仕業だと確信したようでした。彼はカール神父に言いました。

「いいですか、彼女のどこに聖性の痕跡がありますか?　全くない!　だから彼女の体験が神からのものだなんてありえない！　彼女に私の所に来るように言ってください、私がテストします」

カール神父は、ジム神父が私に会いたがっていると言いました。ジム神父は自分が悪魔と対峙していると確信していたので、私の訪問に先立って、彼の部屋に聖水を撒きました。私が座る椅子と机や、用意した紙と鉛筆にも聖水をふりかけました。私は自信を持って出向きましたが、到着すると、ジム神父が動揺し、緊張しているのがわかりました。早くテストを終わらせたい様子で、すぐに交信しているその「何とやら」を呼び出して、「それ」に「栄光は父と子と聖霊にと書くように言いなさい、と言います。

私は落ち着いて神に祈り、私の手を使って、メッセージのために神がお使いになる、あの特別な筆記体でそれを書くようにお願いしました。すると神はそのようにしてくださいました。しかし、あまりに強い力だったので、鉛筆が半分に折れてしまい、私はペンで続けなければなりませんでした。鉛筆がポキッと折れた瞬間、神父は飛び上がり、開けっぱなしのドアから廊下に飛び出して逃げてしまいました。かなりの衝撃を受け、うろたえながら戻って来ると、私に悪魔崇拝、悪霊、魔術、占い、呪文について話し始めました。彼は、私が交信しているのは愚かな悪霊で、絶対に神から来るものではないと断言したのです。

ジム神父は、私を信じたカール神父を、なんと騙《だま》されやすいのかと言ってとがめました。私には神父がおびえているのがわかりましたが、それでも彼は私を混乱させ、疑いでいっぱいにしました。私が立ち去ろうとすると、彼はとても攻撃的な態度で、完全に書くのをやめるまで、二度とカトリック教会の敷地内に入ったり、ミサに与ったりしてはならないと命令しました。さらに、カール神父を放っておくようにと付け加えられました。私はショックを受け、キリストは彼を愛する人を決して拒まれない、キリストと共にいたいと願う人に扉を閉めたりはなさらない、と言うのがやっとでした。

この面会で、残酷さと頑なな心、恐れを感じ取り、私はがっくりしていました。帰る途中、カール神父はもう少し優しいはずと信じながら会いに行きました。何が起こったかを話し、彼の友人は私が書くのを止めない限り、神父を訪問するのを禁じ、教会に来ることすら遠慮するように要求したと伝えました。神父は頭を垂れ、沈黙していました。カール神父が私を弁護しようとなさらないのは明らかでした。ひょっとしたら、もう私にも、私のややこしい状況にも関わらないで済むので、ほっとしていたのかもしれません。彼らにとって私は厄介者、規則正しく穏やかな自分たちの生活を脅かす大問題となってしまったのです。私は歓迎されざる人物なのだとわかりました。

立ち去る前に、私はカール神父に言いました。

「ええ、私でも、悪魔は人を騙《だま》すので、とても危険で注意しなければいけないことくらい知っています。でも悪魔が私を神に立ち返らせ、回心させて、教会の秘跡《ひせき》に導くことなんて絶対にありません。それなのに、どうしてこれが悪魔だなんてありえるでしょうか？」

何という霊魂の危機だろう、と思いました。無知ゆえに間違った方向に導かれ、あのような悪魔に対する恐れが、結局は神ではなく悪魔に名誉を与えてしまうなんて！　数年間、この神父は私の苦痛の種となりました。その後に次々と現れた人たちも同様だったので、神の慰めがなかったなら、とても続けられなかったでしょう。

私は自分に問いかけました。

「どうして彼らは理解できず、神に栄光を帰さないの？　神は人々に憐れみの恵みを与えてくださっているのに。まるで、キリストは墓に埋葬されたまま復活されなかったみたいに！　彼らはなぜ、キリストに死んだままでいてほしいの？　なぜ、この過ちは何度も何度も繰り返されるの？どうして彼らは神の業《わざ》をサタンのものと考えてしまうほど騙されやすいの？」

**「人の子らよ、いつまでわたしの名誉を辱《はずかし》めにさらすのか、むなしさを愛し、偽りを求めるのか」**

（詩編４・３）

腹が立った私は、カール神父に怒鳴ってしまいました。

「もう行きます！　二度とここには顔を出しませんから、絶対に！」

私は立ち去りました。カトリック教会に来るのもこれが最後と思いながら。家に戻って二階の洗面所に行くと、シャワールームの壁に向かって座り、大泣きしました。私の天使が慰めに訪れ、涙と額の汗を拭《ぬぐ》ってくれました。いじめっ子にやられた子どもが父親に助けを求めて泣きつくように、私は神に向かって嘆きました。私たちの父である神に駆け寄り、悲しんで涙したのです。

「私は困惑し、私の魂は誰にも想像できないほど悲嘆にくれています……もうわかりません……

あなたは、自分はあなただとおっしゃるし、私は混乱しています。あなただと信じていました、神の優しさをもってあなたがそう言われたからです。私の周りにあなたの現存を感じました、誰もそれが悪魔の現存だなんて言えるわけがありません。あなたの現存の芳香が私の周囲全体を包みました。それなのにこれがサタンだなんて？　私はあなたを探し求めてはいなかったのに、あなたは私を見つけて呼びかけてくださいました。誰も、世界中の誰も、私をあなたのもとへ連れて行こうとはしませんでしたし、もしそうしたとしても、成功しなかったでしょう。それほど私の心はあなたから離れていたからです。けれど、あなたは来てくださり、私の霊魂を喜びで満たしてくださいました。私の心が騙《だま》されるはずがありません。あなたの甘美なまでの優しさを感じたのですから。私を聖別するために、そのみ名を香油のように、私の全身にくまなく注いでくださいました。あなたは私を聖別してくださったのです。私を引き上げて、霊魂の記憶を呼び戻してくださいました。ところがご覧ください、今やあなたに属する人々が、あなたの恵みを否定し、悪魔しか見ていません。もし本当にあなたなら、私の主よ、いつかこの神父がこれを認め、私の受けたメッセージが神から来るものだったとわかるようにしてください。そうすれば、私はすべてを信じて平和でいられるでしょう！」

ほんの少しの沈黙の後、神はとても威厳のある口調で、ただこう言われました。

「**私が彼を従わせる**」

ジム神父は、毎日唱えるようにと私に三つの祈りを下さいました。大天使ミカエルに向かう祈り、聖ベルナルドの聖母に向かう祈り、イエスの聖心《みこころ》への信頼のノヴェナの三つです。あの出来事のせいで、私は混乱し、疑い始めていましたが、私の中の何かが、この三つの祈りを祈るようにと語りかけていました。毎日これらの祈りを繰り返し、神父が言った通りにしました。神からメッセージを受けるのも、それを書き下ろすのも止めたのです。まるで牢獄に入れられ、誰かに手も足も縛られてしまったように感じました。

しかし、それから間もないある日のこと、私が紙に何か書いていると、突然、神の力と栄光が体中に染みわたるのを感じ、不意に手をつかまれました。私が全く予期していなかった時に、またもや神は近づいて来られたのです。その時に聞いたメッセージは、信じられないほどの愛と平和の感情で私を満たしました。私は書き下ろしました。

**「私、神はあなたを愛している。娘よ、いつも覚えておきなさい。ヤハウェとは私の名である」**

私はメッセージを探し求めてはいませんでした――たまたま紙と鉛筆が私の前にあった時に、それは起こったのです。感動のあまり、たちまち涙が溢れ出しました。そのすぐ直後に、神はもう一つメッセージを下さいました。

**「あなたを愛している、ヴァスーラ、いつもこれを覚えておきなさい。私があなたを導いている。私の名はヤハウェ」**

非難と譴責《けんせき》を浴びているさ中、神は「牢獄」にいる私を訪れてくださったのです。まるで牢獄の扉が突然押し開けられ、神々しい光束《こうそく》が独房に降り注いで私を包み込み、心を希望で満たしてくださったかのようでした。時間と手間をかけて——全宇宙を手に握っておられるお方が——その愛とご好意を私に示しに来てくださったのです。

ジム神父は、距離をおいていても、私の周囲で起こる超自然的な現象に我慢ならないようでした。彼は手紙をよこし、私に起こった出来事はどれも、あまりにも馬鹿げていると言いました。私は自分を見つめ直すべきで、このような恵みは、私のような者に与えられるものではないと自覚せねばならない、なぜならそのような恵みは、マザー・テレサのように立派で「ふさわしい」人々のために取っておかれるものだからと。どこかしら彼は、自分のことを言っているようでもありました。あれほど勉強して、長年司祭としてキリストに献げてきたのに、なぜこのような恵みを自分は体験できないのか？　なぜ神は、私のようなそれまで宗教とは無縁だった世俗的な人物に、このような祝福を与えられるのか？　神父は、私の身に起きていることは悪魔的だと断言しました。

「確かにこれは超自然的現象だが、悪魔によってもたらされるもので、決して神からのものではない」

いっとき、私もどこかでジム神父を信じていました。彼と対立して以後、神が近づいて来られるたび、私は文字通り神を追い払いました。私の霊魂の中で「私、ヤハウェはあなたを愛している」と言われたのを聞きました。でも聞こえないふりをして何も書き下ろしませんでした。イエスが近づいて来られて、「平和を、私の子よ」と言われても、私は無視し、悪魔がしゃべっているのだと恐れて、その言葉を頭の隅に追いやろうとしました。非常に攻撃的にさえなりました。何度となく、神ともイエスとも交流するのを拒みました。私の天使ダニエルがいてくれなかったら、もっと長引いていたかもしれません。

「全能の神が、こんなに単純で直接的な方法で、私のような者に話しかけられて交流されるなんて、どうして信じてしまったのだろう？」

私は自問自答しました。そんな話は人生で一度も聞いたことがない。もちろん、聖書の中ではモーセやアブラハム、預言者たちが神と話をしたけれど、私とは比べるべくもない。どうして神だと信じることができたのだろう？　きっと幻だったに違いない。こうして幾度となく、私は天の父ともイエスとも交流を絶ってしまったのです。

しかし、このように疑い、ジム神父にもあのように言われたにもかかわらず、私の中の何かが、私の天使ダニエルにはまだ信頼を寄せていました。ある日、ダニエルはイエスからのメッセージを携えてやって来ました。彼は自ら仲介役を買って出てくれて、イエスの言葉を伝えてくれたのです。徐々に私の疑いは消えていき、傷は癒え始め、平和の感覚が戻ってきました。私の天使はたびたび訪れると、私の手を使って、彼自身や私の絵、大聖堂などの絵を描いてくれました。そして１９８６年６月20日、天使はイエスからまたメッセージを預ってきたと言いました。私は無意識に言葉を書き下ろしましたが、神父の言葉がまだ頭に残っていたので、書いた言葉を消そうとしましたが、その時天使は、その言葉を消さずに読むように求めたのです。私の危機が始まって以来、イエスと交流するのはこれが初めてでした。そこにはただこうありました。

**「私、イエスは、あなたを愛している」**

天使は、もっとメッセージを受け取るように、と徐々に私を説得しました。1986年7月9日、神からいただいたメッセージでこう言われています。

**「私はあなたを**（霊的に）**養ってきた。あなたに食べ物を与えようとやって来た。この食べ物を他の者たちにも与えるのを手伝ってほしい……彼らを助け、私へと導きなさい。私があなたに愛を与えたように、あなたも私に倣《なら》いなさい。この食べ物を与えることによって、あなたに好意を示した。これを他の者にも与えなさい、彼らがそれを喜ぶことができるように」**

神学校で神父に失望させられてからも、彼らとの接触をすべて絶ったわけではありませんでした。私を残酷に非難したジム神父に、メッセージのことを話すのはやめました。しかし最終的には、まだメッセージが自分に届いていることを彼に伝えたのです。この頃には、メッセージをただの紙に書くのはやめて、ノートに書き下ろし始めていました。その方が失くすこともなく、きちんと順番に記録できるからです。まだ神と交流していることを伝えるために、私はジム神父を自宅に招待することに決めました。彼は私の話を気に入りませんでしたが、神学校に持ち帰って調査してもらうために、ノートを渡しました。次の日、彼はとても手厳しい手紙を送ってよこし、ただちにノートを燃やし、このメッセージを読んだ友人に、読んだものすべてを忘れるようにと言ってきました。私はまだ宗教的なことには疎《うと》かったのですが、悪魔を識別することは十分に学んでいました。

友人たちにジム神父の考えを伝え、言われたことを教えると、皆ショックを受けて憤慨しました。私は次の日、神父のいる神学校に行って、友人たちの反応を伝えることになっていました。友人たちの支持について神父に話すと、かなり気を悪くされたようでした。私はノートを返してほしいと頼みました。神父は言いました、こんな風に騙《だま》されるのを自分に許しているのだから、神は私に対してきっと大変お怒りだろう。こうなった以上、神は確実に私を見捨てられ、私は悲惨な結末を迎えるだろうと。神は一度ならず二度までも我慢してくださったのに、私が言うことを聞かないので、私たちの天の父は、私を悪魔のなすがままにさせておくだろうとも付け加えました。

神が識別の霊を与えてくださったことに私は感謝しました――まさにあの時、私にとってとても役に立った賜物だったのです。それまで何度も悪魔に騙されてきましたが、今度はそうはいきません。ジム神父の辛辣《しんらつ》な手紙には、あなたの神は明らかに私の神ではありません、と返事をしました。ジム神父が私に示すところの神は、残酷な神、怒るに早く、短気で、頑固、無慈悲で愛に欠けています。彼の神は、一度や二度はゆるすものの、言うことを聞かないと、愛に飢えた霊魂たちに背を向けて地獄に落としてしまうのです。その一方で、私の知っている神、日々私に語りかけてくださる神は、愛そのもので、無限に忍耐強く、寛容で、思いやりにあふれておられます。ジム神父に言いました。私の神は怒るに遅く、慈悲深く、私の霊魂を愛で包んでくださる。

私の部屋を毎日訪れてくださる神――ジム神父は悪魔か愚かな悪霊であるかのようにあしらっていますが――は平和と慰め、希望で私の霊魂を包んでくださると。さらに続けました。私の神は、私を霊的に養い、主への信仰を強めてくださり、それは今日も変わっていない。私の神は、霊的な事柄を教えてくださり、み心の豊かさを見せてくださる。神は寛容であられ、私たちが悔い改めれば、どんな罪もゆるしてくださると。神はこう言われます。

**「犯した罪によってあなたをとがめたりはしない、今あなたをゆるす、あなたの面前で戸を閉めたりはしない。まことに言う、私はあなたを百万回もゆるすことができる、そして腕を大きく広げてあなたの前に立っている、私のもとに来て、あなたに与えるこの愛を感じるようにと求めて……来なさい、私を恐れて敬遠するすべての者よ、私を知らない者よ、来て私に近づきなさい。そうすれば、私が愛に満ち、憐れみに満ち、慈しみに満ちた神であることがわかるだろう」**

（１９８７年３月18日）

ジム神父は頑固で、二、三日でいいから、様子を見るために書くのを止めるようにと懇願してきました。言われた通りにしましたが、神様から明確で具体的なメッセージをいただけるようにと、祈りのうちに願いました。その返事として私が受け取ったのはただこれだけでした。

「**私、ヤハウェがあなたを導いている**」

ジム神父との堂々巡りのやりとりが続いてから三、四か月後、私と夫はカール神父と親しくなり、食事にお招きするようになっていました。神父は、私が幻覚を起こしているわけではなく、気が狂っているわけでも、作り話をしているわけでもないことに徐々に気づいてくれました。ある日のこと、彼は私の受けているメッセージは神からの贈り物だろう、と言って私を驚かせました。その時、彼はアメリカ人司祭であるジム神父にも彼の考えを伝えたかったようでした。

二人の神父は、この件について再度内々で議論した末、私にバングラデシュのディアンという所に行くようにアドバイスしてくれました。そしてその人里離れた村への行き方を説明し、そこに住むカトリックの隠修士《いんしゅうし》、デュジャリエ神父を見つけるようにと言うのです。この方は特別なカリスマ、とくに霊の識別の賜物を持っていることで知られていました。これはなかなか大変な旅になりそうでした。まず飛行機でチッタゴンに行かねばなりません。それからディアンに行くためにカヌーで川を渡り、最後に、教えてもらった通りに進んで隠修士を見つけるのです。そんな所まで私一人で行くのは考えられず、親友のベアトリスにすべてを打ち明けると、彼女は一緒に行ってくれると申し出てくれました。

チッタゴンに到着すると、川まで乗せてくれるという人力車を見つけました。川に着くと、カヌーを見つけたので、川を渡りたいと頼みました。幸いなことに、カヌーの漕ぎ手はこの川を熟知していて、急流を避けるためにUターンをしたのです。なかなか劇的な川渡りでした。

陸地にたどり着くと、私たちは急がねばなりませんでした。夜が更けて、茂みの中にとり残される危険があるからです。人力車を見つけたので、カトリックの礼拝所に連れて行ってくれるように頼むと、断られてしまいました。そこに行く道路はなく、雨の被害を受けた小道があるだけだと言うのです。私たちが懇願すると、承諾してくれましたが、人力車で行ける所までで、それ以上は無理でした――そこから先は歩いて行かなければなりません。人力車に飛び乗ると、出発はしたものの、でこぼこ道をしばらく行ったところで停まってしまい、ここから先は歩いていくしかないと言われてしまいました。空が暗くなる中、私たちは足早に歩きましたが、二十分ほど行ったところで立ち止まってしまいました。なぜなら、道がそこで二手に分かれていたからです。信じられませんでした。

「さあ、どうしよう？　ここからどうやって行くの？」

私たちはうまくいくように願いながら、左の道を選びました。その間も夜は迫っており、蚊が私たちの周りに集まってきました。ベアトリスに言いました。

「もしこの道で合ってなかったら本当に大変よ」

ところが、神が共にいてくださり、私たちはついに、低木の茂みに囲まれた建物を見つけて安堵したのです。そこには二、三人の司祭が住んでいると聞いていました。まっすぐドアに向かうと、神父が出てきて、表情から察するに、私たちを見て驚いた様子でした。デュジャリエ神父を探していると説明しました。

彼は親切に軽食を出してくれて、デュジャリエ神父はここではなく、二、三分ほど離れた小さな場所に住んでいると言います。真っ暗になってしまう前に、すぐに向かった方がいいとアドバイスしてくれました。急いで出発すると、デュジャリエ神父の住居へと続く茂みの中の小道を、再び足早に進みました。そこはみすぼらしく、今にも壊れそうな住居で、私たちはぼろぼろのドアを急いでノックしました。

ドアを開けて出てきたデュジャリエ神父は、背が高く、痩せた方でした。ぜひお話をさせていただきたいのですが、泊まる所が必要なのです、と説明すると、神父は木製のとても簡素な「ベッド」が二つ置いてある部屋へと案内してくれました。それはベッドというよりも踏み台のように見え、一インチほどの厚さの薄いマットレスが二つ巻いてありましたが、そんなことは気になりません。ただ彼を見つけられたことが嬉しくてなりませんでした。神父は言いました。

「カバンを置いたら食堂に来てください。一緒に少し食事をしましょう」

神父が食堂と呼ぶ場所について行くと、そこはテーブルも椅子もない質素な空間で、セメントの床の上に藁《わら》のマットが少し敷いてあるだけでした。地元の女性が裸足で入って来ると、ブリキのポットと三枚のアルミ皿を、私たちの前にある藁のマットの上に置きました。デュジャリエ神父は貧しい人々にならって、食べ物を床に置いて、手で召し上がっていました。

夕食後、ベアトリスと私は眠れない一夜を過ごしました。擦り切れた部屋のカーテンに、大きな蜘蛛《くも》がいるのに気づいたからです。蜘蛛たちは食べるものには困らなかったでしょう、蚊が私たちの周りを次から次へとブンブン飛び回っていましたから。私たちはそれをじっと見つめていましたが、ついにうとうとと眠りこんでしまいました。日が差してくると、せまい洗面所の濃い緑色の壁が、巨大な蜘蛛でびっしりと覆われていたことに気づきました。昨晩は薄明かりで見えなかったのです！　もう最悪でした！

朝になると、隠修士にこれまで経験したすべてを話し、受けたメッセージを見せました。彼はそれを調べ、しばらくしてから私を見てこう言われました。

「これはイエスのみ心からのものです。あなたは賜物を与えられました。神の呼びかけを拒んではなりません。神は私たちに何かをお伝えになりたいのです」

「では、これは超自然的なもので、神から来るものなのですね？」私は尋ねました。

「そうです。神の命に忠実でありなさい」と彼は答えました。

この言葉は私の傷を癒やすのに十分、私にとっては癒やしの香油のようでした。家路への第一段階である川へと向かいながら、私たちの心は軽くなっていきました。ほどなくして、とてもお腹がすいてきましたが、周りにレストランらしきものはありません。ところが川を渡ると、食べ物の良い香りがしてきました。匂いをたどっていくと、男の人が荷車の下の大鍋でサモサを作っていました――サモサは小麦粉を練ったインド料理で、香辛料で味付けした野菜や肉が入っています。小さな空き地で、地元の人々がテーブルについて、美味しそうに食事を楽しんでいました。私たちヨーロッパ人女性二人がサモサを買っているのを見つけると、近くにいた人たちが席を空けてくれました。二人で一つのテーブルにつきましたが、ベアトリスがカメラを取り出した途端、地元の人々が大勢周りに集まって来て、喜んで写真を撮ってもらっていました。

ダッカに戻るとすぐに、ジム神父とカール神父に急いで会いに行き、デュジャリエ神父が識別されたことを話しました。彼らは注意深く耳を傾け、隠修士の言葉を尊重しているのが見てとれました。二人とも安堵したようで、それ以来、私への態度が変わりました。その後、カール神父は完全に私を信じてくれるようになり、こう言いました。

「あなたは神から賜物を授かったけれど、気の毒に思う！」

なぜ気の毒に思うのかと尋ねると、こう答えました。

「なぜって、もし神があなたに語っておられるのなら、神はあなたにたくさんの重大なこと、難しいことを頼まれるでしょうから。あなたが好きなことのほとんどは神のお望みではないので、あきらめるようにと言われるでしょう。それはあなたにとってたやすいことではないはずです。大変な苦労があり、人の舌はあなたを傷つけずにはおかないでしょう。神はあなたをお使いになり、あなたは休むこともできない。あなたは迫害され、拒絶される。預言や啓示の賜物を授かった他の人々のように。今の時代に生きているのは幸いです。宗教裁判が行われていた昔だったら、あなたのような人は異端者や魔女と呼ばれて、火刑に処せられていたでしょう。しかし、これは神があなたの上に休まれるというしるしです。あなただけは見逃してもらえるというわけにはいきません、例外はないのです。けれども、神はあなたを通して勝利され、栄光を受けられるでしょう。これが神の友人に対する扱い方なのですから、少なくとも喜んでいらっしゃい。だから、神は決してあなたのそばを離れられないという、良い側面を見る様にした方がいいかもしれませんね。神はいつもあなたと共におられます」

彼の言葉ほど預言的だったものはありません。

それからある日のこと、私が油絵を描いていると、神が切迫した様子で繰り返し私を呼んでおられるのを感じました。ブラシを投げ捨て、メッセージのノートが置いてある部屋に大急ぎで行くと、呼ばれたのはイエスでした。王として現れられ、堂々として威厳があり、王の中の王以外の何者でもありません。微笑みながら、メッセージを書き下ろすように招いておられます。しかし、私が次に聞いたメッセージは、全く予想していなかったものでした。

# 7章　使　命

　イエスはお尋ねになりました。

**「教えてほしい。あなたの家と私の家ではどちらがより大切か？」**

　私はためらわず、「あなたの家です、主よ」と言いました。

**「私の家を甦《よみがえ》らせなさい。私の家を美しく飾りなさい。私の家を一致させなさい」**

　主の家――つまり教会が――分裂してい、い、い、るとは、私には知るよしもありませんでした。それまでずっと、教会はひとつで、ただ国籍が違うだけだと思っていたからです。

　これを聞いて私は衝撃を受け、涙声になって言いました。

「でも、一体どうやって？　私は何も知りません！」

**「無のままでいなさい。あなたの無のうちに、私の力、私の権威、『私はある』ことを示す。自分に執着するのをやめ、自我に死に、聖霊があなたのうちで息吹くようにさせなさい。あなたを形造り、私の思うように象《かたど》らせてほしい」**

　私は呆然自失《ぼうぜんじしつ》の状態で尋ねました。

「私に何ができるでしょう？　何も知らないのに、どうして私を選ばれたのですか？」

**「惨《みじ》めさが私を魅了するとは、知らなかったのか？」**

さらにこう付け加えられました。

**「あなたの惨《みじ》めさを通して、世に対する私の慈しみを示そう。来なさい、あなたは私を喜ばせる。子どもたちは私の弱点だ、私の思うように象《かたど》らせてくれるから！」**

こうして日々の教えが始まり、恩寵《おんちょう》と至福の時期が到来しました。それはイエスの指導の下、個人教授の生徒になるというだけでなく、誘惑され、霊的な蜜月《ハネムーン》を過ごしているようでもありました。まさに、創造主と私だけで密かに過ごすのです。神が私に語りかけてくださる言葉は、どれも詩情豊かで、神聖で、徳に満ちていました。私の心は、神のためにどんなことでもする準備が出来ていました。

そのような至福の状態にあったある日、イエスはある決定的な質問をされました。私の足元を揺るがす質問です。突然、恐れが私を捕らえ、他の会話のようにお言葉を書き下ろすことができなくなってしまいました。鉛筆を宙に上げたまま、イエスが尋ねられたことを書き下ろすのを拒みました。

イエスは、**「あなたの途方もない弱さにあっても、私はあなたのうちに留まることができる」**と言われましたが、私がふいに不信感を抱いたので、失望させてしまったのがそのお声のトーンから感じられました。イエスはこう質問されたのです。

**「私に仕える用意はあるか？　私に仕えてくれるのなら、あなたのうちにただ情熱だけを現そう」**

（1987年5月23日）

よく理解できずに私が、「情熱？」と繰り返すと、神は「**そう、情熱だ。私に仕える用意は……**」と言われ、言われたことは全部聞こえたのですが、次に続いた言葉を書きたくなかったので、ノートから手を上げてしまいました。

主をがっかりさせてしまったことに気づき、動揺しましたが、知らないことが怖かったのです。荷物をまとめて家を出て、カルメル会の修道院のような所に入って、修道女になるようにと神が言われたらどうしよう、とおびえていました。

イエスが私に尋ねられたことについて、一晩中考えました。過去の自分がどのようであったかは覚えています。これからはもう罪を犯さないようにと、罪深かった私の人生を主が明らかにしてくださったことも。主に出会う前の私は、暗闇と欺瞞《ぎまん》の一族に属していましたが、今は王である主が、私を光と真実の世界へと導いてくださいました。だから何をおびえることがあるでしょう？

そこで私は、信頼して信仰の道を歩む覚悟を決め、全く未知の霊的な世界に身を投じ、神のみ旨《むね》に委ねる決意を固めました。後に聖書から学びました。

「もし神がわたしたちの味方であるならば、だれがわたしたちに敵対できますか」（ローマ8・31）

一晩中この状況について考えてから、あくる日、私はイエスのもとへ戻り、質問への態度を変えました。

「私が仕えることをお望みですか?」
瞬《またたく》く間に、主が感動に震え、喜んでおられるのを感じました。主は言われました。

**「仕えてほしい、ぜひそうしてもらいたい、ヴァスーラ。来なさい、どこでどのようにして、私に仕えられるかを教えてあげよう……今のようにありのままのあなたで、私に仕え、働きなさい。愛が最も必要とされている場所で、私に仕えてくれる僕《しもべ》が必要だ。あなたは悪に囲まれ、信じない者たちに囲まれ、罪の奈落《ならく》の底にいる。しかし、あなたの置かれた場所で一生懸命働きなさい。暗闇が支配している場所で、あなたは神に仕えることになる。休む暇もないだろう。どんな善も悪に歪《ゆが》められてしまう場所で、あなたは私に仕えるだろう、そうだ。世の悲惨さと邪悪さ、悪意に囲まれる中で、私に仕えなさい。神なき人々の間で、私をあざ笑い、私の心を突き刺す人々の間で、私に仕えなさい。私を鞭打ち、非難し、再び十字架に架け、唾《つば》する者たちの間で、私に仕えなさい。ああ、ヴァスーラ、どんなに私は苦しんでいるか! 来て私を慰めてほしい……私と共に努力し、苦しみに耐えなさい……私の十字架を共に担いなさい……」**(1987年5月24日)

どこでどうやって主に仕えればよいのか教えてくださっているうちに、キリストの感情のテンポが高まり、見る見る心を乱されたようでした。主の深い苦悩を私は忘れることができません。

それからまる一か月、キリストは十字架のヴィジョンを私に与えられました。どの方向を向いても、大きなこげ茶色の十字架が見えました。濃い茶色の木で作られた、ドアほどの大きさの十字架です。食事中にお皿から目を上げると、その十字架が見えました。ベッドの蚊帳の中からも、網の向こうにそれは見えました。このヴィジョンは、私の使命は困難なものになることを意味し、それは見えたり消えたりしながら一か月の間続いたのです。

それからある日のこと、主は一つのヴィジョンを下さいました（1987年6月2日）。私は三つの大きな鉄の棒が互いに近くに立っているのを見ました。このヴィジョンは私を怖がらせました。主が思考にヴィジョンを送られる時、言わんとすることを確信させられるからです。ですから、イエスが示唆しておられることが私にはわかりました。三つの鉄の棒は、ローマ・カトリック、プロテスタント、正教会——キリスト教の三つの教派を表しています。同時に、主が個々の問題点についても話そうとされているのがわかりました。

「ああ、だめです！」

私は不満の声を上げました。教会の諸問題についてなど聞きたくありませんでした！

「ごたごたしているとしても、それは彼らの問題であって、私の問題ではありません」

またしても私は抵抗し、神が話そうとされることを聞こうとしませんでした。

しかし、三本の鉄の棒のヴィジョンは私から離れませんでした。そこに居座って、私に始終付きまとったのです。とうとう私は、言葉も発せずに財布をつかんで車に乗り込み、まるで追われているかのようにフルスピードで走り出しました。そして気でも違ったかのような運転で、ダッカの大きな野外市場まで走りました。

そうです！　そこは誰にとっても、気を紛らせるのには最適な場所でした。何百もの人々が買い物をしたり、値切ったりと、信じられないほど賑わっていて騒々しいのです。、追いかけてきて服をぐいっと引っ張る物乞いたち。品物を売ろうと声をかけてくる売り子たち。人力車、バス、車、トラックなどの耳をつんざくほどの騒音と、決して鳴り止まないクラクションの音。足の間を走り回る鶏に、人々の間をうろつくヤギの群れ。地面にはゴミ、香辛料の香りと混ざりあう空気中の埃《ほこり》の悪臭。暑さと湿気。このすべては完璧な気晴らしになるはずだと思いました。ところが、それにもかかわらず、三本の鉄の棒のヴィジョンは私から離れず、目の前にあり続けたのです。

突然、市場の喧騒《けんそう》に勝る大きな声が、私の中で呼ぶのが聞こえました。

**「教え子よ！」**

そしてさらに聞こえました。

**「起きなさい、あなたは倒れてしまった！　戻って、私のためにこの三本の鉄の棒を描きなさい」**

私は溜息をつきました。逃げ出しても無駄だったことに気づいたのです。私は神の手のうちに倒れ込みました。車で家に戻り、主が言われた通りにしました。すると主は言われます。

**「一致するためには、皆が屈まなければならない。あなたたち全員が柔らかくなることによって、自ら進んで屈む必要がある。屈まずして、どうやって彼らの頭**（教会の権威）**が出会うことができるだろうか？」**

私は理解して答えました。

「この仕事は怖い」

**「恐れは捨て去り、私の話を聞きなさい。あなたの神に仕えなさい。私は私の教会を一致させたい！」**主は命じられました。

私は絶望的になりました。

「どうやって？」

突然、サタンの激しい唸《うな》り声が聞こえました。「ダメだ……！」という苦悶に満ちた叫び声を上げたのです。それはまるで地獄の火が燃え盛り、普段よりも激しく彼を焼き尽くしているかのようでした。主はサタンを無視され、私に向かって言われました。

**「私が教えよう。私があなたを形造り、あなたを使う。だから自我に死に、私の聖霊があなたのうちに息吹くようにさせなさい。あなたが最善を尽くせば、あとは私が行う。私の教会を一致させることは、私の体の栄光となる。私の平和を受け、信頼しなさい。私と共に歩くことを学びなさい」**

このお言葉を聞いて書き下ろしましたが、私はまだ途方に暮れていました。教会の諸問題に取り組むといっても、一体どうやって始めればよいのでしょう？　私は教会の指導者ではないし、つい最近までは教会に行ってさえいなかったのですから！　それで、今度は彼らの問題を解決する方法を私が教えに行く？　確かに神はユーモアのセンスをお持ちですが、少しも笑えません！

数日後、私の天使がやって来て、こう言って私を驚かせました。

**「あなたはスイスへ行きます。神の種を蒔《ま》くために」**

この文はやむを得ず、ブロック体の大文字で書くしかありませんでした。でも、私の夫がスイスで任務を受けることはあり得ません。彼の仕事の分野はいつも発展途上国にあったからです。それで夫には何も言わず、事の成り行きを見守ることにしました。二週間後、案の定、夫が帰って来てこう言いました。

「スイスに行くってのはどう? 国際自然保護連合（ＩＵＣＮ）で働いてみないかと言われているんだ」

「これを見せても、信じてもらえないかもしれないけれど」と彼に言いました。

私は大喜びで、ペルに見せようと、守護の天使のメッセージを走って取りに行きました。夫はその予告を読み、メッセージの日付を見るとあっけにとられましたが、私もそうでした。

「なるほど。神は私を召された理由である何かを始めるために、私たちをヨーロッパの中心に送られるのね」と静かに考えました。

引っ越しの準備中、引っ越し業者がいつも庭の門を開けっ放しにして働いていました。そろそろ仕事が終わるという時、最後の荷物を運び出している隙に、一人の泥棒が、大きく開いた玄関から、誰にも気づかれることなく家に侵入しました。

私は寝室に洋服を取りに行くため、二階に上がらなければならなかったのですが、まさにその時、この泥棒がそこに立っているのが見えました。彼は私を見て固まってしまったようでした。

「あなたは誰？　ここで何をしているの？」

彼が答えなかったので、引っ越し業者ではないことに気づいた私は、すぐに出て行きなさいと男を怒鳴りつけました。それを聞いて彼は階段を駆け下り、その間に私は、「泥棒がいる！　泥棒が入ったわ！」と叫びました。

私の叫び声に気づいた引っ越し業者の人たちが、何とか男を捕らえました。そして容赦なく男を攻撃し、あざができるほど棒で殴打した者もいました。一瞬、殺してしまうのではと思ったほどで、「やめて、彼を逃がして」と大声で叫びました。

そばに現存を感じたので振り向くと、イエスが見ておられて、こう言われました。

**「わかったか？　誰も彼が来ることを予想していなかった。私もこのようにやって来る。盗人のようにあなたのもとを訪れる。だから常に警戒していなさい」**

こう言ってイエスは消えてしまわれました。

しかし次の日、もう一つの出来事が起き、イエスは再び現れられました。引っ越し作業はまだ続いていて、門はまたもや大きく開いていました。すると、私の子犬のプードルが、道路に出ようと門に向かって走って行くのが見えたのです。私はパニックになり、乱暴な運転で往来する車に子犬がひかれてしまう前に捕まえなければと、全速力で突進しました。その時、イエスが言われるのが聞こえました。

**「あなたが小犬のためにどれほど心配し、助け出すためにどれほど急いで駆けつけるかがわかっ**

**ただろう？　霊魂たちを失う私の恐れはそれよりもはるかに大きい。ましてや死の危険からあなたを救おうとする私の心配はどれほどだろうか？」**

それは一人の霊魂を失う危険でした。

引っ越し業者はようやく出発し、家は戸締りを終え、私たちはダッカを発とうとしていました。教会で役に立つかもしれないと思い、家にあった物をいくつか残してあったので、出発前に教会に持って行って、神父たちにお別れを言いに行こうと思いました。教会の庭にジム神父がいたので、贈り物を手に持って会いに行きました。品物の中に美しい石油ランタンがあったので、衝動的に、それを個人的に贈ったのです。走り去る車のバックミラーの中に、抱えたランタンを考え深げに見つめながら、円を描くように歩く彼の姿が見えました。

もしかすると、私の言った最後の言葉が、意図せずして彼に感銘を与えてしまったのかもしれません。ランタンを贈った時、私はこう言ったのです。

「どうぞこのランタンを受け取って、大切にしてください。暗闇の中ではいつでも、この光が役に立つでしょう」

私が言ったのは、時々起こる停電のような事態に役立つという意味だったのですが、どういうわけか、私の言いまわしは彼にとって象徴的なものになってしまったようでした。かなり後になるまで、ジム神父とまた会うことはありませんでした。

一か月もしないうちに、私たちは家を引き払ってスイスに向かいました。バングラデシュからヨーロッパへ移るのは大きな変化でした。スイスへの引っ越しは、まるで円をぐるりと一周して故郷に戻って来たような感じがしました。初めてローザンヌに来た時に両親と一緒に住んだ、まさにその同じ通りにマンションを見つけた時、この思いはさらに強まりました。

ヨーロッパに落ち着いたことで、メッセージを広めるために中心となる場所に居られることになりました。時が経つにつれ、メッセージは教会の一致にますます関連してきました。イエスは一度にすべてを明らかにはされませんでした。私の霊的な旅は段階的に進んでいきましたが、一段進むごとにより複雑になっていき、より難しくなっていきました。ある日、イエスが来られると、苦悩に満ちたお声で言われました。十字架に架けられた時に脇腹に突き刺さった槍は、今日の教会の分裂を表していると。和解と一致を渋るイエスの代理人たちが、主のお体を不具にしてしまったと言われます。槍の刃はまだそのお体の奥深くに残っていると。

**「私の体は痛む、私の心の真ん中には槍の刃が残ったままだ……」**（1988年3月29日）

1988年7月26日、主は言われました。

**「私の教会はひどく傷ついている……間もなく教会の土台は揺さぶられるだろう。その後、教会を傷つけた者、私の体の中に教会を傷つける意図を蓄積させた者たちは、すべて根絶される」**

槍についてのこの比喩を理解するのに、かなりの時間を要しました。主は槍の刃を見せようと言われましたが、それは教会の人々がどれほど分裂しているか、自我《エゴ》に死んで和解することをどれほど嫌がっているかを見せるという意味でした。対話をしている間は、一致のために働いていているふりをする人々もいますが、彼らは実際にはそんなことはしていないとキリストは教えてくださいました。キリストのみ旨《むね》に反対した人たちは、イエスのみ心を傷つけている槍の刃です。彼らは、教会である主の神秘体に刺さる棘《とげ》でした。

それからというもの、キリストは時おり私に頼まれるようになりました。主のお体から棘と槍の刃を抜いて、主の教会を一つにするようにと。キリストは最後には教会の一致は成し遂げられることを私に理解させてくださいましたが、問題は、それが私たちの自発的協力によってか、それとも火による清めによってかということなのです。

**「あなたたちは謙遜と愛をもって屈み、和解して一致する気があるか？　これらを平和的な協定のもとに成し遂げるか、それとも火によってか？」**

相違点はあっても一致してほしい、とキリストはおっしゃいます。多様性の中の一致です。この一致によってキリストのからだは癒やされ、強固にされ、完成し、御父へのイエスの祈りが成就するのです。

**「父よ、あなたがわたしの内におられ、わたしがあなたの内にいるように、すべての人を一つにしてください。彼らもわたしたちの内にいるようにしてください。そうすれば、世は、あなたがわたしをお遣わしになったことを、信じるようになります」**（ヨハネ17・21）

一致の鍵となるイエス・キリストのメッセージを伝えるため、私は教皇（ローマ法王）と他の教会の指導者たちにまでたどり着かねばなりません。しかし私はいぶかしんでいました。

「一体どうやって彼らに会うの？　彼らは私の話に耳を傾けてくれるの――神が自分に語っていると主張しているだけの『ただの人』に？」

彼らの立場からすれば、徹底した調査なしに私のことを信じるなど到底できないことだとわかっていました。そして、それは戦い抜きでは起こりえないことも承知していました。それ以来、私の名前と私の使命、私の信用を損ねようとする企てが絶え間なく続きました。私に対する根も葉もない非難、数えきれないほど多くの中傷、敵対的な言葉による攻撃、殺害の脅迫、聖職者たちとの敵意に満ちた終わりのない対立――中には、私はＵＦＯから来た宇宙人だと主張する人さえいました。私が何百万ドルも稼いでいて、運転手付きのリムジンに乗り、豪華な車を所有していると言う人もいました。特にひどいのは、私が何らかの狂信的教団《カルト》のリーダーで、神から受けたメッセージを人々に読むように強要しているというものでした。１９８７年４月23日、主は私に警告してくださいました。

**「あなたの霊魂は、この世の邪悪さ、冷淡さ、悪意の根深さ、忌まわしいまでの罪深さにさらされる。鳩が彼らの頭上を飛ぶように、あなたはこの世を見守るだろう、その一挙一動を苦しみのうちに眺めながら。あなたは私の生けにえとなり、標的となる。試合後の狩人《かりうど》のように、彼らはあなたを狩り、武器を取り出してあなたを追う。あなたを破滅させる者なら誰にでも、あなたを高値で売り付ける」**

私は震えながら、声を潜めて尋ねました。

「どうしてですか？　私の身に何が起きるのですか？」

主は威厳をもってこうお答えになりました。

**「娘よ、あなたに言っておく。すべては無駄とはならない。地上の影は次第に消えてなくなるだろう。最初の雨の一粒で粘土**（肉体）**は洗い流されるが、あなたの霊魂が消えることは決してない」**

こうしてすべてが始まりました。一致のための仕事が始まった、とひそかに考えました。私は主の話にまさに耳を傾けようとしていて、主は私の上に、論争、分裂、そしてほとんどのキリスト者を棄教にまで陥らせた教会間の過ちのすべてを吐露しようとしておられます。

それまでに経験したことなど、氷山の一角に過ぎないことに気づき始めました。そして神は、まるで巻物を開くように、私の使命がたどる道、その苦難、そして私の人生を、最も驚くべきヴィジョンで明らかにしてくださいました。

# 8章　鳩

　まさに私の目の前で、私の一生が記されている巻物を神が開かれた時、それは暗号と不可解なしるしの象徴ばかりで、主が思考の中で説明してくださらない限り、理解できなかったでしょう。そのため、主はその意味をヴィジョンの中で示す方を選ばれました。

　このヴィジョンは、１９８９年1月29日に与えられました。何かお祝い事が行われている大きな教会に、自分が入っていくのが見えました。大勢の人だかりで、皆心を躍らせているようでした。私は高い所にある小さな壇の上に立っており、集まっている人々を見下ろしていました。香が渦巻き状の雲のように、あたりに立ち込めています。すると群衆の真ん中に、美しい箱を持った司祭がいることに気づきました。そこにいる誰もが、その箱の中に特別な鳩が入っていることを知っていました。後になって、その鳩は聖霊の象徴であることを知りました。キリストの象徴であるその司祭は、その箱を開けて鳩を自由に飛び回らせ、私たちを大いに喜ばせてくれることになっていたのです！　司祭は私たちをあまり待たせたくなかったので、さっそく箱を開けると、中から鳩が飛び出しました。

　頭上を飛び回る鳩を見た人々は皆、喜びのあまり興奮し、鳩が降下して近くに来ると、一斉に「おお！」と感嘆の声を上げました。彼らの熱狂と興奮が教会を包んでいます。しばらくの間、鳩は円を描くように飛び続けていました。鳩が頻繁に私に近づいて来ることに気づきました。皆、腕を高く上げて鳩の注意を引こうとし、自分の手に留まってくれるように願っていました。鳩は最後に、私たちの中から誰か一人を選ぶことを皆知っており、その選ばれた人は特別に恵まれていることもわかっていました。

鳩が上空を飛び回っている間、私と鳩はお互いを知っていて、どういうわけか、友達同士であるという確信が心に浮かびました。「つながっている」と言ってもいいかもしれません。鳩は空色をしていました――白ではなく。後になって、青は「神」を表すことを知りました。鳩が私に向かって来るのが見え、私の上で休もうとしているのがわかりました。私たちの間のつながりを感じ取ったからです。ついに鳩が私の指先に止まった時、とても親しみを感じただけでなく、私たちの間にある深く親密な愛も感じ取りました。

すべての視線が私の方を向きました。鳩の選択に驚いた人たち、自分の方に飛んで来てほしいと切に願っていた人たち、鳩がついに選んだことに喜んでいる人たちなどがいました。しばらくすると鳩は飛び立ち、教会の周りを飛んだ後、もう一回りしてから再び私の方に飛んで来て、指先に止まって休みました。今度は手の中に抱かせてくれたので、私は喜びに溶けそうになりながら、そっと優しく持ち上げると、左頬の耳元に愛情を込めて押し当てました。心臓が高鳴っているような早い鼓動が聞こえました。

それから突然、私は一人になったことに気づきました――小道を歩いていたのです。道の脇には、リスに似た未知の小動物が至る所にいました。それらは残酷にも、互いに共食いしていました。道の行く手に大きなネズミがいて、口に小動物をくわえています。私を脅かそうと、威嚇しながら素早く近づいて来ますが、怖くはなかったので、「主導権を握る主人」は私であることをわからせようと、ネズミに向かって足早に進みました。私が対決しようとしていることに直ちに気づいたネズミは、怖気づいて脇によけると、背後からリスに似た小動物に襲いかかり、ゴボゴボとおぞましい音でのどを鳴らしながら、丸ごと飲み込んでしまいました。

それから少し行くと、一匹の蛇が道の片方の端からもう一方の端まで体を伸ばして、行く手を阻《はば》んでいるのが見えました。それはセロファンのように透明だったので、見えるようにしてくださったことを神に感謝しました。透明なので見つけるのが難しく、もし踏みつけていたら、きっと噛まれていたでしょう。怖くはなかったので、歩き続けてその蛇をまたいで行こうと決めました。

蛇を通り過ぎると、背後でかすかな音がしました。別の蛇が私に追いつこうと、シュルシュルと素早く這《は》って来ます。最初の蛇とは全く違い、この蛇は攻撃的で、相手が何であれ襲いかかろうとしているのがわかりました。これも透明で、一つだけ小さな濃いジグザグ模様が背中についていました。指のように細く、長さは9フィート（2·7メートル）はありそうでした。私は追い詰められてしまったように思われましたが、すぐに素晴らしい事が起きました。神が救いに来てくださり、地上からはるか高くまで私を浮き上がらせてくださったのです。私は蛇の邪悪な意図を感じ、棒立ちになって私に到達しようとするのではと思い、まだ心配していました。その時、天の御父が私を前方に勢いよく引き上げてくださり、まるで風に吹かれたように蛇の上を無事に通り過ぎると、私を地上にいた友人の隣に降ろしてくださいました。

今度は、友人と私は小道の行き止まりにいて、塀に向かって立っていました。怖くはありませんでしたが、物音が聞こえたので、右の方をちょっと向いてみると、最初の蛇が道を塞いでいるのが見えました。何か餌を探していて、まだ私たちには気づいていないようでした。友人はまだ蛇に気づいていなかったので、私は小声で「動かないで、じっとしていて」と言いました。彼女が反応して蛇の注意を引くといけないので、蛇のことは言わなかったのです。

するとさっきの細長い蛇がやって来て、最初の蛇の横に這ってきました。最初の蛇は、ものすごい獰猛《どうもう》さで細い蛇に勢いよく襲いかかり、相手に防御するチャンスを与える間もなく喰らいつくと、ゴボゴボとひどく不快な音をたてながら飲み込んでしまいました。蛇は満足し、あとは眠いだけで、私たちを放っておいてくれるでしょう。危険を免れたとわかって、ホッと胸をなで下ろしました。ヴィジョンはここで終わりました。

このヴィジョンは十分に理解できませんでしたが、神はゆっくり時間をかけて、このすべてが何を意味するかを明かしてくださいました。鳩は象徴的に聖霊を表しています。鳩が私の手に留まったのは、神が私たちの世代にメッセージをお与えになるために、私をお選びになったことを表しています。特別な使命を生涯かけて遂行するようにと。

ネズミと蛇は、この使命の行く手で私が様々な困難や論争、障害に遭うこと、そして自分たちが誰であるかを明かすことなく、巧妙なやり方で私を攻撃しようとする人々に出遭うことを表していました。彼らは察知されるのを避けるために、善人を装って隠れて行動するので、本当は誰が略奪者なのか、誰にも見つけることができません。いつかキリストが「**ファリサイ派の生き写しだ**」（1987年9月1日）と言われた通り、蛇がセロファンのように透明だったのはこの理由からです。

このヴィジョンが与えられたのは、私が公の場で初めて証しをする直前でした——人々に話して聞かせるのです——私が受けてきたメッセージについて。この証しが実現した経緯はなかなか面白いものでした。

その時、私はスイスに住んでいました。ある日のこと、ある集まりに参加して帰ろうとしていた時のことです。以前は修道女だった、こぶのある年配の女性が私に近づいて来ると、優しくか細い声で尋ねました。

「あなたがピュリーのヴァスーラさん？　キリストと聖母マリアからメッセージを受けていらっしゃるのでしょう？」

彼女は友人たちを通じて私のことを聞いたのです。

私は驚きながら「ええ、そうです、私です……」と答えました。

彼女は続けました。

「まあ。私のお友達を連れてあなたのお宅にお邪魔させていただいてもよろしいかしら？　ぜひお話を聞かせていただきたいの」

私はいいですよと答え、日程を決めました。

当日、玄関のベルが鳴り、ドアを開けると、三十人位の人々がいたのです！　狭いマンションだったので、居間はいっぱいになり、玄関ホールからキッチンにまで人があふれました。私は嬉しくてたまりませんでした！　話を始め、どうやってすべてが始まったのか、まず私の天使、そして天の御父、次にイエスと聖母マリア、というように説明していきました。彼らは静かに注意深く聞いており、時々理解と賛同を示すようにうなずいていました。

私の向かいに座っていた女性が名乗り出ました。彼女は、特に近年のご出現の聖地への巡礼を企画していた方でした。私の話が終わるとすぐに、彼女はワクワクした様子で話し出しました。目を輝かせながら、「素晴らしい証《あかし》です。このメッセージはとても重要に思われます……」と言ったのです。

皆、そうだとうなずきました。主のメッセージをさらに分かち合える場所を見つけようと、彼らは共に話し合いました。後に、地元の教会の信徒ホールでもっと大きな集いを開くことが決まりました。彼らが司祭と話をして許可を得たのです。このイベントの広報の仕事も、彼らがすると言ってくれました。

第一回目の公の集いの一か月程前、私がキッチンにいると、近くに主がおられるのが見えました。キッチンのドアの所で主のおそばを通り過ぎた時、こうつぶやかれたのです。

「**私はあなたを狼に囲まれる羊として送り出す……**」

そして消えてしまわれました。私は鳩のヴィジョンを思い出し、イエスのお言葉を警告として受け止めました。これは、そう簡単にはいかない、という確認だったのです……

使徒職は厳しい試練に耐えねばならない、神は何度かそう忠告しておられました。

初めての公の証しの集いが近づくにつれ、私は誘惑に陥りそうになりました。自問自答し始めたのです。「私は自由を失ってしまったの？」と。以前の気楽な生活は消え失せてしまいました。何人かの友人を捨て、一番の楽しみであったテニスや絵を描くこともあきらめました。パーティやブリッジへの興味も失くしました。神から私の気持ちを逸《そ》らせるものすべてに対する興味を失っていたのです。

以前はそういう人たちのことを馬鹿にしていたのに、何ということか、今では彼らに似てきてしまったではありませんか？　彼らを「聖人ぶった」偏屈な人間だと思っていましたが、自分もそうなってしまったのでしょうか？　自由を失い、好きなことだけをする代わりに、善い人生を送るように強いられているのでしょうか？

神には誰も自分の考えを隠せないと知っていたので、私は主にこの話を持ちかけました。

私は言いました。神が私に近づいて来られる前の私は、世俗的でしたが、楽しく穏やかな生活を送っていて、気になることも心配なこともなかったと。しかし、神のみ言葉を重荷に感じ始めました――特に、**「あなたに私のメッセージを託した」**と神が言われる時、その責任は私に重くのしかかりました。

「あなたのお言葉は、主よ、とても重い！　私の自由はどこですか？」

私たちの主は辛抱強い父親のように、こうお答えになりました。

**「私、主が、自由とは何かをあなたに教えよう。書きなさい、あなたの霊魂が地上的な心遣いから離れ、私を目指して、私に向かって飛んで来る時に自由となる。神である私があなたを訪れ、解放した、あなたはもう自由だ。まだ地上に属していた時、ヴァスーラ、あなたはあらゆる誘惑の虜《とりこ》だった。しかし今や、あなたの霊魂は鳩のように解放された。愛する者よ、あなたは籠《かご》に入れられていた。籠の中に。あなたの霊魂を自由に飛び立たせ、すべての霊魂に与えたこの自由を感じなさい。しかし、なんと多くの霊魂が、私の差し出しているこの恵みを拒んでいることか。二度と捕えられてつながれ、籠に入れられてはならない、私があなたを解放した」**（1987年4月23日）

時間はかかるでしょうが、私は学んでいました。主の霊がある所に、真の自由があるということを。また、主は暗い場所で話されるのではなく、あふれる光の中で、偽りない真実を透明性をもって明らかにしてくださるということも。主は、言葉には表せないほどに与えることを切望しておられ、喜んで準備しておられます、私たちが主に願うものは何でも。そして私たちが願うよりはるかに多くを与えてくださいます！　それほど寛大であられるのです。神が望まれるように、無条件で、限界なしに神を愛するためにはどうすればいいのか、私にはわかっていませんでした。

初めての公の場での集いの日がついにやって来ました。檀上で話したことなどそれまで一度もなく、私はすっかり怖気《おじけ》づいてしまいました。教会のホールに到着すると、三百人近くの人々が来ていたのです！　それを見て私はパニックに陥りました。隣りの聖堂まで歩いて行き、大きな十字架の前にひざまずくと、嘆きながらイエスに訴えました。

「主よ、私は何を言えばいいのでしょう？　私が置かれた状況を見てください。一体どうやって話せばいいのですか？　何を言えば？　今までスピーチや証しなど一度もしたことがありません……」

私は溜息をつきました。

「あなたの助けが必要です」

さらに言いました。

「主よ、見てください。あなたは何という状況に私を追い込まれたのしょう。ご存知でしょう、私はこんなことを望んだ覚えはありません……もし助けてくださらなかったら、私が恥をかくだけならまだしも、あなたにまで恥をかかせてしまいます！　そんなことは起きてほしくありません！　この恐れと不安を私から取り除いてください。私の唇に触れて、話す言葉をお与えください。私を勇気づけ、正しい言葉を私の口に置いてください。あなたが笑い者にされるのではなく、あなたの栄光を称えられますように、聖霊の恵みが必要なのです……」

そこで私は、主が何度も言われたことを思い出しました。

「**心配しなくてよい。私があなたを導く。あなたが私を失望させることはない……あなたの欠けているところは私が満たす……あなたの唇の上に私の言葉を置く、あなたのスピーチを豊かなものにしよう。あなたのスピーチは私のスピーチとなる……**」

そして主はお答えになり、命じて言われました。

「**私の栄光を称える時が来た、行きなさい！**」

私は立ち上がると、信徒ホールにまっすぐ向かいました。中に入りながら、私の頭の中には、神の栄光を称えるために全力を尽くす、というたった一つの考えしかありませんでした。以前キリストは私にこう言われました、これは私たちの誰にも言われていることです。

「**最善を尽くしなさい、あとは私が行う……**」

不意に、歩いている感覚がなくなり、夢の中をスローモーションで前方へ滑っていくような感じがしました。そして、温かい液体が頭のてっぺんから足の先にまで注がれ、全身が満たされたような、信じられないほどの平安に包まれるのを感じました。誰かが温かい吐息を私に吹き込み、完全な安心感を与えてくれたようでもありました。それは私自身のものではない威厳に満ちた力であり、魂のうちの深い平和でもありました。神が聖霊の恵みを注いでくださったのがわかり、それを身体でも感じたのです。

口を開くと言葉があふれ出てきました。話しているのが自分ではないと知りつつ、自分のスピーチを聞いているようでした。自分の力で話すことができなかったので、導かれていたのです。多くの人々が胸を打たれ、講演が終わった後、私の従妹が言いました。

「ヴァスーラ、こんなあなたを初めて見たわ！　まるで水を得た魚のようだった。今までずっと宣教してきたみたいに話してたわ！」

私がカテキズム[*1]も神学も学んだことがなく、公の場で講演などしたこともないのを彼女は知っていたのです。

その後、定期的に証しをするように頼まれました。私たちはスイスで、祈りの集いを含む月一回のプログラムを作りました。この祈りの集いはやがて、多くの人々にとって喜びの源となり、回心の源となっていきました。聴衆は着実に増え、二千人にのぼりました。ドイツ、イタリア、フランスといった近隣の国々から、人々は何台ものバスに乗ってスイスまでやって来ました。主はあらゆる人々を呼ばれたのです！　彼らは家族や友人、病気の人や悪霊に取り憑《つ》かれた人を連れて来て、多くの癒やしが行われました。イエスはご自分の恩寵《おんちょう》をためらうことなくすべての人に分け与えられたのです。主にちょっと微笑みかけるだけで、ゆるしを与えてくださり、忘れてくださいます。私たちが後悔のため息をついて考え直すだけで、天国のすべてが歓び祝うのです！

これは主ご自身のお言葉です。

**「来なさい！　この荒れ野でいまだにさまよい、『私はあがない主を探し求めたが、見つからなかった』と言っている者たちよ。愛する者たち、清い心で、利己心を捨てて私を愛することによっ**

**て、私を見つけなさい。聖性のうちに、私が求める自己放棄のうちに、私の掟を守ることによって、私を見つけなさい。悪を愛に置き換えることで、私を見つけなさい。素朴な心で私を見つけなさい。もう罪を犯してはならない。悪を行うのを止めなさい。善を行うことを学び、正義を探し求めるように。虐げられている人々を助けて、この荒れ野と不毛の地を歓喜させなさい。あなたたちの生ぬるさに火をつけて、燃え盛る炎としなさい。無関心を捨てて熱意に置き換えるように。これらのことをすべて行いなさい。あなたたちがこう言えるようになるために。『私はあがない主を探し求め、そのお方を見いだした。いつも私のそばにおられたのに、自らの闇が邪魔をしてそのお方が見えなかった。ああ、神に栄光！　私たちの主は祝されますように！　これほどまでに盲目だったとは！』そして私は、あなたたちが生きることができるように、私の指針を守り、宝のように尊ぶことを思い起こさせる」**（1989年8月9日）

メッセージが世界を駆け巡るスピードに驚いた友人が、どんな気分かと私に尋ねたのでこう答えました。

「誰も『神が我々のために何をしてくれたのか？』なんて言う危険を冒すべきではないわ。神の目には、全世界は地に落ちる一粒の朝露のようで、天秤を傾ける塵の一粒に過ぎない。けれども神は皆に対して憐れみ深くあられる。なぜなら、あらゆる事がおできになり、悔い改める限り、人間の罪を大目に見てくださるのだから」

天国で動きがあるのが感じられました。神が豊かに恩寵を降り注いでくださっていたのです。

反逆しない限り、誰も神を恐れることはない、神はそう言われました。宗教や素性がどのようなものであるかは関係なく、神はあらゆる人に語りかけられました。司祭や修道女たちも加わり始め、メッセージを聞いて祈るようになりました。皆、それぞれの心の中に神を感じたのです！

神は過去の神ではなく、今もあられる神であることを皆に強調しました。神は荷物をまとめて旅に出て、私たちを置いて休暇旅行に行かれたわけではありません。神は生ける神、一人ひとりを思いやってくださる柔和で優しい父親であられるのです。キリストは実際に復活されました、それは神話ではないのです。

二、三か月後、私の名前はスイスで騒ぎを起こすようになり、それは他の国々にも波及していきました。神のメッセージは――コピーされ、証しの集いで配布されるようになりました――私の天使と神が予告したように、効果を現し始めたのです。まるで山火事のように広がっていきました。

多くの人々の弱かった信仰が強められ、信仰を持たなかった人々は信仰を受け、イエス・キリストを見いだしました。人々は告解《こっかい》に走り、聖体を再び拝領《はいりょう》し始めました。[*2] それまで祈ったことがなかった人々が、熱心に祈り始めました。み言葉を読んだことがなかった人々が、聖書に飛びつき、始めから読むようになりました。さまざまな理由で教会から離れてしまっていた人々が教会に戻り、秘跡《ひせき》と全能の神を再発見しました。

神は天の貯蔵庫の扉を開放し、霊的に飢えた人々が新しくされ、癒やされるために、この「天のマンナ」をいただいて味わうのをお許しになりました。神は霊的に死んだ人を見つけられると、彼らの心が神の恵みに対して開かれている限り、ためらうことなく彼らを復活させられました。喜んでゆるしを与え、忘れてくださったのです。

「**わたしたちは皆、顔の覆いを除かれて、鏡のように主の栄光を映し出しながら、栄光から栄光へと、主と同じ姿に造りかえられていきます。これは主の霊の働きによることです**」（二コリント3・18）

噂は広まり続け、ついにフリブールの司教の耳にも届きました。大きな祈りの集いが行われており、大変素晴らしいものなので、ぜひ私に会ってほしいという手紙を司教は何通も受け取りました。しかし司教は承諾される前に、慎重に、神学者であるイギリス人神父にこの件に関して検討し、メッセージの内容を調査するように依頼されました。この神学者が私に連絡を下さり、もう一人の神父を連れて、私の家でお会いすることになったのです。会話をしている途中で彼は、突如話を止めてしまいました。彼の目は私に釘付けになり、私を凝視していました。連れの神父が「何か見えるのですか？」と尋ねると、彼はこう答えました。

「彼女の顔の上にキリストのみ顔が見えます。茨の冠を被っておられ、悲しげに私に微笑んでおられます」

この現象（後の章で説明します）は、イエスが与えられたしるしであり、私にはどうすることもできないものです。それは何度も起こりました。神父は私に尋ねました。

「なぜキリストは私にお姿をお見せになるのですか？　どうして悲しんでおられるのでしょう？」

私は正直に答えました、全くわからないと。帰り際に彼は、司教と約束した調査を行うために、ノートのコピーを取っていきました。

数日後、どのメッセージにもカトリックの教えに反するものは見つからず、読んだものすべてが聖書とカトリックの伝統に一致している、という手紙が彼から届きました。書かれたものに謙遜と愛を見いだした、ともおっしゃいました。

さらに、たまたま司教に出会い、調査の進捗《しんちょく》状況を尋ねてこられたので、自分の意見として、書かれた内容は神に由来するように見受けられる、と答えたと続けられました。司教はそのような答えは予想されていなかったらしく、驚かれたようで、どうやら事態を喜んでおられないご様子でした。肯定的な調査と良い報告にもかかわらず、司教は私に敵対し、スイスでの私たちの働きを迫害したのです。

私が謙遜に欠け、自分を神学者だと信じており、自分のやり方で独自の教会を作り上げようとしている、という噂が広まりました。この否定的な動きはやがてバチカンにまで届き、私たちはかなりの被害を受けました。神の警告が耳の中でもう一度鳴り響きました。

**「あなたは私の生けにえとなり、標的となる。試合後の狩人《かりうど》のように、彼らはあなたを狩り、武器を取り出してあなたを追う、あなたを破滅させる者なら誰にでも、あなたを高値で売り付ける」**

（1987年4月23日）

その頃、私と知り合いになりたいと実際にアプローチしてこられた、ジュネーブのギリシャ正教会の府主教にお会いしました。奉神礼を祝うために、私が住んでいたローザンヌにある正教会に来られて、私を見つけると、満面の笑みを浮かべてご自分のオフィスに招いてくださいました。すでに私に会ったことのある人たちから、私と対談してほしいと頼まれていたのです。

そこで私は彼に会いに行き、座って話をし、手短かに自分のことをお話ししました。彼はとても感じが良く、丁寧に対応してくださいました。私のことをなかなか信じることができない様子でしたが、ギリシャ正教徒の人たちを連れて、カトリックとプロテスタントの兄弟たちと一緒に超教派の祈りの集いを行う許可をいただきたいと願い出ました。最も重要な使命の一つは、教会を一つにすることだということをお伝えしたのです。全く異論はないとおっしゃられた時には感激しました。

残念なことに、この良好な関係は長くは続きませんでした。フリブールの司教が、私たちの祈りの集いを全て中止させようと働きかけたからです。集まりに参加していた司祭たちは、司教のこの決断が理解できませんでしたが、彼らには司教の権威を認める義務があったのです。しかし、メッセージはいずれにせよ広まり続けました。

ある夜のこと、主はヴィジョンを与えてくださいました。私は巨大なアナコンダのような蛇を見ました。アナコンダよりもむしろ大きく、その頭部は大型犬の頭よりも大きいものでした。蛇が私に絡みついてきたので、想像を絶するほどの恐怖を味わいました。蛇の頭が近づいてきて、牙《きば》が見えました。口を開けながら私の右手に近づくと、指を三本つかみました。正教徒が十字を切るときに使うまさにその指です。蛇は指をきつくつかみ、力いっぱい吸い込んだので、あまりの痛さに目が覚めました。その痛みは現実のもので、目が覚めた後もしばらく続いたほどでした。

この悪夢の翌日、私はジュネーブの祈りの集いによって企画された集まりで、講演をすることになっていました。1月18日から25日の教会一致祈祷《きとう》週間のことで、集まりは午後の早い時間に予定されていました。同じ日に、府主教の集会が彼の教会で行われることになっていましたが、それは午後の遅い時間で、私のイベントの後でした。府主教の集会と重ならないようにスケジュールを組んだのです。二千人もの人々が私の集まりに参加し、ご自身の集会にはほんの一握りしか参加しなかったことを知った府主教は、大変ご立腹されたようでした。私が府主教と張り合おうとし、人々を彼から奪って独自の教会を作り上げようとしている、と言って私のことを責めました。教会に反する働きをしているとさえ非難しました。

翌日、従妹が電話をくれてこう言いました。「ヴァスーラ、ギリシャ人の間であなたが破門されるという噂が広まっているのよ。気をつけて。当分の間は何もしない方がいいわ。しばらくは目立たないようにして」

「何の根拠があって私を破門するっていうの？」と尋ねました。

「彼らの議論がどんな風になるのかは私たちにはわからないけれど、あなたの集いが人気を得ているのが気に入らないのは確かね」

「祈りの集いをすることの何がいけないの？　人々が祈るために集まるのをやめさせようとしているの？」

数日後、バングラデシュのディアンまで私について来てくれた友人ベアトリスから電話がありました。彼女はジュネーブにある世界教会協議会に勤め始め、スイスに来ていたのです。彼女が教えてくれました。

「ここの神学者が数人、正教会の総主教に会って審議するために、コンスタンチノープルへ発ったのよ。バチカンのローマ教皇庁の人たちとも会う予定みたい。以前話した、あなたのメッセージを信じているここのギリシャ正教の司祭のことを覚えてる？　彼の奥様（正教会の伝統では司祭の妻帯が許されている）もメッセージを読んで信じているの。彼女は神学者で、ここで働いている何人かがあなたを傷つけようとしているので、とても心配しているわ。コンスタンチノープルへの道中で、ギリシャ正教の司祭が、総主教と審議する議題の一覧を彼女に見せながらこう言ったそうなの。『ほら、この神学者を演じているヴァスーラという人物についてだけれど、この自称神学者を破門するために、彼らは総主教とこの件について審議するんだよ』」

この知らせを受けて、私は神に願いました。

「それがあなたのお望みならば、そうなりますように。でも、もしあなたが同意できないのであれば、そんなことが起きないようにしてください……」

私は自分のすべてを神のみ旨《むね》に委ねました。メッセージがもたらす影響については私も承知していました。悪魔がどれほど私を止めたがっているかも、私が影響を及ぼす範囲を制限しようと、教会の権威者と私の間に分裂を起こそうとしていることもわかっていました。

すると突然、私の心は歓びに包まれました。受話器をガチャンと置くと、跳び上がって跳ね回り、喜び踊って、笑いながら言いました。

「サタンに恐れられるなんて、なんてすごいの！　私が運んでいるものは、サタンにとって恐るべき本物の脅威だということね。わあ！　サタンの敵となって、神のために働けるなんて、本当に素晴らしいわ！　神の道具となって、教会を破壊しようとしている悪魔と戦うなんてすごい！喜びなさい！」

蛇の悪夢は実現しました。巨大な蛇は、私が十字を切る時に使う三本の指をつぶしたがっていました――つまり、私を破門させようとしていたのです。

しかし、コンスタンチノープルで会議が行われても、まるで何事もなかったかのようでした。彼らは一枚の声明書もないまま戻って来て、このすべては廃れてしまいました。

それでもなお、何人かのギリシャ正教の聖職者が私のもとへやって来ては、こう言いました。

「ご家族がいらっしゃるのでしょう？　それでしたら、善良なご婦人よ、行ってご主人やご家族のために働きなさい。家事や炊事に専念して、教会のことについては私たちに任せておきなさい」

「あなたの言う通りにしたとしても、」私は答えました。

「最後の審判の日に、あなたが私の立場に立って代弁してくださるわけではないでしょう。主に従わず、命じられたことをしなかった責任について、神に問われるのは私なのです！　教会から離れていく人々を、信仰がますます失われていくのをご覧になりませんでしたか？　そのしるしだけでは十分ではないと？　主のぶどう園はなおざりにされ、干上がってしまいました。まさにこのために、キリストはご自分の権威と力を示そうと、私のような取るに足りない者を呼ばれたのです。神の道具として形造り、非キリスト教化された社会を教化するために働く道具としてお使いになるために。キリストはご自分の教会を改革し、蘇生させようと、イコンの中から降りて来られたのです。キリストこそが、ご自分のぶどう園に再び水を引かれるお方です。キリストただお一人だけが、教会を互いに和解させ、この世界に平和をもたらすことができるのです。キリストは、見えるという者たちから視力を取り上げ、見えない者たちに視力を与えられることで知られています！」

　すると彼らはこう言います。

「もしあなたが神から送られてきたのなら、身を潜めて謙遜であることを示しなさい。自分を誇示するのも、このようなことを世界中に言い広めるのもやめなさい……」

何年か後、このような人々にはこう答えるようにと主はアドバイスを下さいました。

**「このような人々には次のように答えなさい。**

**『私は、自分の才能《タラント》を隠して何もせず、とがめられた悪い僕《しもべ》のようにはなりません。それどころ**

**か、自分の才能を倍に増やして、その才能を託してくださったお方の栄光を称えます。私はこの驚くべき不思議を伝えていきます。この世代にだけではなく、天使たちは将来の世代のあらゆる人々に神のみ言葉を運び、天から降る種子を雨のように広め続け、神の被造物を新たにして教会を飾るでしょう。神の子どもたちの口を清め、彼らの口が神を賛美するために開かれるように。彼らの目を開き、自分たちの心を究明できるように。主の聖なるみ名によって封印された私は、何も恐れません。私は主が声高に話す本であり、主が私たちに伝え続けてこられた同じ真理を明らかにします。ですから新しいものは何もありません。私自身の新しいものなど何もありませんが、兄弟の皆さん、しかし私に言われたすべては神の知恵から来るものであり、三位一体の神の口から発せられるものなのです』**

**私の名によって、このように彼らに話しなさい」**（２００２年８月７日）

主は以前、このように言われました。

**「ヴァスーラ、あなたは数々の厳しい試練に遭うだろう……私の聖職にある霊魂たちの多くが、私のしるしを拒み、私の業《わざ》を拒み、私があなたたちと共にいることを世に思い出させるために恩寵《おんちょう》を与えた者たちをどう扱うかを見て、私は嘆き悲しむ……彼らは私の業を否定し、土地を肥沃にするかわりに、こうして砂漠に変えてしまう！」**（１９８７年７月７日）

　主がどれほど彼らのために苦しんでおられるかを見て、私はあえて答え、彼らを弁護しようと、こう言いました。

「主よ、彼らがあなたのみ業を拒むのには、きっと何か理由があるはずです！」

主はお答えになりました。

**「彼らは霊的に死んでいる。彼ら自身が砂漠となり、自分たちが造った広い荒野に花を見つけると、大急ぎで行って踏みつけ、枯らしてしまう」**

「どうしてですか？」

**「どうして？　それは彼らの荒野には不釣り合いだからだ。彼らは自分たちの砂漠が荒れて乾燥したままであるように注意を払っている！　彼らには聖性が全く見あたらない、全くだ！　彼らは私に何を差し出そうというのか？」**

私は何とかして言いました。

「保護です、主よ。み言葉が歪《ゆが》められることのないように守っているのです」

神は直ちにこう言われました。

**「いや、彼らは私を守ってなどいない、私を神として認めていない。私の無限の富も、全能性も否定し、自分自身を私と同等と見なしている。彼らが何をしているか知っているか？　彼らは無神論を広め、私の下す罰を倍増させ、霊的な事柄に耳を貸さない人々を増やしている。彼らは私を擁護などしていない、あざ笑っているのだ！　彼らの拒絶にもかかわらず、私は彼らを助けることを望んだ、彼らも私の小羊たちを助け、養うことができるようにと」**

私は神を思って、悲しみを感じました……神はお答えになりました。

**「愛する者よ、こうなってしまったこの世界を嘆きなさい……」**

このメッセージは、聖職者や教会の指導者たちはすべて悪い、と言っているのではありません。主のみ旨《むね》を行っている善い方々も大勢いらっしゃいます。事実、神はいくつかのメッセージの中で、羊飼いたちをカインとアベルに例えておられます。カインはみ旨を行わなかったために神の意にかないませんでしたが、アベルはそうではありません。

私は鳩のヴィジョンを生き始めていました。そこで見た通り、困難で危険な道を渡りながら。

＊1　キリスト教の教理教育の指導書。問答形式を取ることが多い。日本語では公教要理、正教要理、教理問答等と呼ばれる。（訳注）

＊2　告解（ゆるしの秘跡）と聖体は、「イエス・キリストによって制定され、教会にゆだねられた、神の恵みを実際にもたらす感覚的しるし」である七つの秘跡のうちの二つ。（訳注）

# 9章　超自然

神の恩寵《おんちょう》の働きとは、すべてが超自然的なものです。私に起こった超自然的体験、神秘体験のすべては、神から来たものと考えることができます。私の側で何もしなくとも、神はこうした超自然的なコミュニケーションや手助け、賜物《たまもの》を使われます。これらのヴィジョン、霊的な夢、奇跡、芳香、そして啓発がふんだんに与えられたのは、神の栄光のためであり、私たちの益となり、教会の益となるためです。

神は説明してくださいます。

**「私がどのようにして働くかを知ってもらいたい。私は夢やヴィジョン、そしてしるしによって語りかけると聞かなかったか？　私はまずある方法で語りかけ、それから別の方法で語りかける、それが聞かれるまで」**（『私の天使ダニエル』[*1]　1987年1月19日）

とはいえ、すべての夢が神からのメッセージというわけではありません――「神の眠れる言葉」として知られる霊的な夢だけです。聖書において、神は預言者を「夢見る者」と名づけられました（申命記13・1）。夢の良い点は、意識による干渉が最小限で済むので、一巻の高速再生フィルムで神が語られることが可能になるということです。私の場合、「ヴィジョン」と呼んでいる数多くの霊的な夢を見ます。

このテーマについて更に説明を続ける前に、私の体験と神との対話について分かち合いたいと思います。これこそ超自然のものだからです。私の恐れ、ためらい、弱さについてお話しし、まさにそれらを通して、神がその力強いみ手と大きな愛を示してくださったことを分かち合いましょう。

スイスに引っ越した年である１９８７年9月の、ある日のことです。神のメッセージを伝えて分かち合う機会がまだ与えられないことに、私は失望を感じ始めていました。神はメッセージについて話すようにと私にいくぶん「強いて」おられるようでしたが、完全なる英知によって、いまだに扉を開いてくださいませんでした。その時がまだ来ていなかったからです。私は我慢できなくなり、イエスに言いました。

「あなたのメッセージを人々に知らせるようにと求めておられますが、あまりできていません！今のところ、コピーを取って、ほんの数人の読みたがっている親戚や友人に配っただけです」

イエスは静かにお答えになりました。

**「コピーを取るよりもっと多くをあなたは成し遂げるだろう」**

何日もの間、なぜ私のような「プロの罪人」を選ばれたのか、その理由を神に尋ね続けました。私ではなく、信仰に身を献げた修道女にこのメッセージを与えてほしいとお願いしました。

イエスは辛抱強く聞いてくださり、私がベラベラと喋り続けるのをお許しになりました。そして、ただこう言われました。

**「違う……そうではない！　あなたがいい。あなたはこの世代の典型だから」**

これは必ずしもほめ言葉ではないことはわかりました。私は本当に現代の人々の姿を反映していたのでしょうか？

私には、より高い水準の体験への準備はできていませんでした。ところが神は、私の霊魂にたくさんのことをしてくださいました。天国の高みを味わい、神を包んでいる栄光を味わわせるために、私の心を引き上げてくださったのです。神はこう言われました。（『私の天使ダニエル』1986年12月2日）

**「来て、私により頼みなさい。まだ時は来ていない、こうしている間も注意して待ち、目を覚ましていなさい」**

用心していないと、道を踏み外してしまう危険があります。違いがきちんと理解できるように、神は私に過去を思い出させようとされました。次のように説明してくださったのです。

**「私を忘れてしまっていたようだったが、私の声が聞こえているのを見た時は嬉しかった。私を愛してほしかった。どれほどあなたを愛しているか理解してもらいたかった。私、神は、いつも目的を達成することを学びなさい」**

お言葉に慰められ、私は安堵しました。神は続けて言われます。

**「最初にあなたに姿を現した時、頭を上げて目の前にいるのが誰か見えるように、あなたを抱き上げた。あなたは頭を上げ、私はその目をのぞき込んだ。愛されていないとどれほど感じている**

**かがわかった」**

それは神に愛されていない、ということです。私たちの多くは、自分たちの罪と悲惨さゆえに、神の愛は減ってしまうとまだ信じています。そうです、私も知りませんでしたし、わかっていませんでした。私のように、祈ったこともなければ、信仰を実践したこともなく、罪でいっぱいの生活を送り、神の掟に反逆していたような者でも、神は愛してくださることを。神が愛されるのは、神を愛し、敬い、敬虔《けいけん》な生活を送っている人たちだけだと、いつもそう思っていました。人々のほとんどはそのように考えています。神に愛されるためには、神の目に完璧でなければならないと想像して。あるメッセージ（1988年8月19日）で神が言われたことを思い出します。

**「私に愛を献げるのに聖人になるまで待たなくてよい、ありのままのあなたで来なさい」**

実際には、神は私たちの心を読まれるので、私の過ちも惨《みじ》めさもご存じで、哀れんでおられるのです。神が憎まれるのは罪です。

私たちがどれほど脆《もろ》いか、どれほどたやすく神の光から迷い出て永遠の暗闇に留まってしまうかを、神は何度も示されました。私たちは自分では気づかないうちにそうしてしまうのです。まさに私がそうでした。新しく神に引き寄せられたばかりで、いただいた恵みの大きさにもかかわらず、私はまだ混乱し、脆くて不安定でした。

私はつい口走ってしまいました。

「あなたの呼びかけに応えた人は皆拒否され、馬鹿にされ、気が狂っていると言われました！

火あぶりにされた人すらいます。この現代社会で私は軽蔑されるでしょう！　取り憑《つ》かれていると言う人さえいるかもしれません」

神は辛抱強くお答えになりました。（『私の天使ダニエル』１９８６年12月2日）

**「あなたを笑いたい者には近づいて来させなさい。私が与えた言葉をあざ笑うことがどれほど深刻なことか、彼らにはほとんど知るよしもない。この人々については後で対処する。私に信頼していなさい。その耳に教えをささやくために、あなたをまた呼ぶ。私の言葉であなたの口を満たそう。私、ヤハウェがあなたの力である」**

そして、主は私を安心させるためにこう強調されました。

**「あなたに不当な仕打ちをする者たちを大目に見ることができるように、十分な力を与える。彼らの数は多いだろう、私の子よ」**

私は泣きました。神のお声が急に低くて重々しい調子になり、とても悲しそうだったからです。それはまるで、この子は拷問を受けるだろう、生きては帰れないかもしれないと知りながら、愛する息子の一人を戦争に送り出す犠牲を強いられる父親のようでした。神は続けられました。

**「だが、私の盾であなたを守る。誰もあなたを傷つけることはできまい」**

こうした言葉に励まされ、私は神がしてくださったすべてのことについて考えました。被造物は自らの棄教の結果、意識を失って死の谷に横たわっていますが、神の慈愛と父親としての愛は、彼らを案じ、彼らに届こうと手を差し伸べるために、何と工夫を凝らしておられるのでしょうか。

神は、私をさらなる試練に遭わせるだけでなく、敵と対決し、苦痛によって心に血を流すような、あらゆる事に直面する準備もさせておられるのがわかりました。このメッセージの影響を感じ始め、私の心は再び動揺し始めました。人々の笑い者になるのが怖くなったのです。私の人間性が、私の霊性をまたもや乗っ取ってしまいました。私は異議を唱えました。

「私の主、私の王よ、私をあなたへと導くために、天の王宮から最も高貴な王子の一人を送ってくださいました。最高位の王子である大天使の一人を、私の霊魂があなたに従うように誘い寄せるために。ですが、私はこの役割には全く向いていないと感じています。霊魂は汚点だらけ、欠点ばかりの、誰よりも卑《いや》しい者です。こんな惨《みじ》めな者を通して、どうやってあなたが勝利できるでしょう？　あなたの王権が見くびられてしまいませんか？　今は１９８７年です！　この啓示を受け入れない人々もいるでしょう。『我々には学ぶべき聖書がある』と言って！」

神はお答えになりました。（『私の天使ダニエル』１９８７年1月1日）

**「教会に関するこれらのメッセージは、注意を喚起するためのものだ。私の心の中には憐れみの日が定められており、救いの手を差し伸べる時が来た。どのみち、私は父ではないか？　私の種子を救っているのではないか？　……私の言葉は読まれるためにあることを思い出させたい。私の言葉は祝福されている。私は全能の神、いつでも望む時に自由に出て行く。あなたが１９８７年に生きているからといって、娘よ、どうして私が何か違うことをすると思うのか？　あなたの時代も私にとっては何の違いもない。聞きなさい、私にとっては千年も昨日のようなものだ。私**

**の扉はいつでも開いている……」**

私は泣きながら言いました。

「イエスはかつて、預言者は自分の故郷では決して受け入れられないと言われました。多くの人々が、私を神の使者として受け入れないでしょう。あなたの使者のほとんどは馬鹿にされ、取り憑《っ》かれていると言われ、殺されてしまいました！」

**「平和に生きなさい、娘よ、私により頼むように。私、神があなたの力となる。私と共にいれば何も恐れる必要はない。あなたを助けよう。……」**

こうして私は神からお言葉をいただきましたが、数々の素晴らしい経験にもかかわらず、まだ不安にかられ、まるで投獄されてしまったように感じていました。あのような素晴らしい神との一致の後でも、まだ自信を持てずにいました。私は毎日呼ばれては、神が口述される教えを大きな喜びをもって筆記し、ノートを埋めていきました。これが私をどこへ導くのか知らないままに。私は自然の世界と超自然の世界につながりを持っていました。一方で、主は頻繁にヴィジョンをお与えになり、この時代への預言を与えてくださいましたが、私はいまだにまともな反応を示してはいませんでした。

まだ弱かったこの日々に、神は私を励まそうと、ある霊的な夢を見せてくださいました。夢の中で、私はでこぼこ道の上にいて、道なりに進んでいくと、つまずいて転んでしまいました。目を上げると、イエスの素足が見えます。主は屈んで私を立ち上がらせてくださいました。辺りを見回すと、見覚えのある人がいました――修道士です。手を広げて、イタリア語で私に話しかけてこられました。この方とは一度もお会いしたことはありませんし、評判を聞いたことがあるだけでしたが、それでもわかりました。その修道士は聖パードレ・ピオだったのです。１９００年代にイタリアにおられ、キリストの御《おん》傷である聖痕《せいこん》を手と足に受けた方です。ピオ神父は、神が私のために備えてくださった道をたどるのをあきらめてはいけない、とわからせてくれました。私があのような疑いを抱いていたことに、かなり苛立っておられたようでした。彼のそば、私に近い方に、アッシジの聖フランシスコがいるのが見え、彼の横には天国まで続いているとても高い梯子《はしご》がありました。見上げてみると、梯子のてっぺんには大勢の聖人たちのシルエットが見え、登ってくるようにと私に身ぶり手ぶりで示しているのが見えました。私は梯子の一番下にいて、まだ一段目に足もかけていなかったことに気が付きました。まだ登り始めてすらいなかったのです。

この夢を見た翌日、天からの呼びかけがありました。私が答えると、それはピオ神父ご自身でした。「Io《イオ》 sono《ソノ》 conte《コンテ》」と言って私を励ましてくださいました。これは「あなたと共にいます」という意味です。私は驚いて、イエスにお尋ねしました。

「彼もあなたと一緒におられるのですか？」

イエスはお答えになりました。

「**そうだ、彼も私と共にいる。ヴァスーラ、私が彼を列福した……**」（１９８７年９月27日）

神はご自分の存在を私たちにもう一度確認させるために、このような超自然的な夢やしるしをお与えになります。私は自分の経験から、神の超自然的な働きと、それに対する自然的な働き、または他の存在による超自然的な働きとの違いを学びました。私たちの霊魂は、自然的なものなら簡単に見ることができます。なぜなら、自然的なものは物質世界に対応しているからです。例えば、私たちは美しい自然の風景を見ることで、神の超越した美に気づかされます。超自然とは、自然の構造や物質宇宙を超えた働きです。天使や悪魔の活動の結果は超自然と呼ばれます。[*2]

神はそれをさらに上回ることがおできになります――心の底から痛悔し、賛美し、感謝する霊的な恩寵《おんちょう》を送ってくださることができるのです。それはわずかな間に劇的な変化をもたらします。神は私たちの心に触れて、私たちを回心させ、祈りの生活へと導くことがおできになります。これは恩寵からのみ来るものなのです。

神との超自然的なコミュニケーションを始めるには、いくつかの方法がありますが、主には、神が私を呼ばれる時です。神の呼びかけを感じるのですが――お声が聞こえる時もあれば、ただ感じるだけの時もあります――神が語られることを今すぐに聞くように求めておられるのがわかります。このコミュニケーションの方法は、ロキューション（語りかけ）と呼ばれます。私が物質世界で何をしていたとしても、少し心配になってきて、霊的な世界に身を置く自由を得るため、やっていることを早く片付けたくなります。神は私を引きつける磁石のようで、一度くっつくと離れたくなくなるのです。

主が君主にふさわしいやり方で、メッセージを書き下ろすようにと招いてくださる時、私の霊魂は引き上げられ、喜びに満たされます。鉛筆を持ち上げると、腕に電流が走ったようにチクチクっと感じます。それから神のみ声が聞こえ始め、聞いたことを書き取ります。主は口述され、おっしゃった言葉を一語一句言葉どおりに書きます。主が語ろうと口を開かれると、光が輝き出て私を包みます。そして、耳に心地よい口調で語られるのです。

**「まだこのような方法で私と共にいて、書き下ろしたいか？」**

これは、私たちには選択の自由があることを思い出させておられるのです。じっと私を見つめるその眼差しに完全に打ち負かされ、震えて気絶しそうになりながら、驚くべき光景を目の前にして、私はこの世の記憶をすべて失ってしまいます。自分の意志を神に献げようとする人には誰であろうと、神の超越した光が注がれます。そうです、例外はありません。誰にでもです。

メッセージを受けている間は、オカルトに関わっている人や「自動筆記（Automatism）」をする人に起こるような、トランス状態に陥っているのではありません。また、超自然の世界を見る時に何人かの人が経験したことのある、いわゆる「恍惚状態」とも違います。聖人たちが記述しているように、恍惚状態にある人は完全に離脱しています。突《つっ》いても何も感じません。完全に霊的な世界にいるのです。

多くの人たち、特に聖職者の方々が「なぜ主はあなたの筆跡を、手を制してまで変えられるのですか?」と尋ねました。私は正直に「私には全くわかりません」と答えました。

とは言うものの、ある日、私は同じ質問を主にぶつけてみました。その時の主のお答えには、思わず微笑んでしまいました。ただこう言われたのです。

**「このやり方が好きだから」**（1989年11月7日）

なるほど、それでしたら私には何も付け加えることはありません。

しかしながら、多くの人々が筆跡の変化について関心を持っておられるので、これは自動筆記ではないということをお話ししたいと思います。著名で権威あるエクソシストであり、筆跡学者でもあられるフランスのカーティ神父が、他の筆跡学者が行ったのと同様に、私のケースを研究してくださいました。彼らはこの分野における経験から、自動筆記をする人は、必然的にその影響によって苦しむことになり、最終的には憑依《ひょうい》されるリスクを負っていたことを知っていました。

彼らは、メッセージの筆跡が自動筆記とは無関係であることを発見しました。カーティ神父は、私の筆記と自動筆記との間にある、数多くの画期的な相違点を説明されました。彼はメッセージの筆記体を、「聖なる筆跡」という意味の「神官書体 hieratic writing」と名付けました。アヴィラの聖テレジアのような、よく知られる他の神秘家たちは、全身あるいは時に体の一部が天国へ運び去られるという経験をしました。私の手に起きているのは、その緩和された形態のもので、主がこのようにされているのには、何らかの理由があるのだと私は信じています。前にも言いましたように、主は単純な方法でお教えになり、一人ひとりに合わせて適応されるのです。

霊的な世界で神と会話をする時も、物質世界で自分の身の周りに起きていることがわかります。

私は物質世界と霊的世界に同時に存在しているのです。

　バングラデシュでのある日のこと、私が口述によるメッセージを書き下ろしている時に、家政婦が電報か何かにサインしてほしいと叫びました。イエスとの語らいの最中だったのに、中断されてしまい、私は訪問者に叫び返しました。

「出て行って！」

　ところがイエスは、それは優しく、穏やかに私をたしなめられました。

「**落ち着きなさい**」

　あまりにも優しい口調だったので、まるで私の火花を打ち消す冷たいシャワーのようでした。イエスがどれほど柔和で謙遜であられるかを再確認しました。

　またある時には、ただ祈り始めるだけで、神との会話を始めることができました。誰もがするように祈りを始め、自分が考えていることを神に宛てて書き出します。ところが、そうすると神が直接答えてくださるのです。そこで言われたことを書き下ろしていきます。これが神が私に与えてくださった賜物《たまもの》の独特な特徴の一つです。神は言われました。

「**私の言葉を賜物として受けている他の人たちを、私は好きな時に訪れるが、それとは異なり、あなたには望む時にいつでも私を呼べるという独特の賜物を授けた。わかるか？　あなたに委ねた任務と重責に応じて、この特別な恩恵を与えた。これを計画した時、どれほどすべてを慎重に考慮しただろうか？　私の家を生き返らせ、一致させるという最も高貴な務めに、あなたがふさ**

**わしかったわけではない。あなたの能力のすべては、私の恵み深さから来ており、私に由来している。あなたをこの途方もない宝を運ぶ器とした。壊れやすいが、透明な器に。これほどまでの圧倒的な力は、あなたではなく、あなたの神、私から来ている」**（1998年8月29日）

短時間か長時間かに関わらず、このような神との出会いも、結局はいつか終わってしまいます。それはあっけないもので、苦痛を伴うとすら言えるものです。華麗で壮大な光り輝く王宮にいたのに、突然、すすだらけの暗闇に引きずり下ろされるところを想像してみてください。周りを見回してみると、以前神が「**天の露をまだ滴らせている**」（1998年11月30日）と言われたように、高められた意識のままで物質世界を見て、物事がいかに取るに足らないものであるかがわかるのです。地上では重要で意味があると思われたことも、神の輝かしさとは比べものになりません。

ある時、仲の良い友人と一緒にいると、神が私を呼ばれました。主は私の霊魂を天の王宮まで引き上げ、メッセージを与えられました。メッセージが終わると、友人が私のところまで来て、抱き締めてくれました。親しい友人なのに、その時は、彼女に触れられるのが耐え難かったのです。このような時はいつでもそうでした。彼女の抱擁によって、外部から傷つけられることはありませんでしたが、霊魂のうちに戸惑いと苦痛の感覚を覚えました。

メッセージを受けている時に、話しかけているのが誰かをどうやって「知る」のか、と聞く人がいます。御父、イエス・キリスト、聖母マリア、天使の誰とやりとりしていても、全く問題なくわかります。なぜなら、理解と知恵の光が私の思考に与えられるからです。

神は大変繊細なやり方で、ご自身を私たちに合わせてくださいます。神が私に与えてくださる啓示はとても単純で、言ってみれば、ほとんど人間のようです。それは私たちを驚かせないためでもあります。神は人間の姿をとり、ヴィジョンを通してご自分を現されます。これは神が近づいて来られる時に私がおびえないようにするためであり、神と人間、超自然と自然との結びつきを確実にするためでもあります。イエスはメッセージの中で次のように言われました。

**「確かに私は、メッセージを与えるという超自然的な方法によって働きかける、これがあなたたちの間で知られることを願う。私が慈しみにあふれた神であり、あなたの惨《みじ》めさと私に対する無関心にもかかわらず、あなたを愛していることを忘れてはならない。私の唇から直接学ぶことができるように、あなたにこのカリスマを与えた。ヴァスーラ、あなたの心の中に休むのは心地よい」**（1987年3月8日）

ある時、私の体験には超自然的なものは何もなく、ただの個人的な黙想に過ぎないと主張する人がいました。私はこの人に、「超自然であることの証拠とはどんなものだとお考えですか?」と言いましたが、答えはいただけませんでした。

しかし、私は答えを知っていました。超自然とは、あらゆる創造された自然のものを超越する働きです。この働きの形態は神にのみ属しています。超自然とは、悔い改めへとつながる自発的な心の変化です。それは聖霊が私たちの心に触れ、私たちを祈りの生活へと導いてくださるということであり、人生のすべてをキリストに献げるということです。神が恩寵《おんちょう》を通して私たちの中に火を灯《とも》され、私たちを生ける松明《たいまつ》へと変え、自分たちの出番が回って来た時には、世界全体を燃え上がらせて悔恨《かいこん》へと導く覚悟ができているということです。神の超自然的な働きだけが、霊魂を引き上げ、一日中神をほめ称え、崇めるようにすることができるのです。こういったことは自然にできることではありません——超自然による恵みの賜物なのです。

神について何も知らない、古くからの友人たちが言いました。

「もしかしたら、このすべてはあなたの精神から来ているのかもしれない。ＥＳＰ（超感覚的知覚）みたいなものとか、潜在意識が働いたとか——潜在意識に惑わされるのはよくあることでしょう」

「ごめんなさい」私は言いました。

「霊的な事柄に関して、私の潜在意識は空っぽよ。だから、この神との体験が白紙から起こることはありえないわ」

「あなたの『内なる自己』は、修道女になりたかったのかも。これは、あなたの抑圧された願望や想像の産物かもしれない」と彼らは続けました。

「私はいつも自由だったし、抑圧されたなんて感じたことは一度もなかったわ。カテキズムの授業を一時間だって受けたことがない私に、霊的な知識があることをどう説明するの？　これも私の想像の産物？　メッセージに触れた多くの人々が回心したことは？　それも私の想像によって起こったの？」

何人かの聖職者は、この神秘的な出来事のすべては、私の想像の産物でもなければ神との出会いでもなく、古い友人のジム神父がそう考えたように、むしろ悪魔の策略だと決めつけました。しかし、このように批判する人にはこう言いました。

「だとすると、サタンは回心したのでしょうか？　この出会いによって私は回心し、神を愛し、神に仕えるようになりました。他の多くの人々にも同じことが起きました。このすべてが始まる以前、私は自分の人生を変えるつもりなどさらさらありませんでした。サタンが、私や何千人もの人々をこんな風に神に回心させようとするでしょうか？　神以外の誰が、私やこれほど多くの人々を変容させられるでしょうか？　神の他に誰が、病人を癒やし、悪魔を追い出せるでしょうか？　他の誰が、私たちを呼び続け、愛し続け、警告を与えてくださるでしょうか？」

一部の宗教指導者たちがメッセージに疑いを抱く中、ありがたいことに、大勢の人々がメッセージを喜んで受け入れてくれました。他の人々は「もう少し待って見てみよう」というスタンスでした。何が自然であり、何が超自然か、何が「神のもの」と考えられ、それに対し何が「神のものでない」のかを区別する科学的方法はありません。教会の権威は通常、私のような個人への啓示に関しては、啓示を受けている人がまだ生きているうちは立場を公言しません。文脈から抜き出したわずかな引用に基づいてある本を評価できないように、教会もその人の作品全体が完成されるまで待つのです。

私のような者が神からメッセージを受けていることを、どうしても受け入れられない人がいるのは承知しています。疑いを抱くのも無理はありません。しかしそういった方々も、この作品の成果を見て喜び、神が人々に与えてくださっている恵みゆえに、その栄光を称えてくださるように願います。私が受けているメッセージに加えて、お話できる超自然的な出来事が他にもあります。

以前、聖地イスラエルに巡礼に行ったことがあります。ガリラヤ湖を航行中に、私たちのグループにいた数人のスウェーデン人が、短いスピーチをしてほしいと頼んできました。みんなで座りながら話し合いをしていた時、どうやら私は、非常に説得力のある言い方でこう言ったらしいのです。「北の方まで行って、そこにいる人たちに証しをしなければ」と。スウェーデンよりも北方へ行くという意味のことを言ったのですが、皆驚いて顔を上げ、一人が笑いながら言いました。

「そんな所には誰もいないよ。クマとトナカイだけだよ!」

後から聞いたところによると、私は彼を見つめ返し、とても厳かな調子でこう言ったそうです。

「います。そこに一人の霊魂が」

私のことをよく知る人は、私が寒い気候が大嫌いなことを十分に心得ています。私は「地中海人であり、砂漠の人」なのです。ですから、北極グマが故郷と呼ぶような所へ旅するなんて、普段の私からは考えられないことでした。そんなこんなで、とにかくこの巡礼の旅は終わって、皆家に戻りました。ある晩、夕食を準備していると、スウェーデンの人たちの一人から電話がありました。

「あの船であなたが言ったことは本当に正しかったわ。ラップランドにいる人から、証しのためにあなたをお招きしたいと連絡があったの」

私は困惑しました。

「何の話？」

覚えている限り、ラップランドや氷に覆われた景色について話した記憶はありません。信じられないという私の様子に、この人は、ガリラヤ湖上での短い会話の中で私が言ったことにすべてを結びつけて、熱心に話してくれました。

私はため息をつくと、受話器を置きました。誰の仕業かすぐにわかりました！ それなら仕方がありません。神にとっては、私を北極グマやトナカイが住む所に送るなんてどうということもないのです。

これを実現させるために、神がこのような方法を取られたのは明らかでした。私がブーツを履き、パルカを着て、自ら進んで北極に向かって行くなんてことは期待できないので、神は私の口にあの言葉を置いて、私が言ったことを友人たちの手を借りて守らせるようにされたのです。神は素晴らしくも聖なるユーモアのセンスをお持ちで、私たちのことをよくご存じです。このような時に異議を唱えるのは無駄だとわかっていたので、私は肩をすくめ、ラップランドからの招待を待ちました。その後すぐに招待を受け取り、ラップランドの兄弟姉妹に会うために出発したのでした。

友人も同行して現地に到着し、迎えの人は誰かと辺りを見回すと、ぽっちゃりした女性が嬉しそうな様子で到着ホールに走って来て、私たちを歓迎してくれました。ストックホルムから来た牧師と、その友人と一緒に昼食をとるために、ホテルに直行しました。レストランはがらがらで、町の人々は一体どこにいるのか、証しの集いの会場には何人来るのか不思議に思いました。会場に出発するために私が呼ばれた時、牧師と彼の友人はまだコーヒーを飲んでいました。

彼らがやっとレストランを出た時は、すでに時間に遅れていて、会場まで足早に歩かねばなりませんでした。人気のない道を急いでいると、一人の老人がぶらぶらと彼らの方へ歩いてくるのが見えました。まるで偶然彼らに巡り合ったかのようでした。彼らが町民でないことに気づくと、通りすがりに声をかけてきました。

「善き友人たちよ、どこから来たんだね？」

「ストックホルムです」

「どうしてそんなに急いでいるのかね？」と老人は言いました。

「預言者の話を聞きに行くので急いでいるのです」

「預言者が、この町に？」羽毛一枚でノックアウトできそうなほどに、この老人は驚いていました。

「そうです、私たち遅れてしまって。一緒に来ますか？」

「生まれてこの方、預言者は聖書の中にしか見つからないとずっと信じておったのだが。君たちは預言者がまだいると言うのかね――この町に？」

「一緒に来るんですか、来ないんですか？」と二人とも待ちきれずに叫びました。

「そりゃもう、行きますとも！」

百人近くがホールに集まり、私の証しに聞き入っていました。多くの人の胸に深く響いたようでした。南国の人間はたいがい、北国の人々のことをどちらかというと冷たくて表情に乏しいと思っているので、大勢の人が涙を流し、メッセージに深く心を打たれるのを見るのは驚きでした。

時折、神はご自身で語られずに、使者をお使いになります。私たちに何かを伝えるために、最もふさわしくないと思われる人物を使ったり、友人や見知らぬ人の姿を取られるのです。ご自身のメッセージを伝えるために、人間の姿をとった天使を遣わされることもあります。

私のことを何も知らない赤の他人が、一番必要な時に、希望の言葉を投げ掛けてくれた日のことを思い出します。私を診察した医者に、椎間板ヘルニアのため三か月はベッドで安静にしているようにと言われた時のことです。ＭＲＩスキャンを取る必要があり、友人たちが私を病院まで車で送ってくれ、私は車椅子に乗せられて、友人と広い廊下で待っていました。みすぼらしい身なりの無精ひげを生やした男性が、ハンカチとライターを売ろうと友人たちに近づいて来ました。友人の一人が少し購入すると、男性は立ち去りました。ところが、遠くまで行ってしまう前に突然引き返し、私の方に向かってまっすぐ歩いてきたのです。私の目をまっすぐに見つめながら、こう言いました。

「ここの医者はとてもいいからね、すぐに良くなるよ。あんたの使命はまだ終わっていないんだから」

私も友人たちも、あっけにとられてしまいました。誰もこの男性に会ったことはありませんでしたし、彼も絶対に私のことは何も知りませんでした。神のなさり方に関しては少しだけ賢くなりましたので、この見知らぬ人の言葉は、あの病院からはるか離れた何処かから与えられたのだと理解しました。私たちが気づく気づかないに関わらず、状況がどうあれ、超自然的であれ現世的であれ、神は決して、私たちを自分たちの力だけで生きるようにはなさいません——絶対に見捨てられることはないのです。

主が私を励ましてくださったのは、この時だけではありません。ある日、私は証しをするためにイギリスの田舎に招かれました。地元の司祭は、信徒ホールで私がスピーチをし、隣りの教会である司祭がミサを挙げることを許可してくださいました。それは平日のこと、冬の夕暮れ時で、空はもう暗くなっていました。この集いのことはとてもよく覚えています。

スピーチ中、出席している人々の顔を見ていましたが、しきりにあくびをしている人々に目が留まりました。二百人以上が参加していましたが、目に映るのは口を大きく開けてあくびをする人ばかりで、私はすっかり気が滅入ってしまいました。もちろん、彼らは一日中働いていたわけですが、私は気が散ってしまい、もしかしたらこの証しは聖霊に導かれていないのかも、と感じました。誰一人動くことなく、ただもうくたくたに疲れ果てているようでした。

話し終わると、私は悲しくて、何だかうんざりしてしまい、メッセージが人々に十分に伝わらなかったように感じました。私は神がどうご覧になるかではなく、人間的な視点から考えていました。自分を少々不憫《ふびん》に思いながら、心の中で嘆きました。

「このすべての犠牲、移動、夜遅くまで起きて、二時間あそこに立ちっぱなしで、もうくたくただわ！」

スピーチが終了し、ミサに与《あずか》るために、隣りの教会に通じるドアの方に皆ゆっくりと移動しました。すでに夜十時近くになっており、私は最後に入りました。全員が席に着き、ベンチは一杯でした。文句を続けながら思いました。

「どういうこと。お気遣いに感謝します、皆さん！　私の席も取っておいてくれないなんて」

群衆に向かって立ち、席を探していると、十歳くらいの男の子が立ち上がって、自分のところに来るようにと合図しているのが見えました。彼は教会の左側、前から二番目の列にいたので、そこまで人をかき分けて行ってみると、私のために席を取っておいてくれたのがわかりました。ベンチのもう一方の端にはアジア人の男性が座っていて――男の子は私たちの間にいました。

「こんな遅くにいいのかしら。この子のご両親はどこ？」と思いましたが、男の子はどうも一人で来ているようでした。学校がある日の夜だったので、なぜこんな夜遅くに外出しているのか不思議に思ったのです。男の子は、ベンチを滑るように移動しながら私の近くまでやって来ると、私の手を持ち上げました。私の両手を握りながら、指にはめていたロザリオリングを指して尋ねました。

「これは何？」

私は答えました。

「ロザリオリングよ」

するとかれは、もう一つのロザリオリングをはめていた別の指を指して、また尋ねます。

「じゃあこれは？」

「これは別のロザリオリング。ある幻視者からもらったの」と答えました。

指にロザリオを一杯付けているなんて、変わった人だと思ったに違いないと思いました。話すたびに男の子が私を見るので、大きなアーモンド形の緑がかった青色の目をしているのに気づきました。それから司祭が来て、ミサが始まりました。男の子の存在に助けられ、その頃にはもう、なぜか幸せな気分になっていました。

最初の聖歌を歌っていると、私たちの真後ろに座っていた司祭のお手伝いさんが、調子はずれの大きな声で歌うので、男の子も私もくすくすと笑ってしまいました。実際、大声で笑いそうになるのを必死に抑えねばなりませんでした。ようやく聖体拝領の時が来たので、私は立ち上がり、祭壇へ向かう列に並ぶために、男の子の後について行こうと彼の方を見ました。私の目の前で、彼は消えてしまったのです――パっと！　男の子は完全に消え失せてしまいました。本当に信じられませんでした！　それから彼を教会で見ることは二度とありませんでした。

主が預言の賜物をお与えになる時、もう一つの賜物である識別の賜物も加えてくださいます。この二つの賜物は密接に関係し合っています。そして霊を「識別」することを可能にしたり、霊の由来と目的を見極める識別の賜物は、非常に重要だったと言わざるを得ません。次はその一例です。

以前にもスピーチをしたことがある、フィリピンに行った時のことです。十四歳くらいのフィリピン人の女の子についての話を聞きました。彼女もキリストからメッセージを受けているというのです。人々は、同胞の一人にこのような賜物が与えられたことを喜んでおり、彼女のメッセージは私が受けているものと大変よく似ていると教えてくれました。私が行く所はどこへでも彼女を連れて来て――彼女はいつも私の周囲にいました。

予定されていた証しやその他のイベントを終え、世話役の人たちや友人たちと過ごす最後の一日となりました。同行していた司祭が、この機会を利用して、私たち全員のためにミサを挙げてくれました。

少女の隣りに立ってミサに与りながら、何か自分の物を彼女にプレゼントするのがよいのでは、と思いました。正直言ってあまり気に入っていなかったロザリオリングを指にはめていました。銀か金の物を買おうとしていたのですが、それは金属製で、私の指にはかなりきつすぎたこともあって、私より小さい彼女にあげてもいいなと思ったのです。リングを指からはずそうとしましたが、びくともしません。後でお昼の休憩時間にでも化粧室に行って、石鹸の泡を指につけて取ろうと決めました。

ミサが終わり、女の子はレストランまで私たちについて来ました。皆で席に着いている時、指輪のことを思い出しました。立ち上がろうとテーブルに手をつくと、なんと、指輪が無くなっているではありませんか！　私の指から消えてしまったのです。かなりきつかったので、滑り落ちるなんてことはありえません。驚きのあまり、息をのみました。私のうろたえた様子に気づいた司祭が、どうしたのかと尋ねました。何が起きたのか説明すると、彼は静かに言いました。

「聖母マリアは、その指輪をあなたが渡そうとしていた人にあげてほしくなかったのでしょう。聖母がお取りになったのです」

これを聞くや否や、疑惑の念が沸いてきたので、少女のメッセージの正当性を調べるために確認するようにお願いしました。読んでみると、彼女は私が受けたメッセージをコピーしていたことがわかりました。彼女の「天使」すら、私の天使と同じ名前を持っていました。そういうことでした。フィリピン人の友人たちに話すと、彼らはショックを受けていました。フィリピンを去ったしばらく後、この少女がペテン師であったことが判明し、結局、誰も彼女にはついて行きませんでした。彼女は暴《あば》かれたのです。私が騙《だま》されないように、主が守ってくださったのがわかりました。

時々私は思ったものです。

「主がもう少しヴェールを上げてくださったらいいのに。以前に言われた、イエスが共にいてくださった時に私にかぶせられたというヴェールを。ヴェールの向こうに何があるのか、ぜひ見てみたい！」

しかし、神の英知は無限であり、神のなさり方があるのです。もしヴェールを完全に上げられたなら、私は間違いなく死んでしまうことを神は初めからご存じでした。私の身体全体と心、すべてが崩壊してしまうでしょう。

ある日のこと、神はほんの少しだけヴェールを上げてくださいました。それは最も素晴らしい神秘体験で、決して忘れることのできないものでした！　私にはふさわしくないほどに、素晴らしい出来事だったのです。

＊1　ヴァスーラ・リデン著『私の天使ダニエル』（http://myangeldaniel.com/　書籍は三恵社発行）を参照。

＊2　著者は超自然を意味する二つの言葉を使い分け、神の超自然的働き（supernatural）と、天使や悪魔など他の存在による超自然的働き（preternatural）を区別している。本書では、言葉の与える印象を考慮してどちらも超自然と訳した。（訳注）

# 10章　ヴェールを上げる

ある晩、私はたまたま一人でいました。息子はベッドで眠っており、夫は仕事でアフリカに行っていました。夜も遅く、外の交通量も減り、私はリビングでカーペットの上に座っていました。イエスからのメッセージを書き下ろしていたのですが、イエスが語っておられる時に突然尋ねてみました。

「あなたが見えるように、ちょっとだけヴェールを上げていただけませんか？」

何の警告もなく、イエスは私が言った通りにしてくださったのです！　その途端、かつてないほど力強い、恐るべき荘厳な現存を周囲に感じました。強大なる神の圧倒的な力が落雷のように私の上に降《くだ》り、私は床にぺしゃんこにつぶされてしまいました！　立ち上がることもできず、私はしばらくの間横たわっていました。もはや「誰か」の現存を感じているというものではなく、一瞬にして、震え上がるほどの力を持った、恐るべき圧倒的な何かを見たのです。私は震えていましたが、恐れからではありません。全く説明不可能な力を体験して、衝撃を受けたのです。私の存在全体に、神の強大さと偉大さが充満しました。周囲のあらゆるものとの関わりは途絶えてしまい、まさに私の存在のすべてが、突然巨大な、すべてを覆い尽くして絶頂に達する超越的歓喜に満たされたのです。

私の頬を涙がつたっていたことに気づきませんでした。泣いていたのではありません、それは畏敬《いけい》の念がもたらす涙でした。この強烈なヴィジョンのために弱ってしまった私は、辺りを見回すと、涙の向こうに、神のメッセージを書き下ろしたノートがたくさん見えました。突然新たな気づきが押し寄せてきて、すべてが非常に明瞭になりました。

「私は本当にこのすべてを神様と書いたの――一体どうやって？」

そう自問自答しました。その時、はっきりと気づき、自覚したのです。神は本当に私を導いてくださっており、ノートには真に全能の神のみ言葉が書かれているということを！　ほんの少しの疑いのかけらを持っていたとしても、それは瞬《また》く間に消えてしまったことでしょう。

まさにあの瞬間、全宇宙のイメージが浮かびました。広大な天空のすべても、神の荘厳な力と偉大さに比べれば、規模においても驚異においても、実際無に等しいのです。神は霊の秩序において、紛れもなく万能の霊であり、霊の造り主であり、無から霊を造り出された（ex-nihilo）ことを、はっきりと理解しました。神は永遠であられます。万物の主である神にとって、宇宙はわずかな塵のようなものです。にもかかわらず、この偉大なる神は、単純さ、柔和さ、愛、慈しみにそれは満ちておられ、私たちの誰も、それを理解することは到底かなわないでしょう！　もし神がお望みなら、ふと思っただけで、全宇宙をいとも簡単に壊滅させることがおできになり、被造物全体は崩壊し、消滅してしまうことがはっきりわかったのです！

イエス・キリストについて考える時、人間の姿をとっておられるので、私たちはイエスに共感することができます。イエスのみ力、全能性、そして神であられることも忘れてしまうのです。

この超自然的な気づきによって理解したのは、地球全体も、神の目から見れば些細《ささい》なものに過ぎないということです！　それにもかかわらず、被造物の限界にとらわれることのない、万物を抱含《ほうがん》するこの偉大な神が、私に、私たち全員に差し出そうと、み心を手にして来られるのです。

神は暗い片隅で話されるのではなく、単純な言葉で公に語られ、そのみ声は音楽のように心地よいものです。主は信仰と詩歌によって、壮大な威厳をもって私たちに語られます。主のご配慮によって私の思考は照らされ、箴言《しんげん》の隠れた意味を理解させてくださいます。主は微笑みと喜びのうちに、私たちの目に隠されていた、生命の書の神秘的な格言の封印を解かれるのです。

主が語られるのを聞いて以来、私がもう一つ理解したのは、神は詩人であり、芸術家であられるということでした！　主ご自身があるメッセージの中でそのことを確証されています。

**「……この恩寵《おんちょう》の日々に、私は慈しみをもって訪れ、詩歌によってあなたたちに語りかける。私が語る言葉は信仰であり、徳である。私に近づいて来る者皆を、喜びの香油を注いで清め、額に封印する**」（2001年5月21日）

見事な色彩を用いて美や自然をお創りになる主のなさり方は、「良いセンス」をお持ちであることを示すもので、主はこれを楽しんでおられます。主は創られたものを見て満足されるのをお隠しにはならず、お創りになったすべてのものを「良い」とおっしゃり、喜んでおられます。何にもまして、主は創られたすべての「良い」ものを、私たちに喜んで惜しみなくお与えくださり、創造の素晴らしさを一緒に楽しみ、分かち合ってくださるのです。

この体験は、始まった時と同じように、あっと言う間に終わりました。イエスは言われました。**「どんな気持ちになるかわかっただろう、なぜあなたの目をヴェールで覆っていたかも？　あなたは普段のように動けなかった。私はヴェールの端を少し上げただけで、全部上げたわけではない」**

それに値する功徳《くどく》もないのに、このような恵みを与えてくださったことを主に感謝しました。主が語られたある言葉を思い出し、主はこの使命において、決して私を一人で放っておかれることはないとわかり始めました。

**「私の神聖な業《わざ》を宣言し、誰にでも見えるように、私の光を屋根の上に掲げて、私を称えなさい。皆に見えるようにしなさい。この明かりに気づいたなら、彼らは至る所から集まってくるだろう。私がどのようにしてあなたを訪れ、この明かりを与えたかを知らせなさい」**（１９８８年1月24日）

このヴィジョンの後、私の生活は普段通りに戻りました。ある日、神学者による神秘神学の講義を受けてみないかと友人に尋ねられるまでは。どうやら、この神学者はこの分野の権威のようで、私は興味を引かれました。彼の説明によって、自分の置かれている状況をより深く理解できるかもしれないと思ったのです。友人は前もってこの神学者に私の体験を伝えており、彼は、メッセージを英語からフランス語に翻訳することを申し出るほどに関心を持ってくれていました。

この神学者は、スイスアルプスの高地にあるベネディクト会修道院の修道士たちに、私を紹介するのがよいと考えたようでした。修道士たちは彼のことをよく知っており、彼が訪れる際には、黙想のための個室を提供していたのです。

私は聖なる修道士たちに会うのを楽しみにしていました。自己紹介が終わると、皆私の話を聞きたがりました。話し終えると、修道士たちは神が私を祝福され、この時代にメッセージを与えてくださったことを喜んでくれました。そして、一緒に祈るためにちょくちょく来てくださいと招いてくれたのです。数日後、彼らを再び訪れ、イエスによって特別な方法で祝別された十字架を修道院長に差し上げました。そのような特別な方法で祝別されたものだったので、院長はこの贈り物をとても喜んでくれたのです。

ところが、状況はすぐに変わりました。好意的な雰囲気はそう長くは続きませんでした。悪魔が再び介入してきたためです。悪魔は霊魂を落胆させるため、人間と物の両方を使って目的を果たすということを私は学んでいました。悪魔は、どんなことでも自分の有利になるようにねじ曲げてしまいます。善人の目をくらませるために、嘘をついて騙《だま》し、狙っている霊魂を迫害するように仕立て上げます。苦難、混乱、口論を引き起こすために、単に人間の弱さにつけこむだけではなく、自然の法則さえも都合良く利用して、大惨事に至るまで騒ぎを起こします。これがあの修道院で起きたことです。

修道士たちにはある老女の知り合いがいて、彼女を「自分たちの神秘家」と考えていました。彼女は自分も本当に神を体験しており、修道士たちの相談に乗って、長年修道院を導いてきたと主張していました。修道士たちは、喜んで私を彼女に紹介しましたが、お互いの体験を分かち合う友好的な出会いになるはずが、随分と違ったものになってしまったのです。この女性は、私がそこにいること自体が不満な様子でした。それは和《なご》やかな出会いというよりも、むしろ尋問のようでした。彼女の私に対する冷酷さと敵対心は、想像していた神秘家のイメージとはかけ離れたもので、その頑なな態度は、私に不意打ちを食らわせ、私はとても傷つけられました。

修道士たちが私に関心を示しているのが、彼女には面白くないのは明らかでした。彼女がこの修道院を自分の縄張りだと見なしているのは明らかで、ここから私を遠ざけるために、私は邪悪なはったり屋だと修道士たちに言ったのです。メッセージや、神やイエスとの関わりについて私が主張していることは、全部でっち上げだと言いました。修道院長には、私が差し上げた十字架は邪悪な力を持っているので、できるだけすぐに捨ててしまうようにと言いました。後になって聞いたところでは、院長は彼女を信じてしまい、修道院の窓から十字架を崖の下に投げ捨ててしまったそうです。

これには本当に悲しい思いをさせられました。この女性は、私の存在が修道士たちに対する自分の権威や支配を失わせると思ったのでしょう。もちろん、私にはそんなつもりは全くありませんでした。この出来事は、友人の神学者をも悲しませ、彼が山頂の修道院を訪れることもなくなってしまいました。それからというもの、この修道院の院長は、人々を私に敵対させるために、スイス国内でも海外でもあらゆる手を尽くしたのです。

院長は、イタリアの有名な神父にまで連絡を取り、嘘の情報を伝えて、メッセージの信用を傷つけました。このイタリア人神父は、恵みによって聖母マリアから現代の司祭たちに向けたメッセージを受けており、そのカリスマ（聖霊から与えられる特別な能力）に基づいて、司祭のための運動を作った方です。そのため、彼は世界中で広く知られており、この運動に参加した多くの司祭、司教たちから信頼されていました。この院長はたまたま、この司祭運動のスイスでの責任者だったのです。このイタリア人神父に与えられた嘘の情報は、国際的な規模で大きな被害を及ぼし、実に多くの司祭たちが、神のメッセージに敵対することになってしまいました。

ボルドー神父はアメリカ出身の聖なる修道士で、いくつかのメッセージのコピーをもらっており、強い関心を持ってそれらを読んでいました。不運なことに、彼がこのイタリア人神父と話をした時、イタリア人神父はこのメッセージは悪魔からのものだと言い、「悪魔《ディアボロ》！」とイタリア語で叫んだそうです。後から聞いたところでは、ボルドー神父は言葉にできないほど悲しみに暮れたそうです。なぜなら、メッセージは彼の心に響き、本当にその中に神を感じていたからでした。

この痛手を受けてから数日後、ボルドー神父はメジュゴリエというボスニア・ヘルツェゴビナの小さな村に招かれました。そこは、聖母マリアが六人の子どもたちに毎日ご出現されていた場所で、何百万人もの人々が祈るために訪れています。神父は沈んだ心のまま現地を訪れ、神にしるしを求めて祈りました。

「主よ、もしヴァスーラがあなたからの者で、本当にあなたが彼女にメッセージを与えておられるなら、どうかそのしるしとして、今日私に花束を受け取らせてください」

そう祈ってから、メジュゴリエの有名な教会の外で告解《こっかい》を聞いていた他の司祭たちと合流しました。すると突然、背の高い男性が野花の束を持って近づいて来ました。神父は驚いた表情でその花束を見つめ、畏敬の念に打たれて尋ねました。

「この花は何ですか?」

見知らぬ男性は答えました。

「これをあなたに——受け取ってください」

あまりに早い神からの返答にまだ驚きつつも、神父は何とか尋ねました。

「これをどこで手に入れたのですか?」

男性は答えました。

「今朝、散策していたら、子どもたちが野原で遊んでいたのです。私に気がつくと、野原に咲いている花を摘み始め、私に渡そうと走って来ました」

彼の心の中にはもはや疑いの余地はなく、神がこのような形で祈りに応えてくださったことがわかり、この神父はアメリカでメッセージのための偉大な使徒となりました。

復活祭が来た時、ベネディクト会修道士の私と神のメッセージに対する厳しい否定的な態度が、主を大変悲しませていることをイエスは理解させてくださいました。

イエスは、この修道士と和解するために手紙を書くように私に求められました。誹謗中傷《ひぼうちゅうしょう》を広められ、あれだけの傷を負わされたにも関わらず、私は彼をゆるすつもりでおり、彼を恨んでいないことを伝えようとしました。イエスに励まされ、彼に復活祭のお祝いの葉書を書きましたが、返信はありませんでした。主はこれから起ころうとしていることに備えて、彼にチャンスを与えておられたのだと私は信じています。

一方、スイス人修道士によって嘘の情報をつかまされていたイタリア人司祭は、信頼できる筋である高名な神学者ルネ・ローランタン神父から、私に関する真実を知ることとなりました。ローランタン神父は、以前から現在に至るまで、メッセージを強く支持してくださっています。イタリア人司祭は、嘘の情報を与えられていたことに憤慨しました。そして次にスイスを訪れた際、彼の通訳を務めることになっていたまさにそのスイス人修道士を呼ぶと、自分を誤った方向に誘導したことを叱りつけました。気の毒な修道士にとっては、ばつの悪い状況でした。しかし、話はこれで終わらなかったのです。

翌日、イタリア人司祭は一般の人々に向けて公の集いを催しました。私の友人たちが参加することになっていて、私も誘ってくれました。行くべきかどうか迷いましたが、彼らがどうしてもと誘うので、私も参加することにしたのです。

講演の最中、イタリア人司祭は、それぞれが神からカリスマとして知られる賜物をいただいたのだから、誰も私を迫害してはならないと言われました。続けて、預言や癒やしの賜物、知恵の賜物などの能力を神から授かった人についていくのは、個人の自由であると言われました。しかし、それらの賜物をごた混ぜにしてはならないとも警告されました——それぞれのカリスマは独自に働くべきものだという意味です。私についてのこのような言葉を通訳させられていた、あの修道士が赤面するのがわかりました。講演後、私はイタリア人司祭にお礼を言いに行きました。彼は修道士の近くに立っており、背丈が低いにも関わらず、何とかして修道士の首をつかむと、自分の高さまで引き下ろしてこう言いました。

「さあ、私の前で彼女にハグとキスをして、仲直りしなさい！」

抱き合いながら、修道士が私の耳にささやきました。

「葉書は受け取ったが、返事をするつもりはないからな」

この間、神学者は修道士の頑なさにうんざりし、彼が引き続き私を迫害するので、修道院の自分の個室をあきらめたほどでした。

数年後、この修道士は危篤《きとく》に陥りました。彼を知る私の友人が、しばしば修道院を訪れて、病床の彼を見舞いました。そのたびに、彼女は私の使命がどれほど発展していて、良い結果をもたらしているかを話して聞かせました。亡くなる直前になって、彼は自分の過ちを認め、悔い改めたのです。ここに神のみ手を感じました。なぜなら、死を目前にした修道士は、メッセージの本をもう一度持ってきてほしいと友人に頼んだからです。これは私にとってひとつの教訓でした。なぜなら、神はいつも、その大いなる慈しみのうちに、私たちが悔い改め、死ぬ前にゆるしを得るチャンスを与えてくださることを学んだからです。

ある晴れた日のこと、春の香りが漂い、空は完璧なまでに真っ青だったので、私はレマン湖に望む小さなベランダでランチを取ることにしました。食べ始めると、心の目で、イエスがそばの椅子に座って食事をじっと見つめておられるのが見えました。主が何も言われないので、何だか気まずくなり、食べるのを止めました。顎《あご》で私のお皿を指しながら、主がお尋ねになりました。

**「おいしいか？」**

「はい、主よ！」と思わず口を滑らせました。まだ口の中に食べ物が入っていたので、きまりが悪い思いをしながら。

**「それを祝別してほしくないか？」**

主がお尋ねになりました。私は理解し、何とか答えました。

「はい、主よ……」

イエスは食べ物を祝福すると、私が食べ終えるまで一緒にいてくださいました。そうすることで、食事の終わりには主に感謝するべきだということを教えてくださったのです。私はそうしました。このような方法でお姿を現されたのは、イエスがどれほど、私たち皆に祝福を与えたいと思われているかを示すためだったと確信しています。

ロードス島にいる姉に、時々メッセージのコピーを送っていたのですが、彼女は現地でメッセージの真の使徒となりました。姉の話を聞いて、メッセージを読みたいと思った友人たちや近所の人たちと、姉は定期的にメッセージを分かち合っていました。霊的な生活に無関心だった多くの人々が、熱心なキリスト者となって教会に戻っていったのです。姉はまさに燃えており、彼女がメッセージを広めるのを何物も止めることはできないほどでした。姉はスイスにいた頃の古い友人にまで電話をかけ、私の体験について教えていました。

そのつながりで、友人の一人が、私に会えないかと電話をしてきました。そこでその友人を家に招待しました。自分の体験を話している最中、彼女が時々、ある方向を見るのに気づきました。それは、ノートを全部保管している戸棚の方向でした。ついに彼女は、居間中に強い香りを漂わせている薔薇が見あたらないけれど、一体どこにあるのかと尋ねました。私は薔薇は置いていないと答えました。彼女は薔薇の香りで鼻がヒリヒリすると言います。ノートを見せようと戸棚を開けると、彼女は立ち上がって言いました。

「薔薇の香りはそこから来ているわ！」

その間ずっと、私は何の匂いも感じませんでした。この体験にすっかり魅了された彼女は、職場に戻ると、まず同僚にすべてを話しました。彼女の上司は強い関心を示し、一緒に私を訪ねてもいいかと尋ねました。彼は超自然的なしるしの体験よりも、イエスについて聞きたがっていました。

彼女の上司は、イタリア生まれのイタリア人でしたが、人生のほとんどをスイスで暮らしていました。典型的なプレイボーイで、カジノ、パーティ、先端企業での会食などに時間を費やしていました。ローマ・カトリック信徒でしたが、信仰が衰えていたので、教会にはめったに行っていませんでした。私の家に入るなり、彼らは二人とも香の匂いをかぎ、私に香水を振りまいたかと尋ねました。お香は持っていないことを私が保証すると、彼はこれを神からのしると受け取りました。二人が帰ったのは夜遅くでしたが、自分が体験したことに興味をそそられた彼は、家にまっすぐ戻らず、最初に見つけた開いている教会に入りました。中に入ると、電気が消えていて誰もいなかったので、気味の悪い感じがしました。誰もいない側廊《そくろう》を祭壇に向かって歩いて行き、キリストの前に跪《ひざまず》きました。彼は感極まって、神に七つの個人的な質問をしてしるしを求めました。まさにその瞬間、背後でギシギシという音を聞きましたが、彼は神に言いました。

「それだけではまだ信じるに値しません」

そこで彼は立ち上がって帰りました。一方、私は彼が教会に行ったことや、イエスに質問をしたことなど知るよしもありません。次の日の朝早く、イエスは私を呼ばれると、彼のためにメッセージを書き下ろすように頼まれました。私は彼のオフィスに電話をし、キリストからメッセージを預っているから、家に取りに来てほしいと伝えました。神から直々のお言葉を受け取ったなどと聞いて、人がどれほど驚くかということを私はすっかり忘れていて、とてもざっくばらんに知らせてしまったのです。

私が家のドアを開けた時の彼の表情を思い出すと、今でも笑ってしまいます。まるでこてんぱんに打ちのめされたような顔つきで――彼の目は罪悪感でいっぱいでした。昨晩教会を後にした時のことを考えると、もしかするとキリストから厳しい言葉で叱責されると思っていたのかもしれません。彼は体を丸め、実際の背の高さよりもかなり縮んでしまったかのようでした。穴があったら入りたいとでもいうように！　一体どうすればあんなに縮んでしまえるのでしょう。彼は一言も発さずに入って来て、私がメッセージを手渡すと、その手は震えていました。

彼の顔色がどんどん明るくなり、次第に変わっていくのに気づきました。まるでメッセージを読んでいる彼に、光が投げ掛けられているかのように。まだショック状態にあった彼は、弱々しく言いました。

「キリストは、昨夜の僕の七つの質問全部に答えてくださった」

その瞬間から、彼の人生は完全に変わりました。ゆるされたと感じたのです。彼は忠実なキリスト者となり、キリストの愛の証し人となりました。新たに見つけた喜びの中、彼は、フランスのスイスに近い所に住んでいる親友も神に出会ってほしいと望みました。彼ほどにはプレイボーイではないその友人に電話し、週末にスイスに来てほしいと頼みました。ところが、彼が神を見つけたという話を聞いて、この友人はちっとも嬉しくありませんでした。「毎晩カジノやどんちゃん騒ぎに一緒に興じていた奴が、今度は神について話そうだって？　ゾッとするよ！」というわけです。

とはいえ、結局、このフランス人も週末の誘いを受け、私の家に来ることをしぶしぶ承知しました。この時すでに彼は、まるで魔女か何かのように、私のことを「鬼ばばあ」と呼んでいました。

彼らが私の家に到着した時、白いシャツにジーンズの、スポーティな普通の女性に見える私を見て、フランス人は「鬼ばばあ」の部分を少し取り下げてくれました。この最初の出会いの時、彼は墓場のように静かでした。私は彼らをベランダでの夕食に誘いました。食事が終わると、私は戸棚に行ってノートを一冊取り出し、手書きのメッセージを彼に見せました。彼は一言もしゃべりません。手に取ってすばやくページをめくると、私に返しました。私は家の中に入ると、そのノートを居間のローテーブルの上に置きました。

夕食が終わり、お皿を取りに行くと、彼が座っていたその場所から、この上なく良い香りがしました。目には見えない香りが立ちのぼっているようで、その特定の場所以外では何の香りもしません。香りがする場所に彼らを呼びました。ベランダに出てきて香りを嗅ぐと、フランスからの友人は穏やかに答えました。

「そう、この香りがあなたのノートからもしていました」

私がノートに香水をつけたと思っていることがわかっていたので、「ノートに香水はつけていません。これはあなたが信じるようにとのしるしです」と言いました。彼の手を取って、居間のテーブルに置いたままのノートのところへ導き、それを取って匂いを嗅ぐように言いました。何の匂いもしないことは私にはわかっていたのです。その通り、ノートからは何の匂いも感じませんでした。

彼は感情を表に出さないタイプでしたが、内面では、身を引き裂かれるような思いだったのです。帰り道、彼はどこの教会でもいいから寄ってほしいと頼み、驚く友人をよそに、臆することなく跪《ひざまず》いて祈りました。キリストはほのかな香りによってご自分を現わされ、ほんのわずかなしるしだけで、彼の信仰を直ちに回復させられたのです。

神はこの男性に必要なものをご存知でした、あのしるしがまさにそれです。神は驚くほど見事に、一人ひとりにご自分を合わせられます。私たちにいつ、何が必要かをご存知で、私たちの注意を引くために、一番良い方法で近づいて来られます——時には驚かせないように優しく、時には「目覚めさせる」ためにより劇的な方法で。神の豊かさはあらゆる被造物に注がれています。私たちのこの困難な時代には、合理主義と物質主義が霊的生活のあらゆる側面に取って代わり、かつては忠実だった人々をも信じない者にし、神以外のあらゆるものをもって、心の中に侵入しています。そのような時代にあっても、彼らが忘れてしまった神は、決して彼らを忘れてはいなかったのです。神ご自身が言われました。

「**彼らが忘れてしまった神は、決して彼らを忘れていないと伝えなさい**」（1993年5月27日、1995年1月28日、1996年8月19日の聖ミカエルのメッセージ参照）

神は憐れみの手を差し伸べてくださり、身に余るほどの賜物を携えて、あまりにも欠乏した霊的生活を送っている私たちのところに降《くだ》るために、ご自身を適応させてくださるのです。次のお言葉の通り、神は一人ひとりすべての霊魂を探し求めておられます。

「**川のほとりを歩いていると、現世的な水流に流されている流木[*1]を見つけた。私は身を乗り出し**

**てそれを流れから引き上げ、家に持ち帰って、私の歓喜の庭に植えた。乾いた木片から、あなたという木を育て上げた。私は言った。**

**『大きくなれ！　大きくなって私の庭に、私の領地に根を張るように。私の義をなだめるために花を咲かせ、芳香を放ちなさい』**

**そして言った。**

**『実った果実は毎月のように収穫され、あなたの葉は多くを回復させる』**

**時おりあなたを刈り取るのを楽しむ。咲き誇る花と、育ち続ける果実を見るのは私の喜び。私の聖所[*2]から流れ出る水[*3]だけがあなたに命を与え、育《はぐく》むことができる。私、ヤハウェは、あなたたちの繁栄を見守っていこう。道すがら、時おり流木[*4]を拾っては喜びを覚える。私は道の途中で拾うどんなものにも命を与えることができる」**（１９９１年11月13日）

＊１　神は私のことを言っておられます。
＊２　それは主のみ心です。
＊３　それは聖霊です。
＊４　私がお会いすることを許された、ある霊魂のことを示唆しておられます。

# 11章　ヴィジョンとしるし

鳩の時のようなヴィジョンは、この後にも続きました。私に与えられたヴィジョンはすべて、神の知恵の泉から生まれたもので、聖霊からの賜物《たまもの》でもありました。そのほとんどが象徴的なもので、多くは現実となりました。

私は長年にわたって、神の御《おん》働きについてもっと学びたいという友人たちと、多くの集いを重ねてきました。彼らはいつもたくさんの質問をするので、私は答えるために最善を尽くしました。その時の対話をいくつか挙げてみましょう。

——ヴィジョンやしるしについて話し合う前に、神の性格についてお聞きしたいのです。あなたの経験から何か話していただけますか?

まず最初に、神は話される相手に合わせて言語と接し方を変えられます。神が変わられるということではありません——神は不変ですから。それは、すべての性格は神から来るという意味です。神は無限の創造力を持っておられるので、無限の特性の宝物箱《ほうもつばこ》から、接する人に合わせた特徴を引き出されます。これは、道具となる人が、神の言われることを理解できるようにするためで、そういう意味では、私たちは皆「同じ言語」を話していることになります。

神が語られるのを聞くと、何と、そのお言葉はまるで詩のようです!　神が詩人であり、芸術家であられることに疑いの余地はありません。メッセージを読むと、どのページでもこの詩的な表現に出会います。神のお言葉の中には、賛美歌を彷彿《ほうふつ》させるものもあります。神ご自身が、時々メッセージを「私の愛の賛歌」と呼ばれることさえあります。

聖書は神のラブレターです。様々な形や色を使って美や自然を創られる神のなさり方は、例えば虹の色に見られるように、神が美を愛されており、お創りになったものを楽しんでおられることの表れです。ある種の生き物——見た目が面白い鳥のような——を見る時、人はユーモアのセンスを感じずにはいられません。神はなぜこのような面白い生き物を創られるのでしょう？　それは、神は純粋な光、万物の統治者であると同時に、喜びの神、微笑む神でもあり、幸福であられるからです。創造される時、神はご自身の満足感をお隠しにはなりません。創造されるすべてのものに対して、「これで良し」と言われるからです。そして忘れないでください、神が創造されたこれらの良いものはすべて、私たちのためなのです！　私たちが創られたものの壮麗さを神と分かち合い、楽しめるようにと、神はあらゆる良いものを喜んで惜しみなく与えてくださるのです。

ギリシャ正教会の丸天井に描かれた、全能の神のフレスコ画の中から、イエスが私に向かってウィンクされるのを二度見たことがあります。二回とも、困難な状況で解決策を見いだせないと感じていた時でした。目を上げて、全能の神のフレスコ画を見やった時、イエスが突然ウィンクされたのです。最初にこれが起こった時、私の近くに立っていた友人も、イエスの目がウィンクするのを見ました。二度とも、このユーモラスなサインの直後、困難な状況はあっという間に解決してしまいました。キリストはあのウィンクによって、「これから私がどうするか見ていなさい……」と言われたのだとわかりました。

神ご自身が私の祈りを聞いてくださり、「主の祈り」をきちんと唱えられるように学んでいた最初の時のことです。その数日後、神はこうお尋ねになりました。

「**何か私に差し出すものはあるか？**」

そこで私は、何を差し上げたら喜んでいただけるか考えました。神は私をさえぎって言われました。

「**あなたが私に差し出す良いものはすべて、私から来ている**」

差し上げられる私自身のものが何かないか考えたかったので、「わかっています、私は絵を描けますから――イコンを一つ描いて、教会に寄付しましょう」と言いました。

「**ヴァスーラ、芸術の才能も私から来る**」

それもそうだ、と思い、こう言いました。

「では、私には差し上げられる自分のものを何も持っていません」

神はお答えになりました。

「**持っている**」

「**あなたの意志を献げなさい**」

「私の意志？　でもそれは一週間前にお献げしましたよ！」

**「そうだ、小さな者よ、だが私はそれを毎日聞きたい！」**

何にもまして、私からの答えは、神は王、統治者、驚異の象徴、完全なる美であられる、ということです。神の栄光の中では、満月でさえ輝きに欠けます。神は光輝であられ、比べられるものはありません。神が語られる時は、威厳をもって語られます。

ちょうど私がしたように、霊魂はこう尋ねたくなるでしょう。

「私をどこに導いておられるのですか？」

神はお答えになりました。

「**真理へと**」

別の時には、「私をどこに入れられたのですか？」と尋ねてみました。

すると「**私のからだの中に**」とお答えになったのです。

主は私を連れて来られ、神の神秘体の中に入らせてくださいました。それは教会です。

――今度は、これまでに見たヴィジョンはどのようなものだったかをお話しください。

幾つかの種類にわたる、数え切れないほどのヴィジョンを体験してきました。霊的な内容を持つヴィジョンの中では、私の霊魂は、物質的な体を持たない天使や光、真理、霊魂、そして神ご自身といった要素を知覚しました。その他のヴィジョンは、隠された出来事、または未来に関するもので、そのうちのいくつかはすでに現実のものとなっています。神は前もって私たちに警告するために、預言を与えてくださいました。私自身の霊魂の状態を見ることができるように、自分の霊魂に関するヴィジョンも与えられました。天国、煉獄《れんごく》、地獄のヴィジョンも示されました。

ヴィジョンは私の思考や夢の中に与えられ、神がお望みの時に、突然、自然発生的にやって来ます。私の霊魂の目は、神が私に見せて理解させたいと望まれる事柄だけを知覚します。今まで与えられた中で最も素晴らしく、畏敬《いけい》の念を抱かせたものは、天の御父のヴィジョンでした。御父はそのお姿を見るのを私にお許しになりました。御父の素晴らしさをどう言い表したらよいのか、言葉が見つかりません。多くの人が神を見たいと願いますが、もし私たちが本当に神を見たら死んでしまうだろう、と聖書にあることは私も知っています。しかしながら、私が見たのはただのヴィジョンに過ぎず、それとは別のものです。１９９７年9月25日、ヤハウェの名を祈り求めていた時に、私はノートにこう書きました。

「突然、まさに栄光ある変容の人の子のような驚くべきお姿で、主の中の主であるヤハウェが、あふれんばかりの光輝をまとって出現されました。天の衣はきらきらと光りながらも無色で、ダイヤモンドやその他の宝石を散りばめたように、きらめいています。優雅で比類なく美しいこの魅惑的なヴィジョンに面食らい、当惑しながら凝視していると、ヤハウェが雲間からそっと姿を現され、そのあまりに優美な動作に、私の心に花が咲いたように感じました」

「荘厳なるお方は、天幕から一歩踏み出す花婿を彷彿とさせます。その現存は、一生をかけて描写しようとしてもかなわないほどの優雅さを放っていました。同時に、その現存が輝き放つ愛と、あまりの甘美さといたわりのゆえに、私の霊魂は思わず地にひれ伏してしまうのでした。その麗しい頭部を、聖心のご像のように軽く右にかしげておられます。

『あなたはなんとお美しい、わが神よ、ヴェールを通して垣間見るしかありませんが、黒い巻き毛が肩まで垂れているのが見えます。象牙色の肌あいの美しいみ顔は、うっとりするほどです』

思わずこう言いました。ヤハウェの身のこなしは遠慮がちな人のよう、けれども誤解しないでくださいさい、それは……」

「天国で一日中、あなたを覆いの取れた目で観想していられるなんて、一体どんな感じなのでしょう？　あなたの優雅さと美しさを言い表すのにふさわしい言葉を、どこでどうやって見つけましょう？　言葉を超越しています。特に、あなたが雲間から一歩踏み出て来られた時の、あのわずかな動きは……」

またある時、キリストからメッセージをいただいていると、驚くべき三位一体の顕示が突然与えられました。イエスを見ていると、他のお二人の位格《ペルソナ》が、同時にイエスから出てこられるのをはっきりと見たのです。一人はイエスの左側から、もう一人は右側から。互いに愛で結ばれ、通じ合い、熟知しておられる三位一体を見ているのだとわかりました。三つのすべての位格《ペルソナ》は唯一の神であられ、同一の意志と力、主権を持っておられると理解しました。現れた時と同じように突然、再びキリストのお姿の中に入り込み、消えてしまわれました。つまり、三位でありながら、創造主は唯一なのです。

「唯一のうちに三位、三位のうちに唯一」

――天国や煉獄《れんごく》のヴィジョンを見たことはありますか？

１９８７年３月26日、神は私を呼ばれ、言葉少なに言われました。天国は幅、高さ、奥行きを測って創られており、すべての寸法が完璧であると。あらゆる小さな生物は神から生まれ、すべては神のものである、と続けて言われました。すべての生命は神から生まれ、神の息吹は生命であると。それから、神の天的なみ業《わざ》について、もっと知りたいかと優しくお尋ねになりました。

「はい、主よ」と答えると、神は言われました。

**「私の栄光の中を散歩しよう」**

私は霊のうちに、神の現存と一緒に、とても色彩豊かな美しい庭を歩いていました。光があふれんばかりに輝いていましたが、通常の太陽から出ている光ではありませんでした。歩きながら、今にも地平線に触れそうな、巨大な光の球が見えました。まるで巨大な太陽のようでしたが、目を痛めずに見ることができるのです。神はお尋ねになりました。

**「どんな気分か、娘よ？」**

すっかり驚いてしまった私は、「なんて綺麗なんでしょう、何もかもが不思議！」と言いました。

**「何が見えるか？」**

「あの太陽みたいなものが」

**「そうだ、これは私の聖なる住居。光の周りには何が見えるか？」**

最初はその「太陽」の周りを、小さな点が回っているように見えました。動いているのは確かでしたが、よく見てみると、それらの「点」は、光を取り囲む無数の天使たちだったのです。神は言われました。

**「私の栄光を取り囲むケルビムたちだ。他に何が見えるか?」**

ためらいを感じつつ、「『太陽』に向かう階段?」と言いました。

**「この光の中に入って行こう。用意はいいか? 聖なる領域に入るのだから、靴を脱ぎなさい。さあ、光の中に入った」**

光の中に入るのですから、強烈な輝きに包まれると思いきや、驚いたことに、内部はすべて青色でした。とはいえ、一番感銘を受けたのは、静けさと平和の感覚、そして神聖な雰囲気でした。素晴らしいものでした! 私は巨大な円に囲まれていて、「壁」だと思っていたものは壁ではなく、生き物でした。天使たちだったのです。互いに近づいて立つ天使たちの壁が、まるで一枚一枚、ずっと上まで積み重なるように、丸天井を形作っていました。天使たちは美しくて背が高く、皆青い色をしていました。何百万もの無数の天使たちが、礼拝しているかのように、沈黙のうちに手をつないでまっすぐに立っています。主は言われました。

**「私のセラフィムたちはこの聖なる住居を守り、絶え間なく私を礼拝している。彼らの声が聞こえるか?」**

すると突然「聖なるうちの聖なるお方、いと高き神は聖なるかな」と聞こえました。神は私の注意を他のところに向けさせておっしゃいました。

**「金の剣を持ったこの非常に美しい者は誰か？」**

他の天使たちとは違う「普通の色」をした別の天使が見えました。彼は「円」の真ん中に立ち、真っ白にきらめく長い衣を着ていました。髪は肩まで伸びた金色の髪で、美しい金の剣を持っていました。神は言われました。

**「この剣は私の言葉だ。私の言葉は純粋。刺し貫き、照らす」**

突然、丸天井が、花が咲くように開くのが見えました。神が大きな声で叫ばれました。

**「見よ、小さな者よ。識別してみなさい……あなたの上に、来たるべき聖なる戦いが見えるだろう。ああ、娘よ、周囲に警戒の目を光らせておきなさい、悪が存在することを意識するように。何か見えるか？」**

この「丸天井」が開くと、巨大な映像が見えました。まるでどんなものでも拡大して見えるズームを使ったかのようです。頭上には、ビロードのような黒い目をした獰猛《どうもう》な目つきの馬たちがいました。私には、馬の顔の一部と目しか見えませんでした。映像はズームアウトしたように遠ざかっていきます。善い天使たちと、堕天使たちとの戦いが繰り広げられるのが見えました。主は言われました。

**「私の天軍はサタンとその追従者、私の掟を破壊しようと試みたすべての者たちと戦う。覚えておきなさい、私はアルファでありオメガ、初めであり終わりであることを。私の言葉は永遠。さ**

**あ、何が見えるか？」**

「馬から投げられた、大きな蛇のような爬虫類が見えます」

神は言われました。

**「私の天使[*1]の槍にかかったこの龍は打ち負かされる。これが成し遂げられる時、サタンの追従者も皆陥落する。ヴァスーラ、さあ、次は私の審判の広間を見せよう」**

大広間が見えたのですが、まだ誰もいませんでした。突然、ガチャガチャという鎖の音が隅の方から聞こえました。辺りを見回すと、少人数の霊魂たち、「死者たち」が見えたのです。言葉では表現できないほどにやせ衰えており、炭の中を転げ回ったかのように真っ黒に汚れていました。不幸そうで、また途方にくれた様子で、自分たちがどこにいるのかさえわからないようでした。私たちのことは見えていなかったようです。神は説明してくださいました。

**「これほど大勢の霊魂たちを見たことがあるか？　たった今地下から着いたばかりだ。彼らは、苦悩に苛《さいな》まれていたが解放された霊魂たち、サタンの門[*2]にいた」**

「誰が彼らを解放したのですか？」

**「私だ。私の天的な業《わざ》と、回心して私を愛する者たちによって。なぜ私を愛してほしいかわかったか？　私を深く愛すれば愛するほど、彼らが引き上げられて、私のもとに来るチャンスが増える……あなたが見たものはただの映像に過ぎない。彼らが本当に私の**（最後の審判の）**広間にいたわけではない。霊魂は終わりまで裁かれない」**

このメッセージを説明すると、審判は二度あるということです。最初の、あるいは個別の審判は、各個人が自分の死の時に経験するもので、その霊魂が天国、煉獄、または地獄のうちどこへ行くのか、神が決められます。最後の審判は、キリストの再臨後、死者が復活させられ、霊魂が自分の身体に再び結合してから行われます。

神は続けて教えてくださいました、煉獄にいる霊魂たちを解放し、天国へ連れていくために、神はすべての善いものをお使いになられると。それゆえ、煉獄にいる霊魂たちは、私たちの祈りと善い行ないがなければ無力であると。

天使の手に握られた剣は、神のみ言葉を表しています。み言葉は永遠であり、純粋で、切り分け、刺し貫くのです。天国は現実であり、天使も悪魔も実在し、霊的な戦いが将来起きることを学びました。この戦いは今現在も起きていますが、最後には悪魔とその手下は打ち負かされるのです。

――神があなたに明かされた「神秘」について、一例を挙げていただけますか?

ある時、黙想中に、ある圧倒的なヴィジョンを少しの間垣間見ました。一度だけではなく、何回かにわたってです。全宇宙が神のうちにあり、神がご自身のうちに、万物を含有しておられるのが見えたのです――何もかもすべてが神のうちにあり、何物も神から外れることはありません。与えられたヴィジョンが何であれ、他の人と分かち合わずにいると、そのヴィジョンは何度も繰り返し戻ってきます。私がそれについて話したり書いたりするまで。神は万物をそのうちに含有されるというこのヴィジョンもそうでした。

――神秘的な薔薇や香の芳香を体験したことはありますか?

はい、このようなしるしは、私にも、私の周りの人々にも、他の場所でメッセージについて語る人々にもよく起こります。付近には何もないのに、薔薇や香の香りがするのです。これは神からのしるしです。ある時、友人とドライブをしていて、私が天の御父について話していると、突然、全員が芳香で満たされました――私たちの周囲全体がです。このようなことが数多く起こりました。香の香りは、メッセージが書かれたノートから来たり、ただ単に祈っている時や、メッセージを分かち合っている時に、空気中に広がったりします。周囲の多くの人々がこうした香りを経験しましたが、これは神の現存のしるしです。

――神はなぜこのようなしるしをお与えになるのでしょうか?

この神秘的な「世界」に足を踏み入れ、自分の能力をはるかに超えた役割を与えられた時から、神は様々な超自然的方法でご自身の現存を現すことで、私を祝福してくださいました。私の弱さと、私が神により頼むしかないことをよくご存じだったからです。絶えず神を必要とする私は、いつも両親のそばにいる必要がある子どものようなもので、こういったしるしは、いつもそばにいることを思い出させてくれる父親のやり方なのです。そしていつも励ましの言葉をかけてくださいます。

**「私の子よ、あなたには私の英知を完全に理解する力はないが、私があなたの唯一の教師であっ**

**たし、今もそうだ。あなたを一歩ずつ向上させ、英知の道を教育し、徳の小道を案内している。右や左の方を探し求めず、私が与えてきたすべてにより頼みなさい**」（1989年3月3日）

――このようなしるしが本当に必要なのでしょうか？　そういったもの無しに信じる方が良いのでは？

神がなさることには何であろうと、私はいつも感謝しますし、神が英知のうちになさることに疑問を持ったり、神を試すようなことは決してしません！　こういったしるしは、貧しい者、みじめな者のための「食物」であり、私たちの信仰を回復させるためのものです。こういったしるしがなぜ私たちに必要なのか、どんな時に必要なのかは、私たちよりもはるかによくご存じです。神のしるしは、私たちの好奇心を満たすためではなく、私たちを回心へと導くために与えられます。神を認識させ、悔い改めへと導くため、私たちを祈りの生活に導くために与えられるのです。私の経験から、神は私たちの出来心や堕落、罪のすべてに対して、非常に忍耐強く、そして優しく対処される、ということを学びました。ひとつ質問してみましょう。

「墓地を見たことがありますか？　地下に眠っているその人々も、自分たちをなくてはならない不可欠な存在だと思っていたのですよ」

おかしなことに、私たちの多くは、エゴと誤った信念によって、自分は知識が豊富で、自分に匹敵する者も、反論できる者もいないかのように振る舞います。あらゆる物事に対する答えがわかっているかのように。しかし実際には、ほんのわずかしか知りません――あるいは全く何もわかっていないのです。私たちが行うこと、言うことのほとんどは見せかけに過ぎません。自分の能力がどこから生じているのかの認識なしには、また存在するもの、真実に霊感を与えるものは、すべて唯一の源泉である神から来ているという認識を固く持たない限り、私たちのどんな思考も努力も、実際は全く役に立たないのです。ですから、神がしるしを与えてくださる時は、疑うのではなく尊重するべきです。神は言われました。

「**私のしるしは、地上に騒ぎを巻き起こすために与えられるのではない。世間を騒がすものを追い求める者たちには厳粛に求める、身を低くして私のもとに来て、祈りなさい**」（1989年3月3日）

何年か前のことですが、教会から離れていた男性がいました。彼は私が受けたメッセージを信じていなかったので、彼の妻を私の集いに車で送って行くことを渋っていました。やっと妻を送り届けた時、彼は車の窓から私を見ました。ところが彼が見たのは私ではなく、私の顔に重ね合わされたイエスのみ顔だったのです！　これには彼もすっかり驚き、彼の信仰を回復させるのに強力な効果を発揮しました。

たくさんの人々が、こうした超自然的なしるしを経験しています。それが実際に起きている時には、私は何も感じません。しかしイエスは理由を挙げられました。それは、メッセージが本当にキリストからのものかどうか疑っている人々がいるからです。神は次のように言われました。

「**私、神はあなたたちの中におり、あなたたちは彼女の上にこのしるしを見るだろう**」（『私の天

使ダニエル』1987年1月10日)

**「私が『神のうちの真《まこと》のいのち』の著者であり、あなたの代わりに私の姿を現すことによって、それを証明する。これは、あなたや他の者たちへの私の父からの賜物である」**(1994年10月20日)

——神がこのようなやり方であなたをお使いになるなんて、おかしいとは思いませんか?

私は、自分がひどい罪人であることを十分に認識しています。まるで私がイエスと同様であるかのように、私の上にイエスのお姿が現れるなんて、私にはふさわしくないということもよくわかっています。しかしながら、神聖な真理、完全なる純潔であられる私たちの主は、ご自分がこのメッセージの著者であることを証明するためだけではなく、私たちへの大いなる愛ゆえに、それぞれにお姿を現されるのです。この輝かしい顕示を見た霊魂は、わっと泣き出し、悔い改めて、信仰が大いに強められます。

初めてこのようなしるしが私に起こったのは、フィリピンにいた時のことです。神のメッセージを伝え、証言するために招待されていました。講演中、前席の二列に座っていた世話役たちとその友人たちが、目を細めたり、一度閉じたりしていることに突然気づきました。夜も遅かったので、眠くなったんだろうと思っていました。すると、彼らが互いに顔を見合わせて、ささやいているのが見えたのです。集いが終わると、彼らは私の所に来て、興奮気味に言いました。

「あなたの上にイエスが見えたわ! あなたの顔が消えて、代わりにイ、エ、ス、が見えたのよ!」

私は衝撃を受けましたが、このようなことが起きることを神から聞かされてはいました。神はこう言われたのです。

**「私の娘よ……聖霊の力によってあなたを引き上げた、私の子よ、あなたが私と完全に一致し、私の名において民に証しし、能力の及ぶ限り、自分を与え尽くすために。あなたの忠実さは私を喜ばせる。これが、私の計画をあなたの中で完成まで推し進めていく理由だ……そして貧しい者はかつて聞いたことのないことを聞き、私の聖なる顔をあなたの上に見るだろう。私を全く知らなかった者たちが私に近づき、目を覆われていた者たちが私の栄光を目にする……今日、あらゆる所に吹いている私の霊に心を動かされた者は誰であれ、私の王国の跡継ぎとなり、御父は彼らを天国の大勢の天使たちと共に温かく迎え入れるだろう。さあ、あなたを祝福する。ic」**[*3]（１９９４年12月27日）

この現象についてこれまで聞いたこともなかった、様々な国のあらゆる人々が、キリストの聖なるみ顔が私の上に現れるのを見ました。こういった出来事が数えきれないほど起こったのです。時には、主のお姿全体が現れることもありました。この現象は、直接目に見えるだけでなく、映像の上に現れることも何度かありました。ビデオで私を見ている人々にキリストが現れて、一瞬、私と入れ替わられるのです――見ている人々だけに。もしそれがキリストに逆らっていた人の場合は、イエスは茨の冠を被り、額から血が流れるお姿で現れられます。

ある時、ニューヨークで、大画面ビデオプロジェクターのあるバスケットボールスタジアムでの講演を依頼されました。そこには、私の受けている賜物を信じていない四人の女性たちがいました。私を、人々を騙《だま》そうとしている詐欺師だと確信していて、講演が始まったら、数分もしないうちに団体で帰ろうと決めていました。ところが、私が話し始めた途端、一方のビデオ・スクリーンにキリストの聖なるみ顔が見え、もう片方のスクリーンに私の顔を見たのです。話していたので私の唇は動いていましたが、キリストの唇も動いていたのです。それから突然、両方の画面にキリストの聖なるみ顔が映し出されました。それも半分だけで、もう半分は私の顔でした。この後彼女たちがどのように感じたか、もちろんおわかりでしょう。彼女たちは終わりまでベンチに釘づけになって座っていました。私を迫害したことを深く反省し、何が起きたかを私に話しにやって来て、ゆるしを乞うたのです。私は笑いながら、いいんですよと言って、主を賛美しました。

ある女性が話してくれたのですが、リモコンでテレビのチャンネルを変えていたら、たまたま私が話している番組を見つけたそうです。そのチャンネルのまま見ていたら、突然この奇跡を目撃しました。あわてて友人のところに走って行き、何を見たかを話してこう言いました。

「彼女は真実を語っているに違いないわ！　この女性を見つけなきゃ！」

この人と友人は私を探し出し、その過程でメッセージに出会いました。今日では、彼女たちは、メッセージを読んで人生が完全に変えられた大勢の人々の仲間です。神という「真珠」を発見したのです。

このしるしを見た人は誰でも、かつてないほど神への渇きが増します。愛が目覚めて心の中に入り込むと、神はその人をご自分の存在に与《あずか》る者としてくださいます。神が視力を回復させてくださるので、この人々は、残された人生をかけて神を賛美するようになります。神はその憐れみ深さによって、人々の不足を補ってくださいます。これは神が与えてくださった約束でもあり、メッセージの中で次のように言われています。

**「あなたたちに言っておく、私は、私に栄光を与える者を誰も失望させない。干上がった土地に水をやる者を、誰も見捨てはしない。私の心はあまりにも繊細で純粋すぎ、心を動かされずにいることができない。私の憐れみは母親や父親のようにあなたを見つめ、あらゆる側面からあなたの振る舞いを見守っている。あなたを愛している。私の愛を疑ってはならない……」**（1994年12月16日）

――宣教中、他にはどんなしるしがありましたか？

他のものもたくさんありました。ブラジルで六千人の聴衆に証しをした時のことを思い出します。聖霊の注ぎについてのメッセージを読み上げていた時のことです。

**「そして私の胸から出る癒やしの水、私の聖所**（キリストの体〈心臓〉エゼキエル47・12）**から流れ出るこの小川は、あなたたちを満たして健康にする。人間にはこの小川をせき止めることはできない。この小川は私の心から豊かに流れ続ける。どこにでも流れて行き、分岐していくつかの支流に分かれ、あらゆる方向に通じ、この癒やしの水が流れるところはどこでも、病める者、**

**足の不自由な者、盲目の者は皆癒やされる。**（霊的に）**死んだ者さえも生き返るだろう。あなたたちを清める私を、誰も止めることはできない**」（1991年6月2日）

驚いたことに、どこからともなく、上から大きな水滴が落ちてきました。私の上に、手にしていた紙に、私の前に置いてあるテーブルの上全体に、水が落ちてくるのです。話すのを止めて上を見上げました。きっと屋根から雨漏りしているんだわと思いながら。外は雨ではなく、私とテーブルの上にだけ落ちてくるのです。この出来事に気づいた人たちは興奮して、微笑みながらささやき合っていました。ところが私は、司祭が何人か真後ろに座っていたので、誰かが聖水をふりまいていたのだろうと考えたのです。スピーチが終わり、ある司祭の隣りに座るや否や、またもや上から水滴が激しく降ってきました。瞬きもせず、呆然としながら、近くに座っていた司祭の方を見やりました。

「こんなこと見たことがありますか？」と尋ねると、彼は「ええ」と答えて黙りこみました。

少し経ってから尋ねました。

「私に聖水をかけられましたか？」

「いいえ、かけていません」

押し黙ったまま会話は終わりました。

「では、さっきの水滴は何だったのですか？」しつこく尋ねました。

「ああ、あれは……聖霊がおられるというしるしです」

彼にとっては全く普通のことのようでした。まるで「電話ボックスはその角あたりです」と言うような話しぶりだったのです。それから彼は、大したことではないとでも言うように、こう付け加えました。

「私の教会で洗礼式をするときによく見るのですよ」

彼はしばらく考えてから、次のように言って会話を締めくくりました。

「あの、あなたがホールに入って来て、目を上げて私の方を見た時、あなたの顔が消えて、キリストの聖なるみ顔が重ね合わされたのが見えました！」

アイルランドのダブリンを訪れたある時、私は少数のグループとミニバスで移動していました。ヘッドホンをして音楽を聞いていた私は、他のことには注意を払わず、ただまっすぐ前を見ていました。隣りに座っていた友人は「イエスの祈り*4」を唱えていました。友人が「イエス・キリスト……」という言葉を声に出すと、私がこう言ったのを聞きました。

「**私である**」

その言葉を発した時の、威厳に満ちた言い方に驚いた彼女は、「わあ、本当に神様の真似ができるのね……」と思ったそうです。その後、私がヘッドホンをはずすと、友人は言いました。

「さっきのは凄かったわ、私が『イエス・キリスト』と言った後にあなたが言った『私である』！」

私は彼女が言うことの意味がわからず、驚いて言いました。

「そんなこと言ってないわ。どうして私がそんなこと言うの？」

ところが、彼女はこの言葉が私の口から威厳をもって発せられた、と断言するのです。最後には二人とも、私ではなく主が話されたのだとわかりました。

神は情け深くも、私たちが「イエスの祈り」を唱える際、どのようにお応えになるかを示してくださったのでした。この出来事が起きたのは、その前日、友人がイエスは本当に自分の祈りを聞いてくださっているのかと疑いを抱いていたからでした。神はいつも現存され、私たちの祈りを聞いてくださっていることの確証を彼女に示すために、私の口を使って話されたのだとわかりました。これは主の名を決してみだりに使ってはならない、という注意でもあります。

スコットランドへ旅行中、友人のキャロルが、あるベネディクト会の修道士に私を紹介しました。イエスが望んでおられるキリスト教会の一致について伝えるため、ローマである枢機卿に会ったばかりでしたので、彼に言いました。

「イエスの目的は教会を一致させ、互いに和解させることです。真の教会の一致とは、あらゆる教派からすべての司祭が集まって、一つの祭壇を囲み、共に聖体を祝うことです」

修道士はこれに強く反発し、それは間違っていると言いました。キャロルによると、突然私の顔が変わり、非常に深刻な面持ちになったそうです。私は神の霊に捕らえられ、振り返って、いくぶん不自然な姿勢で立ちました。その動作はあまりにも唐突で、私の力の及ぶところではありませんでした。私は人差し指で、修道士の鼻に触れそうなほど指差すと、私の話し方とは全く違う、威厳のある口調で言いました。

**「それは人間の考えであって、神の考えではない」**

私をよく知るキャロルも修道士もびっくりし、私も自分の体があんなにも急にひねられたことに驚きました。あの言葉が、私自身から出たものではないのはわかっていました。修道士も、あれほどの威厳と権威を持って発せられたあの言葉は、私からではなく、全能の神から来たものであると、心の中で直ちに気づきました。

彼の保守的な考えに挑戦する言葉ではありましたが、修道士はこの言葉を大変気に入りました。それがイエスから来たとわかったからです。神が語られたというこの出来事を思い起こすために、彼はキャロルに、この言葉を繰り返すように、何日も続けて頼んでいました。

スコットランドを訪れている間、エジンバラの人々に神のメッセージを証しし、講演をしなければなりませんでした。大きな妨害がありましたが、何とか講演までこぎつけました。ホールにいたほとんどの人々がローマ・カトリックでしたが、演壇から遠く離れた所にプロテスタントの人々も座っていました。

私が話し始めるのを待っている間、聴衆の一人が「この少女は誰だ？　どうしてヴァスーラが出て来て話さないんだ！」と言いました。

周囲にいた人々が彼に言いました。

「でもあれはヴァスーラだよ！」

私の顔つきが突然とても若くなっていたので、彼は驚いたのです。

私がロザリオを唱えることから始めましょう、と聴衆に言うや否や、プロテスタントの人たちはホールを出ようとうなずき合いました。彼らは立ち上がり、最後に私を見やりましたが、その途端、まるで電気ショックを受けたようになってしまいました。なぜなら、そこに見えたのは私ではなく、キリストご自身が、私のいた場所に立っておられたからです。彼らは目をこすりながら凝視し、衝撃を受けて再び座りました。そこに残ってロザリオの祈り方を学び、神が語られることを聞いてほしい、とキリストが望んでおられるのが彼らにもわかったのです。私が神のみ言葉を届けているだけでなく、天使祝詞（アヴェ・マリアの祈り）も届けており、この祈りは尊ばれるべきだということに彼らは気づいたのでした。

１９９０年代のはじめ、ある修道女が、アメリカで証しをするようにと招いてくれました。司祭だった彼女の弟から強い反対と迫害を受けながらも、集いを企画するために熱心に働いていました。キリストのメッセージの信憑性《しんぴょうせい》を確信していたので、彼女はあきらめませんでした。しかし、私が到着した時、彼女は元気がなく、意気消沈していました。

彼女は私を歓迎し、修道院の部屋に案内する前に、急いで私の荷物を持ってくれました。その荷物を置いて、私の方を見ようと振り返ると、私ではなく、主ご自身が目の前に立っておられるのを目にしたのです。その抱擁の中に彼女を迎え入れるように、両腕を大きく広げておられます。私はもうそこにはいませんでした。感極まった修道女は、イエスの腕に倒れ込み、むせび泣きました。イエスの髪が頬に触れ、その腕が彼女を包み込むのを感じました。それはまるで、「よく頑張ったね、私の子よ。私のために様々な試練をよく乗り越えた——私の使者を暖かく迎え、メッセージを擁護するために。もう心配することはない。私が共におり、すべてを掌握《しょうあく》している」と伝えておられるかのようでした。体を離し、もう一度見てみると、彼女が見たのは私でした。私には何が起きたのか、さっぱりわかりませんでした。

——「光る粒」のしるしについては？

このしるしは、トルコへの巡礼中、黙示録の七つの教会を訪れた時に与えられました。巡礼者は皆、講演のほとんどが行われることになっていたホテルに集まっていました。私は講演する予定だった集まりが始まる前に、部屋で休んでいました。準備していた一致についてのスピーチ原稿を見直しながら、少し付け足したり、変更を加えたりしていたのです。

会議場に集まった巡礼者たちの前で、私は一致についてのスピーチを読み上げ、全員が注意深く耳を傾けているのがわかりました。スピーチが終わり、自分の部屋に戻る途中、友人が私の顔を指差し、口の周りや頬が光る粒だらけだと言うのです。たぶんリップクリームよ、と彼に言い、あまり気にしませんでした。ところが、自分の部屋に入ると、化粧台に光る粒が付いていることに気づきました。見回すと、床一面に敷かれた淡いベージュ色のカーペットが、虹色の光る粒で覆われていたのです。光る粒はどんどん増え、あらゆる物の表面に広がっていきました——電話、ランプ、ベッドのシーツに至るまで。どこもかしこも、部屋の隅から壁のへりまで、たくさん付いていました。洗面所にも、全く同じ、色とりどりの光る粒が広がっていて、鏡に写る顔を見てみると、顔中が光る粒で覆われていたのです、特に口の周りに！　まるで天使がやって来て、光る粒を所かまわずまき散らし、爆発的効果を演出したかのようでした。

廊下に出てみると、私の部屋のドアにも、左側から右側にかけてたくさんの光る粒がついており、またもや色彩が爆発したかのような印象を与えていました。廊下を歩いて、他の部屋のドアにも光る粒のしるしがないか探してみましたが、ありません。私の顔に粒がついているのを最初に見つけた友人を呼ぶと、彼は他の友人も連れて来て、私の部屋が輝くばかりになっているのを見に来ました。量が膨大なだけでなく、あまりにもたくさんの美しい色彩が、彼を驚かせました。

彼は光る粒の現象のことをすでに知っていました。とても信仰の篤《あつ》い彼の友人が、この賜物に与ったことがあるのを見たことがあったからです。この友人自身も顔や、持っている聖具すべてに光る粒がつくのを経験していました。彼の友人の家は、毎日のように光る粒を受けていましたが、一度に一色だけでした。調べてみたところ、この光る粒には名前があり、スペイン語で「霜《しも》」という意味の「エスカルチャ」(escarchas) と呼ばれていることがわかりました。科学者たちがこの発生について分析したところ、これは一種の生物なのですが、プラズマのようなもので、紙やアルミニウムではないということがわかりました。この世のものではない何かなのです。

その翌日、私は神秘主義と神秘的現象の専門家でもあられるルネ・ローランタン神父に、このことを打ち明けました。彼はただこう言いました。

「それは神からのしるしです。神はあなたが神の栄光を称えたのを感じとられ、あなたと共にいることを伝えようとされているのです」

自分のスピーチに自信がなかったので、彼の言葉を聞いて安堵のため息がでました。このしるしによって、一致に関する私のスピーチは、神が本当に私に話してほしかったことであること、そして、それによって神が栄光を受けられたことがわかり、私は安心しました。このしるしによって、私がスピーチに付け加えたものは私から出たものではなく、聖霊によるものであったことがわかりました。そんな時に、写真を撮ることにまで思い至りませんでしたが、光る粒を目撃した二人の証人がいます。

――シェキナのしるしについてはどうですか？

神の栄光と現存を示す現象の一つとしてよく知られるものに、シェキナがあります。これは通常、写真の中に現れます。カメラは高い感度を持っているからです。聖なる場所、神に身を献げた人々、メダイや十字架などの聖具、人々が神のみ名によって集う所に現れます。雲のように見える白い霧状のもので、光の柱、または火の柱と呼ぶこともできます。どちらの名前も旧約聖書の中に出てきますが、イスラエルの民が、夜間は火の柱に、昼間は「雲」に導かれて砂漠を横断した時のことです。

現代社会では、多くの人々が、自分たちは物質界にのみ存在していると信じています。良くてせいぜい九十年の寿命だと。これはまやかしです。なぜなら私たちはただの物質などではなく、魂であり霊でもあるからです。天国という霊的世界で永遠に生きる、高貴の生まれなのです。そうです、私たちは消えゆく物質の世界よりも高位の存在であり、王に属する、もっと威厳あるものとして創られました。ある時天使が教えてくれました。私たちが生きている場所では永遠に続くものは何もないけれど、彼の住む所ではすべてが永遠に続くと。またこうも言いました。私たちが「人生の終わり」と呼ぶものは、永遠のはじまりに過ぎないと。ですから、私たちは単なる物体でもなければ、この物質世界で偶然発生したものでもないのです。

これらのしるしはすべて、ただ一つの目的のために与えられます。主に従い、私たちの生活を絶え間ない祈りへと導くという目的です。私たちは皆、誰一人の例外もなく、神に召されています。この地上をその罪深さから楽園に変容させ、それによって地上を栄光へと導くようにと。私たちの地上を光る粒、「エスカルチャ」で満たしましょう。主イエス・キリストのきらめくお姿を私たちも取って、光となりましょう、主の光に吸収されて消えゆくほどに。夜は更けましたが、彼らは更に知りたい様子で、また会いたいので家まで来てもらえますかと私に尋ねました。

＊1 大天使聖ミカエルのこと。
＊2 煉獄の最下層。
＊3 「ic」の文字はイコンによく見られる表記で、ギリシャ語で「イエス・キリスト」を意味する。
＊4 正教会で頻繁に唱えられる「イイススの祈り」。『神のうちの真のいのち・祈りの集いのガイドライン』参照。（訳注）

# 12章　主の日

翌日彼らに会うと、腰を下ろした途端に、私の体験について質問し始めました。神が本当の私自身を――それが神の目にはどのように映るのかをお見せになり、私の霊魂の姿を啓示された時のことをです。いつかイエスが言われたことを思い出しながら、彼らの招きに応じました。

**「私の憐れみを次々に示すことによって、この世代を救おうと心に決めた。喜びなさい、私の声が歌う旋律を聞くすべての者たちよ。あなたの神である私のうちに、心ゆくまで満たされるように」**（2000年2月12日）

皆が集まると、すぐに私は言いました。

「まずはっきりさせましょう。神は火であられます……」

彼らの目を見ると、私の言っていることを理解していないのがわかりました。遠回しな言い方はしたくなかったので、こう付け加えました。

「これは主の日と呼ばれています。私自身の経験から言うと、『選択の日』あるいは『火の洗礼』とも名づけられるわね」

皆はまだぴんとこないようでした。

「この日は、いつでも、誰にでも、突然訪れます。私の場合のようにね。私と同じように、この日をすでに体験して、火をくぐり抜けてきた人が他にもいるのを知っているわ。この火は彼ら自身を焼き尽くし、悔恨《かいこん》へと導くの。これを体験している時は、まるでその瞬間、神がこう言われているようなものなの。

**『来なさい！　私が見えないふりをしているあなた、ちっぽけな人間よ。さあ、来なさい！　あなたは人生をすっかり台無しにしてしまった。私の目はあまりに清いために、あなたの異教的なやり方を見るに忍びない。言ってみなさい、私なしで、どこへ行くと思っているのか？　いつまで私に反逆し続ける気か？　か弱い人間よ、あなたを救うため、あなたを墓の外に出して生き返らせるために、私は無限の憐れみによってあなたを見つけ出す、松明《たいまつ》を持って暗い洞窟の中に入って行く者のように。あなたの振る舞いを一つ残らず精細に調べるため、あなたの霊魂の中に入って行く。そして、私ではないものすべてに火をつけ、根こそぎ焼き尽くそう』**」

やっと彼らと通じ合ったのを感じました。彼らは尋ねました。

「私たちはみんな、その霊的な火を体験するのですか？」

「そうよ。一人残らず、恐るべき主の日を体験します。誰一人として逃れることはできないわ。本当の審判の日の前に起きる、小審判みたいなものね。私なら、いま、まだ地上にいるうちに体験できるようにと祈るでしょう」

これは彼らを驚かせ、混乱させたようで、彼らは尋ねました。

「どうしてそんなことを言うんですか？」

「なぜかと言うと、この火は私たちの数え切れない罪を見せて、そこから私たちを解放してくれるから。『神の憐れみの業《わざ》』と呼んでもいいわね。神は愛であられます、燃き尽くす火としてご自分を現される時でもそれは同じ。この清めの火は、後になって煉獄《れんごく》で経験するよりは、地上で経験する方がずっといいのよ。なぜかって？　それは、私たちの人生が絶え間ない祈りとなって、神をお喜ばせすることで、死後、煉獄で過ごさねばならない期間が短くなるから。煉獄の霊魂の苦しみは、神から引き離されているせいでずっと強烈なのよ」

「1986年、神はご慈悲によって、私に煉獄のヴィジョンを見せてくださった。そこは、もし神が火と共に私を訪れてくださらなかったら、私が行くことになっていた場所よ。ヴィジョンの中で私は、真っ暗な煉獄の地面に、右半身を下にして横たわっていた。弱り果てて起きあがることもできずに――死に瀕していたわ。私は六歳くらいの子どもの姿で、痩せこけていて、頭には髪がほとんどなくて、短い毛がほんの少し生えているだけ。頭上の『空』は真っ暗で、一筋の光も見えない。それから、喘息《ぜんそく》みたいに苦しそうな自分の息遣いが聞こえたわ。その暗くて寂しい場所で、『誰か』が自分のそばに立っておられるのを感じた。周囲一面が真っ暗で、空虚で寂しかったから、このお方のわずかな現存だけで慰められたわ。突然、このお方は私の上に屈まれて、ご自分の胸の高さまで私を抱き上げられた。み顔を見ようと、頭を回そうとしたけれど、できなかった。けれど、自分がこの方にとても愛されているのを感じたわ。一目見るために、左側を見ようとするのだけれど、それすらままならない自分の姿が見えた。白目は黄ばんでいて、これほどにまでに病んだ自分の姿を見るのはショックだったわ！　私は残っていたわずかな力をふりしぼって、痩《や》せた小さな手を必死に伸ばして、このお方の大きな袖を放すまいとつかんだの。すると、この哀れな素振りに、聖なるお方のみ心が、憐れみと悲しみの叫びを上げるのを感じた。何という憐れみ、何という愛！　そして私をご自分の家に連れて行って癒やすために、本当に優しく、そっと運んでくださった。見張り番のように、私から目を離すことなく、愛情深い母親のように私を養ってくださった。そしてその愛で私を癒やしてくださったの」

そこで神は言われました。

**『私、神は、あまりにも惨《みじ》めなあなたを見て、憐れみでいっぱいだった。娘よ、あなたを私へと引き上げ、罪を癒やした。私を見分けてもらいたかった、あなたを愛するあがない主なのだから。あなたを癒やし、祝福した。私のマントを広げ、共に分かち合いたいかと尋ねた』**（『私の天使ダニエル』１９８６年12月2日）

「神のお言葉には本当に心を打たれたわ」

居合わせた人々は言葉を失っていました。私は続けました。

「だから、私たちの霊魂が悔い改めへと導かれるように、自分の罪が神の目にどう映るかを見て、今、清めていただく恵みを神に願うべきなのよ。だけど、この神の火の働きは人によって違ってくる。それは私たちが霊的にどの段階にいるか、私たちと神との関係によるの。主の日というのは、言い換えれば、突然の『地上の生活への神の訪れ』、『火の洗礼』、あるいは『聖霊による洗礼』

とも言えるわね。ヴィジョンを見たり、天使と話したことがなくても、神は私たち一人ひとりを訪れてくださる。誰も主の日を免《まぬが》れることはできないし、誰も逃げることはできないの。神の『定めの書』に記されているから。この火を体験する間、私たちはどちらかを選ばなければならない――完全に神に征服され、ご意志に従い、「戦いに敗れる」か。神に勝てると考えて反逆し続けるか。私たちの霊魂の暗黒の暗闇から抜け出すには、自分たちが抱えているものを霊のうちに見せてもらう必要があるの」

聞いていた友人たちのうち何人かが言いました。自分も同じような経験をしたけれど、そこまで激しい苦しみは感じなかったと言いました。一人が思わず口にしました。

「だけど、すごく怖いわ！」

私は答えました。

「そうね、主の日は恐ろしく聞こえるけれど、怖がることはないわ。神が言われた通り、これが過ぎれば、限りない喜びが得られるのだから。神の輝く現存の喜びを受けて、私たちの創造主をもっと理解して、神とより親密な関係を得られるようになる。何よりも、この霊魂の啓示は私たちを正しい道に引き戻し、霊を刷新するの。主は言われました。

**『刷新が行われると、多くの者が私自身をまとうようになり、すべての天使と聖人は、私の聖霊の賜物に感謝を献げるだろう』**

つまりこれは、神が私たちに差し出しておられる素晴らしい贈り物なのよ」

私はノートを広げると、この日がどのように全地に降《くだ》るのか、神が語ってくださったことをさらに読み上げました。

**「私に反逆し続け、今も頑固に反逆している者たちは、その日を味わい、その日が担うもののすべてを味わうことになる。それはこの罪人たちの上に落雷のように突然降《くだ》り、恐るべき火のごとく、彼らは人間の松明《たいまつ》へと変えられる」**（2002年6月1日）

すぐに私は言いました。

「怖がらないでね。神が説明しておられるのは、地上がどんなふうに霊的な火で焼かれるのか、私たちの意識がどんなふうに啓示として顕《あら》わにされるのかということよ。この神聖な火は、その日、頑固な心を寛大な心へと変えるでしょう。そして世は苦しみ悶《もだ》え、その失敗と欠乏、堕落と無法ぶりを完全に認識するの。それと言うまでもなく、私たちが日々の生活においてどれほど、恥ずべきことに主の全能性を否定し、主の復活を否定してきたかということも。天がその日を開くと、神を否定した人、神に取って代わろうとした人たちが厳しく裁かれる一方で、愛に基づいて神の教えと律法を守った人たちは、火による試みを受けることはない。神は真《まこと》に彼らの神であられ、彼らが神を認め、生活の中で神を第一においていたから。この人々はもうすでに試みを受けたのだから……」

「人々は私に尋ねます、『この日はいつ来るのですか?』と。この日はすでに始まっていて、今も進行中です。大勢の人がすでにこの非物質的な火を体験しているわ。霊的でない人ほど、魂のうちに一層苦しむことになるの。すべてはその人の霊魂の状態による。神が言われたことをお話ししましょう」

「**物質を生活の中心にしてきた者たちは悲しいかな、その日が来る時、私は火として現れよう。多くの者たちが私の足音をすでに聞き、私の足跡を目にした。私自身を慈しみや灯火《ともしび》として示した、この恵みの日々に私を認めなかった者たちには、焼き尽くす火として姿を現そう。あなたたちに気づかぬまま私は通り過ぎてゆくなどと、どうして信じたのか？　主人は相応《ふさわ》しい報いを下すもことなく通り過ぎていくなどと、いまだに信じているのか？　それゆえ、日々悔い改めるのは善いことなのだ**」（2002年6月1日）

「罪深さのうちにある霊魂は、意識の中に霊魂の内面が露《あら》わにされると、恐怖に縮み上がることになるでしょうね。特に、それが神から来るものだと気づいた時には」

彼らがこのメッセージにまたもや抵抗しているのが見て取れました。そこでこう尋ねました。

「でも、みんなは自分の霊魂について真実を知りたくないの？」

一人が何とかこう言いました。

「もちろん知りたいわ。でも、怖いのよ。ポジティブな面についてもっと説明してもらえない？」

「ええ！　これが起こっている間、神はご自身の芳香《ほうこう》を私たちの霊魂の上に放って清められ、美しく飾ってくださいます。そして私たちの目からうろこが落ちる。現実の自分を見るという、途方もない恵みを与えられるの。神の火は、驚愕《きょうがく》のうちに私たちを無の状態まで小さくするけれど、恐れることはない、そう主は安心させてくださる。この過程を経ることで、私たちは神の側につき、霊魂があてもなく危険を冒《おか》すことがないように導かれるの。これは素晴らしいことよ」

「それが起きる前に、なにか警告みたいなものは与えられますか?」彼らは尋ねました。

「ありません。主はあらかじめ警告することなく『夜の盗人』のように来られるの。主が言われたことを読ませてください」


**「鳥の声が消え、さえずりが静まる時、私は静寂のうちにあなたたちを訪れ、すべての隠れた行い、善いものも悪いものも裁くことを心得ておきなさい」**（2002年9月13日）

私は説明を続けました。


「長年神と共に旅をした後、私のうちに何か素晴らしいものが湧き起こってきたことがあってね。それは、主の日を体験した後のことだったと確信しているわ。私は一人で物思いにふけっていて、神が何の準備も警告もなく、一瞬のうちに私に理解させてくださった時のことを考えていた。私は神のためだけに創られたのであって、自分の家族にも、自分自身にすら属さないんだって!」

「私は自由だった!　あらゆるものから、世界からも解放されたの!　どうやってこういう霊魂の状態になったのかうまく説明できないけれど、主は一瞬のうちに気づかせてくださった。私は他の誰でもなく、ただ神にのみ属しているということに。私は神のものだった。あの瞬間、それに気づかされた。私は地上では全くのよそ者に過ぎず、かけ離れていて、独自のものだということを確信したわ。この完全なる離脱と平静は、私に大きな喜びをもたらしてくれた。同時に、心の暖かさ、安心感と入り交じった解放感を、私の中にもたらしてくれたことを認めなくてはならないわね。もし私がＵＦＯを信じていたなら、こう言ったでしょう。

『私は異星人《エイリアン》。人間に属しているのではなく、この惑星から来たのでもない。違和感を感じるけれど、誰もそれを疑ったりはしない』

見た目はいたって普通で、外見的には一人の平凡な主婦に過ぎないけれど、内面的には、奇妙なことに、まるで神がただ一つの目的のために私を創られ、訓練されたようだった。その目的は、私を世に貸し出して、世の人々の中に混ぜられ、神のこだまとすること。そして神ご自身が私に口述された『神のうちの真《まこと》のいのち』と名付けられた愛の賛歌から、み言葉を伝えていくこと。手短に言えば、私は神の子どもで、神によって訓練され、神の利益を守るために地上に送られた、気づかれることのない『秘密諜報員』なのよ」

「私が創られた目的は、神のみ国を広めるために働き、証しをすること。私の中に深く刻み込まれたたった一つの目的は、神に仕え、自分を奉献すること。神はこの使命を、私が創られるずっと前に計画された。神がそう言われたの。歴史上においてこの特定の時点に、この特殊な使命のために私をお創りになったと。私たちの誰もが、地上で使命を与えられているのよ」

友人の一人が言いました。

「私たちがみんなマザー・テレサになれるわけじゃない。わかるでしょ、あんなレベルにはとても行けないわ。私はただの主婦よ。私の使命って何？」

「良い主婦になって、神があなたに与えてくださったものの面倒をよく見ることよ。神はいつも、それぞれがこの人生で尽くさなければならないことを、誰にも示してくださいます。でも何をするにせよ、愛を込めてしなければならないわ。私たちは誰一人同じではなく、みんな違う。大きさの違うコップを例にとってみるわね。それぞれのコップが愛と善良さで一杯に満たされているなら、コップの大きさを問わず、神は栄光を受けられます。それと、神からより多くの恵みを受け取った人は、より多くお返ししなければならないわ」

「私たちは、どんな地上の力も見劣りさせるほどの、この計り知れない貴重な宝を見つけなければならないの。驚くべき光できらめくこの宝は、例外なく誰でも手に入れられるように、私たちの目の前にあって、みんなの手が届く所にある。神は火であられるけれど、また光でもあられる。私は、自分でどんなに努力したとしても、心が高められて神に届くことはないとわかっていた。でも恵みを通して、神の神秘を発見するように引き上げられたの」

「私の信仰は回復して、神への愛に導かれた。その価値は、比べられるもののない真珠のよう。神の光は、神が私たちの前に置いてくださった宝を、霊的な目で見えるようにしてくれるの。それを見たなら、所有するために私たちは何もかも売り払うでしょう。それは『高価な真珠』――比べられるものはない。だけど、それを手に入れるためには、『主の日』を通過しなければならないの」

夜も終わりに近づきました。多くの人の胸に深く響いたようでした。彼らの何人かは証し人となり、メッセージに関連した超教派の祈りのグループを作りました。

## 13章　霊的な戦い

霊的な生活を理解する上で最も重要なことのひとつに、霊的な戦いが挙げられます。霊的な戦いとは、善と悪との戦いで、戦いの場は私たちです。この戦いは血肉に対するものではなく、支配と権威に対するものです。現代の霊的な戦いにおいては、私たち全員が参加者なのです。

イエスがある日言われたことを聞きましょう。

**「今日、大いなる戦いが繰り広げられている」**（１９８８年11月21日）

光と暗闇に共通するものはありません。善天使は反逆する天使（悪魔）の味方ではありません。天国には創造された目に見えない勢力があり、それらを座《ざ》天使、主《しゅ》天使、力《りき》天使、能《のう》天使と呼びます。私たちの周りには、邪悪な勢力と善い勢力が存在しています。神が備えてくださった善い天使の軍勢は、闇の勢力よりはるかに多数で、より強い力を持っています。

霊魂は不滅です。私たちは、実に多くの天使たちが堕落したことを学びましたが、後に人間の霊魂も同じように堕落し、その堕落は苦悩と罪、そして死をもたらしました。神が「光あれ」と命じて光を生んでおられなかったら、霊の世界全体が大混乱に陥り、ブラックホールに吸い込まれて消失する小惑星のように、闇に飲み込まれていたでしょう。

悪の勢力において、すべての悪霊たちの上に立つのがサタンです。サタンは一人の霊魂を失いつつあると感づくと、その霊魂が身動きできないよう麻痺《まひ》させるために、どんな手段でも使います。失う恐れのある霊魂に対しては、人々や状況、自然の法則のすべてさえも使うことをためらいません。この霊魂がいつか自分から離反して敵となり、自分の計画を壊そうとしているのを察知した場合には特に、あらゆるものをこの霊魂に敵対させます。

この悪の勢力は、肉体だけでなく、何よりも私たちの霊魂を破滅させたがっていることに気づきました。悪霊たちは、私たちが彼らと共に永遠に地獄に落ち、自分たちと同じように苦しむのを見たくてたまらないのです。大勢の人々を棄教に陥らせ、神を否定するように仕向けようとします。神が造られたものを害するために、やれることは何でもしたいのです。戦争、犯罪、国家間の憎悪、家庭や友情の崩壊、妊娠中絶、教会間の不一致と現在も続く分裂、こういったことのすべては、悪霊が何らかの方法で操っているのです。

悪霊たちは、神が私たちを愛しておられることに腹を立てています。神の協力者となって、彼らの邪悪な計画を脅かす者に対しては誰であれ、頭にくるのです。私たちを救おうと、神が思いやりと憐みを示されると憤慨します。私たちが神の子としての正当な立場を主張すると、嫉妬します。結局は戦いに敗北すると気づくと、絶望のあまり激怒しますが、その間にも彼らは激昂《げきこう》してわめき続け、神が愛し大切にしておられるものをすべて壊そうと、あらゆる手を尽くします。これは、私たちの心に群がって堕落させ、悪を行うように仕向け、私たちを地獄で悪魔たちの仲間に加わらせようとする闇の霊的勢力との戦いなのです。

地獄は天使たちの堕落の後、大天使聖ミカエルと、ルシファーとその手下たちとの戦いの後に創られました。そこが彼らの領地です。私たちは霊的な世界の存在を信じなければなりません。超自然を信じねばなりません。それは、物理的には見えない多くのものが本当に存在するからです。天国と地獄は実在します。

闇の勢力は増え続け、霧のように多くの国家を覆っています。にもかかわらず、この戦いの兆《きざ》しなど見られないと言うことはできません！　大多数の人々がこうしたことについて意見を交わすのを避け、話題を変えて、耳を閉ざす方を選びます。もし彼らが恐れているのなら、それは信じている証拠で、様々な理由により、この問題に近づきたくないだけなのです。しかし、もし私たちが霊的な目を開くなら、神の天使の大軍が、反乱軍の炎に包まれた戦場を囲んでいるのが見えるはずです。神が与えられたヴィジョンの中で、まさに私が見た通りに。

私たちは皆、この戦いに参戦しています。そして敵を打ち負かし、最後に勝利を収めるために使うようにと、祈りという武器が与えられています。真心を込めて祈る時、私たちは自動的に神の側につくことになるので、弱さのうちにあっても恐れることはありません。なぜなら、神の力は私たちの弱さにあって、最も強く発揮されるからです。

キリストが私にお与えになった使命は、教会の一致であり、それは私の能力をはるかに超えた任務です。けれども、神はご自分のみ腕の力を示すために、私たちの無力さと弱さを使われます。それは私たちが、自分の弱さのうちに神により頼むことによって、強くなれるからなのです。

イエスは言われました。

**「他の徳の指針となるように、あなたのうちに剛毅《ごうき》の徳を授けた。善が悪へと歪《ゆが》められてしまったこの時代の戦いに、あなたの霊魂を準備するために」**（1998年6月22日）

**「思い出させよう、小さな種子よ、あなたは私の預言者たちが皆戦ってきたものと、同じ戦闘を戦っている。強風が吹こうとも、あなたを飲み込もうと洪水がせり上がって来ようとも、何物もあなたに打ち勝つことはできない。私が共にいて、あなたの脆《もろ》さが持ちこたえるように保護しているのだから」**（1999年6月21日）

**「教会と証し人を忠実に擁護する者は誰でも、私たち（三位一体）にとって生ける松明《たいまつ》のようだ、彼らの言葉がこの世の暗闇を照らすゆえに。信仰と正義の戦いを果敢に戦うために、そしてあなたの時代のこの霊的な戦いに参戦するために、彼らには戦士の心を授けた。この時代には、卓越した力を持ち、勇敢な正義の戦士である大天使聖ミカエルとラファエルが、私の光を通して、人間の行動をあらゆる側面から注視している……」**（1998年6月22日）

神は、私たちがいかに脆《もろ》いかをご存じです。目標にまだ到達できないとしても、神を喜ばせようと「果敢に戦おう」とする私たちの真摯な努力を、神は見ておられるのです。神はこの戦いを引き継いでくださいます。主はこの戦いに介入し、私たちを困難から救うことを望まれます。それによって、私たちはそれが自分の力ではなく、神の力によることを思い出すからです。

この世の人生は一つの霊的な戦いであり、この戦いの最中、私たちは時に傷を負うでしょう。

戦いに敗北し、戦場に死して横たわっているように見えるかもしれません。しかしそんな時、イエスは御母《おん》であるおとめマリアにより頼むように求められます。イエスのお言葉です。

**「――終わりの時にある今日、私たち**（イエスと聖母マリア）**の二つのみ心と、真実を証しする私の子どもたちに対する戦闘が激化している時に、言っておく、祝された母のもとへ駆け寄りなさい、羽根の下に雛《ひな》を隠すめんどりのように、母はあなたたちをマントの下に覆い隠してくださるだろう」**（1996年4月3日）

**「もし世があなたにひどい傷を負わせるなら、あなたの御《おん》母を頼りなさい、そうすれば、母の愛と思いやりをもって、傷を手当てしてくださるだろう」**（1992年12月13日）

どんなに頑張っても、神が求められたことを果たすことができなかったことがありました。私はとても気落ちしていましたが、それまでなかったほどに素早くイエスが現れてくださり、とても父親らしい言い方でこう言われました。

**「心配しなくてもよい、あなたはまだ学んでいる途中なのだから。頑張っている姿を見ていた、それゆえあなたの努力を喜んでいる」**

そうは言っても、神と約束を交わした時には、必ず最後まで守り通さねばなりません。最初にあったやる気と善意の言葉が、口先だけで終わらないように、実行することでやり遂げねばなりません。最後の最後まで一貫して忠実であることは、神の誉れとなります。

証しをするよう招かれる機会が増え始めるにつれ、神が以前**「満たされて、あなたたちは多く**

**なる」**（1986年12月15日）と言われたのを思い出しました。これは、神が最初に言われたことを実現させるためのものです。神は謎めかしてこの言葉を予告されましたが、聖霊に満たされて神のみ言葉をこだまする私を通して、多くの人が回心する、という意味でした。神のメッセージを携えた私を、海を越えてあらゆる国に送ると予告されたのです。世界中に、まだ神を知らなかった人々のもとにさえ。そしてその通りになりました。私は全力疾走する走者《アスリート》のように、世界を股にかける人のように、多くの国々を旅し始めました。諸手《もろて》を挙げて私を迎え入れ、心を開いて神のみ言葉を受け取った人々もいれば、飛行機から降り立った途端に戦いに直面する時もありました。

**「白昼に公然と聖霊の訪れを耳にすると、恐怖が彼ら**（悪魔）**を襲う」**

ある時神はこう言われました。とはいえ、それは織り込み済みでした。

今や私は、強くなるために鍛え上げられ、片手にロザリオ、もう一方の手には十字架を持ち、それが私の無敵の武器でした。2002年1月7日、イエスは言われました。

**「私は恵み深い謙遜のうちに、身を低くしてあなたを選び、訓練し、競技者として鍛えた。自ら進んで戦場に赴《おもむ》き、私を喜ばせようと熱望するあなたを見て、満足している」**

私たちは皆、何らかの形でこのレースに参加しています。神のための仕事に携わるならなおさらです。神のために働くということは、戦地に送られ、最前線に配置されるということなのです。

レースは上手にスタートしなければなりません。私たちがレースを走り終え、神から与えられた使命がどんなものであれ全うし、勝利を収めて賞を取り、まさに聖パウロのように「わたしは、戦いを立派に戦い抜き、決められた道を走り通し、信仰を守り抜きました」（二テモテ4・7）と言えるように、神は励ましてくださるでしょう。それゆえ、神は私たちが戦場で強くあるために訓練することがおできになります。そして慌《あわ》てふためいて当てもなく走るのではなく、勝つという意志を持ち、聖パウロが言ったように、「だから、わたしとしては、やみくもに走ったりしないし、空を打つような拳闘もしません」（一コリント9・26）と言えるようになるために。

講演のためにプエルトリコに招かれた時のことです。現地の司教が、聖なる山と呼ばれる場所での集いを企画してくれました。そこには教会もあります。山頂には七千人もの人々が集まりました。ところが、司教が私を招待したことに聖職者の全員が賛成していたわけではなく、そのことが司教と聖職者との間に分裂を引き起こしていました。集いの準備中もずっと、教区のある司祭が私の訪問に関して、気の毒な司教に反対し続けていました。ローマ・カトリック以外のキリスト者は皆、教会分離論者だと言うのです。となると、ギリシャ正教徒の私は教会分離論者であり、カトリックの司教がそんな人物を講演に招くとは言語道断、となるわけです。偏見と傲慢は私たちの目を眩《くら》ませます。それはしばしば、私たちの心を閉ざさせ、悪を煽《あお》り、神が善とされるところに争いを生じさせます。

集いに到着すると、この司祭が、小さなテープレコーダーを持って前に座っているのが見えました。険しい山道を登って来たために、彼は汗びっしょりになって火照《ほて》っており、何だか申し訳なく思いました。講演の真っ最中、聖霊について話していると、突然、人々が非常に興奮して、私ではなく、太陽を見ていることに気づきました。大勢の人々の目に、太陽が周りに様々な色を発しながら、クルクル回転し始めたように見えたのです*。私も振り返って、この奇跡をほんの少しの間だけ目にしましたが、再びイエスのメッセージを読み上げました。その司祭もこの「太陽の奇跡」を目撃しました。ところが彼の反応は、私がこの奇跡に十分に関心を払わず、代わりにメッセージを読み続けたことを非難する、というものでした。

この驚くべき太陽の奇跡があまりにも強烈に、壮大に示されたので、私が読み上げていたメッセージに対する畏怖《いふ》の念を起こさせました。誰もが畏敬《いけい》の念を抱いていました。それまで疑っていた人たちが、私のところへやって来て、彼らは太陽が回転するのを見ただけでなく、キリストの聖なるみ顔を空に、そして私の顔の上にも見たと教えてくれました。私の上に重なり合ったキリストの聖なるみ顔は、悲しげで、茨の冠を被っておられ、顔全体に血が流れ落ちていました。ところで、悪魔は神の働きを真似することはできますが、神の神聖な顕示《けんじ》による栄光と威厳を偽装することはできません。それでもなお、その司祭はこの出来事の後、プエルトリコで私を大いに迫害し、ニュースレターで私のことを魔女、そして悪魔崇拝者《サタニスト》呼ばわりしました。

こういった数多くの戦いがありましたが、これはその中でも、神に仕え従うという貴い責任を果たすことができた一例です。ですがもちろん、多くの人と同じように、私も神に不平不満を言いました。

「私はすっかり物笑いの種になってしまいました……あとどれくらい、悪意のあることを言われなければならないのでしょう？　こちらが友好的に接しても、彼らは私を非難するのです。私がしてきたことは全部あなたのご意志であって、私が望んだことではありません。私の無実を擁護してくださらないのですか？」

神は次のようにお答えになりました。

**「私がそばにいるのだから、恐れることはない。こういった出来事は起きるままにさせておきなさい、この犠牲を通して、破滅への道をたどっている霊魂たちを獲得しているのだから。ああ、ヴァスーラ……いつか見せてあげよう、あなたを中傷する者たちが負わせた傷を通して、またあなたの償いの行いを通して、私が救った膨大な数の霊魂たちを……私の霊魂への愛はどんな理解も越えている。言っておく、惨《みじ》めな霊魂たちへの私の渇きは大きい！　どうして無関心でいられようか？　私のヴァスーラ？　どうやって？　国々の民の多くが棄教と反逆に陥っているこの時に？今日の反逆は、大反逆として知られる過去のもの**（詩編95・8―11）**よりもはるかに大きい。羊飼いは羊の群れを見捨てるだろうか？　私はあなたの羊飼い、そして私の小さな群れを愛している」**（1994年6月26日）

私たち人間は、試練を耐え忍ぶのが好きではありません。しかし、たとえわからないにしても、試練には立派な理由があるのです。私はいつも自分に言い聞かせます。この霊的な戦いで耐え忍ぶことはすべて、神の救いのご計画のために使っていただくことができ、また私自身のためにもなるのだと。私たちが神に属する時、神は私たちの十字架を「天の業《わざ》」としてお使いになることができます。神を拒否し、破滅に定められた霊魂を救うために。あるいは、私たち自身を清めるために、試練をお使いになることもできるのです。どちらにせよ、神はいつも善いことのためにお使いになります。

私たちの失敗についても同じことが言えます。２００２年1月7日、イエスは気づかせてくださいました。

**「あなたの失敗や欠点に関しては、私が欠けているところを満たした。あなたへのあふれんばかりの愛ゆえに、あなたが期待に沿えなかったことは、私が引き受けるように余儀なくされたのだ。父としての慈しみをもって、自分の幼子の落ち度を見守る父親のように、あなたのあらゆる落ち度を思いやりを持って見つめてきた。いつでも優しく助け出そうと、驚かさないように、愛の言葉をそっとささやきながら、どんなにあなたを、あなたの成長を大切に思っているかをもう一度示した」**

**「あなたが私の教会のために、そして私のために味わう苦痛に関しては、私の妹、私の大聖堂《カテドラル》よ、落胆してはならない。私のほんの一瞥《べつ》で、倒れたものを建て直す」**

**「……私の杯を見せた時、あなたは立ち上がってこう言った。**

**『イエスよ、そこから飲ませてください。あなたの慰めとなるのなら、何でもお献げ致します』**

**この申し出に感動し、喜んだ私は、あなたに寄りかかり、抱きしめた。私は両腕に小さなスイセ**

**ンを抱いていた。生まれたばかりで、やっと病いから回復したばかりだったが、それでも心がこもっていた」**

**「……あなたが断固とした態度で、祭壇に向かって決然と走って来るのを見た時、天からは大きな響きとなって歌声が聞こえた、『アレルヤ！　彼女を征服された主に栄光！』**

**この後、私はあなたの唇まで杯を持ち上げ、味わうだけで中身を飲み干さないようにと命じ、そして言った。**

**『私のもとに私の民を連れて来なさい。そして、一つの祭壇を皆が一緒に囲むようにさせなさい。私の名を尊び、すべての国々に、信仰による従順を説きなさい。分裂したままでいることがどれほど馬鹿げているかを示しなさい。私はいつもあなたのそばにいる』」**

私は励まされ、神の愛で満たされて、こう答えました。

「主よ、あなたの愚かなままでの愛によって、私を探して見つけ出してくださいました……八方ふさがりの困難の時には、あなたと共に空高く昇るために、私の霊魂を引き上げ、辛辣《しんらつ》な言葉から解放してくださいました……彼らは何度も私を打ちのめしましたが、私の霊魂を殺すことまではできませんでした。これからも決してできないでしょう、あなたが匿《かくま》ってくださいますから」

神は、預言者ダニエルの書が、どれほど私たちの時代と深く関連しているかを示してくださいました。ダニエルが見たヴィジョンの中で、麻の衣を着た男性がこう言いました（ダニエル10・5）。時の終わりには多くが清められ、真っ白に浄化されるが、逆らう者はなお逆らい、決して悟らない。目覚めた人々は悟る（ダニエル12・10）と。

これらの出来事はすべて、時の終わりに起きます。「**砦《とりで》すなわち聖所を汚し、日ごとの供え物を廃止し、憎むべき荒廃をもたらすものを立てる**」（ダニエル11・31）というのがそのしるしです。これが何を意味するかをよりよく理解できるように、神は私に示してくださいました。司祭が足りず、予算も不足し、信徒の参加が減ったために、どれほど多くの教会や大聖堂が売却されているかを。これらの教会は高級レストランやホテル、カフェテリア、そしてカジノになっています。

かつては神聖な儀式が執り行われ、神が礼拝された場所であったこれらの大聖堂で、聖なる祭壇は、バーやビリヤード・テーブルに変えられてしまいました。聖なる祭壇は、かつて司祭が聖変化を執り行った神聖な場所であり、キリストの永遠の生けにえであるパンとぶどう酒が聖別され、イエス・キリストのまことの御《おん》体と御《おん》血に変えられた場所です。

教会の深刻な事態を私に十分に理解させようと、神はある晩、夢を見せてくださいました。その夢の中で私は、教皇ヨハネ・パウロ二世（第264代ローマ法王、1978年―2005年在位）が、この全体的な棄教と反逆のために苦しんでおられるのを見ました。ローマが示され、自分がサンピエトロ大聖堂の中に初めて立っているのが見えました。大聖堂には誰もいません。辺りを見回すと、大理石の床が見えました――とても美しいものでした。それから恐ろしい光景が目に入りました。立派な祭壇の上を、蛇が這《は》いまわっていたのです。祭壇は放置されたままで、それを覆う布は汚れていて、あちこちに蜘蛛の巣が張っていました。教皇様はお一人で玉座に座っておられ、右腕を玉座の肘掛けに乗せ、こめかみを手で押さえながら、頭を預けておられました。じっと考え込んでいるようでしたが、実際には苦しんでおられたのです。イエスが私にわからせてくださったのは、管轄下にある大勢の人々が彼に盾突き、反逆していたために、彼は孤立していました。私はとても悲しく思いました。

それから、神は教皇様に宛てたメッセージを下さいました。私はつぶやきました。

「あなたの神聖なご意向のために、私のすべてを償いとしてお使いください」

ただ、大きな問題がありました。思うに、一体どうやって、私のような者がバチカンに行って、教皇様にメッセージをお渡しすればいいのでしょう？　今までも再三言ってきたことですが、ここでも言わせてください。天国の宮廷に入る方が、バチカンの中庭に入るよりも簡単です！　神にお会いしてお話しする方が、バチカンの高位聖職者に会って話すよりもずっと簡単なのです。ましてや教皇とは！　けれど、私はすべてを神のみ手に委ね、神が道を示してくださると信頼することにしました。今までにもまして、単純に従う必要があったのです。そういうわけで、私はローマへ出発しました。謁見の約束もなく、どうやって教皇様にお目にかかれるのか、何の手がかりもないままに。友人である一人の司祭と一緒に、鉄道で旅し、ついに、「永遠の都」ローマに到着しました。

ローマを訪れるのは素晴らしい体験です。どこを見ても、偉大なローマ帝国のなごりがあり、統治者たちがその短い人生を生き延びるために建てた記念碑があります。それらの遺跡の向こうに、今もそびえ立つ一つの建造物があります。偉大な使徒たちの遺骨の上に、何世紀にもわたって何層にも建てられた、サンピエトロ大聖堂です。バチカンの「玄関」ともいえるサンピエトロ大聖堂に着くと、その光景には驚嘆せざるを得ません。歴史上、最も才能ある偉大な職人たちの中の天才――ミケランジェロを含め――が周囲をとり囲んでいます。大理石と御影《みかげ》石のシンフォニー、畏敬《いけい》の念を起こさせる芸術、あらゆるものが、神への賛辞として設計されています。建築家たちは神の栄光を表そうと努力し――それが現れています。大聖堂の中に立つと、その雄大さのただ中で、私たちはただの小さな粒にすぎません。私は創造主に呼ばれてそこにいましたが、教皇様に会うために、どうやって中に入り込めばよいのか模索していました。

バチカン内の大ホールで行われる毎週水曜日の一般謁見で、教皇様が一般信徒を受け入れていることは知っていました。チケットがないと入場できないので、大急ぎで事務局に行って二枚入手しました。チケットは任意に配られ、囲いの番号と座席の列番号が記されています。特別な要望には応じてくれず、チケットに記された場所に行かねばなりません。中に入ると、神のご計画が進行中なのがわかりました。私たちのチケットに記されていたのは、教皇様が通られる側廊《そくろう》を囲うフェンスの、すぐ横のセクションでした！　もし私たちの席が他の場所だったら、これからやろうとしている常軌を逸した行為を成し遂げることはできなかったでしょう。

ホールは、世界中から集まった四千人の人々でいっぱいでした。皆喜びにわき、教皇様の到着を待ち望んで、興奮しながら大きな声で歌っていました。私は落ち着いていましたが、ここまで来られてよかった、と嬉しく思いました。さあ、私の「不可能な任務《ミッション・インポッシブル》」を実行に移さねばなりません。

教皇様が歩いて入って来られると、歓声は一層大きくなりました。演説を終えると、広い側廊《そくろう》をゆっくりと歩き始められました。まず始めに私の側を、それから反対側を歩き、通り過ぎながら人々を祝福し、決して止まることなく進まれました。立ち止まることは儀礼に反するからです。

私の方に近づいて来られたので、メッセージを書いた紙を取り出しました。教皇様は私の目の前で立ち止まり、私の方に向かって、後ろの列の人々を祝福されました。私は手を伸ばして、彼の手に紙を滑り込ませました。教皇様は、ご自分の手に何か入れられたのを感じたに違いありません。ですが、よくあることだったのでしょう、表情を変えずに私の手に紙を押し返され、ただ微笑み続けながら、落ち着いた様子で立ち去って行かれたのです。

心が地面にドスンと落ちてしまったように感じて、「どうしよう、失敗しちゃった！」と思いました。すると、信じられないようなことが起きたのです。私のすぐ後ろにいたポーランド人の司祭が、椅子の上に立ち上がって、ほとんど私の上に覆いかぶさりながら、喜びいさんで、ひっきりなしに教皇様を呼び続けていました。教皇様は振り返って彼を見ると、同郷のポーランド人だと気づいて微笑まれました。そして歩いて戻って来られたのです。通常は決してなさらないことでした。私のまさに正面にもう一度立たれ、その司祭の方を見上げられました。私は教皇様の腰に巻かれた幅広の帯に手を伸ばし、帯の中にメッセージをたやすく押し込むことができました。私がそうしていた時、後ろのポーランド人司祭は、不安定な状態で私に覆いかぶさっていて、体のバランスを取るために私の腕をつかんでいました。彼は知らず知らずのうちに、私の手を教皇様の帯に導いていたのです。そのとき、メッセージの片端が見えていて目立つことに気づいた私は、もう一度手を伸ばして、とんとんと紙をたたいて帯の後ろに全部しまい込みました。こうすれば、後で教皇様が住居に戻ってローブを外される時に、メッセージが帯から落ちて、読んでいただけるはずです。

驚いたことに、あれだけの警備官やカメラマン、大司教方が教皇様に付き添っていたのに、誰ひとりとして私のしたことに気づきませんでした。バチカンのカメラマンがまさにその瞬間を写真に撮っていました。私は安堵のため息をもらしました。任務完了です。私に同行していた司祭は、私がしようとしていたことを知っていたにもかかわらず、教皇様を見ることにあまりにも興奮していて、全く何も気づきませんでした。サンピエトロ広場に出ると、彼はうまくいったかどうか尋ねることすら恐れていました。起こったことを説明すると、まるでその場で津波に打たれたかのように、これ以上ないほどに衝撃を受けていました。その驚きようは、サンピエトロ広場のど真ん中で気絶してしまうかと思われるほどでした。

教皇様との初めての出会いからしばらく経った1994年の1月6日、主の公現の祭日に、私はまた教皇ヨハネ・パウロ二世の夢を見ました。白い祭服を着た教皇様がはっきりと見えました。

彼は私の向かい側に立ってこちらを見ておられました。お互いをよく知っているような感じでした。私と教皇様との間には、プラスチック製のクリーム色のダイニング・テーブルが置かれており、このテーブルは質素さを表していることがわかりました。私は彼の白い祭服をじっと見ていました。言葉を交わすことはありませんでしたが、お互いに心地よく感じていました。すると彼はテーブルにつき、食事が出るのを待っておられました。私はドキドキしながら、右側にあった食器棚から、彼のために用意しておいたデザートが載ったお皿を出しました。

彼の向かい側に座り、召し上がるのを見ていましたが、明らかにデザートを喜んでおられたようでした。食べ終えると、帰ろうと立ち上がられました。私はドアまでお送りしようと、慌てて彼の右側に行くと、杖をついておられることに気づきました。この杖もクリーム色で、高価な木製ではなくプラスチックに似た素材で、竹のような形に作られていました。杖を使いながらドアの方まで歩き始められましたが、杖を使っていても、歩くのが困難なようにお見受けしました（これは、現実の生活で教皇様が杖を使い始める少し前のことです）。

一瞬、転んでしまうのではと思い、私はためらうことなく、お許しも得ないまま、彼を支えようと右腕を取り、自分の首と肩にまわしました。教皇様は私の助けを拒まず、受け入れてくださいました。左腕を彼の腰にまわし、できるだけ私の左側に持ち上げて、背中で体重を支えました。こうすることで、彼の足が地面から少し浮くようになりました。左腕をまわした時、彼の肋骨に触れたのですが、あまりにも痩《や》せておられたので驚きました。ゆったりした祭服を着ておられたので、これほど痩せ衰えていたとは誰も気づかなかったでしょう。私の背中で支えている間、教皇様が私の助けを拒まれることはありませんでした。

この夢の後、主は私の思考のうちに、この夢を理解させてくださいました。教皇様は教会を表していました。このヴィジョンの少し前に、私の友人の司祭が教皇様に面会した際、メッセージを収めた本をお渡ししていました。その後、別のある司祭が、教皇様の私的な聖堂にその本があるのを見ていました。私の夢の中で教皇様が召し上がっていたデザートは、神のメッセージを表しています。デザートを召し上がったのは、教皇様が本を読んでおり、それを喜ばれたことを意味しています。このメッセージは、福音宣教の良い手立てなのです。

次に神が理解させてくださったのは、教皇様が杖をつき、助けを必要としておられ、祭服の下がとても痩せ衰えておられたのは、教会が憂慮すべきほど脆弱《ぜいじゃく》になってしまったことを表しており、それは世界中に棄教を広めてしまった、教会内部の分裂によるところが大きいということです。見た目は健康そうでも、教会は内部から弱体化しており、霊的な栄養を必要としています。教皇様を背負ったのは、私の使命はメッセージと証しを通して教会を支えていくこと、組織としての教会だけではなく、教会の神秘体を構成する、信仰を持つすべての人々を助けることを意味していました。

これは、以前にキリストが下さった、「**私の教会を一つに合わせて強固にする必要がある**」というメッセージの裏付けでもありました。もし教会が強固で健全だったなら、このようなことは言われなかったはずです。

分裂を克服し、人間のいけにえを要求するモレク神（レビ記18・21、20・2―5、列王記上11・7ほか）の口を縛り付け、棄教、戦争、テロリズム、犯罪などを終わらせ、主にしっかりとつかまっているためには、祈りが必要です。神は目に見えませんが、今も私たちの間に共におられます。最後に神がご自身を全栄光のうちに現されるときには、悪魔とその全軍を打ち倒されます。それまでの間、人々は、常に強力な戦士である大天使聖ミカエルの保護により頼む祈りを学ぶべきでしょう。この祈りは良いことに、悪魔を何年も黙らせることができます。毎日唱えるべき祈りです。

大天使聖ミカエル、悪との戦いにおいて、
私たちを守り、凶悪な企みに打ち勝つことができますように。
神の命令によって悪魔が人々を害することができないようにお願いいたします。
天軍の総帥、人々を惑わし、食い尽くそうと探し回っているサタンと他の悪霊を、
神の力によって地獄に閉じ込めてください。
アーメン。

＊「太陽の奇跡」は、１９１７年にポルトガルのファティマで七万人が目撃したことで知られている。（訳注）

# 14章　預　言

私たちが人生において立ち向かわなければならないのは、個人的な霊的戦いだけではありません。この世の物質的な試練もあります。この時代には、私たち全員に対するこういった試練はすぐに増えていくでしょう。私だけではなく、他の多くの人々にも啓示されていますが、私たちの罪によって、地球は苦しむことになります。神のメッセンジャーたち、そして神ご自身も、手遅れになる前に、私たちに変わるようにと懇願し、警告してきました。

神の目的は、私たちを正気に戻し、正しい決断を下すように励ますことです。それによって、将来の災難を回避するか、少なくとも軽減できるように。神が宣言される将来の出来事に関する預言的な予告は、通常、忠実な信徒に安心感を与えるもので、予告された出来事がどれほど深刻であるかを問わず、解決策を示さずにおくということはありません。

私が使命を果たしてきたこの歳月、メッセージを通して神が与えてくださった解決策は、いつも同じでした。一人ひとり個人に対しては、「心を入れ替えて悔い改めなさい」、教会に対しては、「和解して分裂を克服しなさい。この分裂があなたたちを弱体化させたのであり、分裂は恥ずべき不祥事なのだから。互いに毒矢を向け合い、自らの上に神の裁きを積み重ねるのはやめなさい」というものです。

メッセージに警告が含まれる時――それはこれから起こり得る何かを告知しています――警告は条件付きで、私たちの返答次第で、未来の出来事も変更されることがありえます。聖書のヨナ書はこの素晴らしいお手本です。神は、預言者ヨナを通してニネベの人々に警告されました。生き方を変えなければ、まもなく彼らの上に災難がふりかかって来ると。人々は忠告に従い、悔い改め、断食し、災害を免れたのです。

近年、神は、私たちが生き方を変えない限り、自らの罪が引き起こすであろう将来の災害を見せてこられました。とりわけ、２００１年9月11日に攻撃されたニューヨーク世界貿易センタービル（ツイン・タワー）と、アジアでの最初の津波については、象徴的に警告されていました。この事については後でもっと詳しく説明しますが、この二つの大惨事よりもはるかに深刻なのは、神が私に示された、地上を訪れる「火による清め」です。この火はハリケーンのように地上を襲い、地上の四分の三を破壊するでしょう。まずは預言について一般的な説明をさせてください。

預言はキリストの到来以前にも、以後にも、常に存在してきました。聖書には、キリストよりはるか以前、旧約の時代に生きた預言者エリヤは死ななかったと記されています。少なくとも私たち他の人々のようには、という意味においてです。それどころか、弟子のエリシャが驚きの表情で見守る中、彼は火の馬車で天に上げられました（列王記下2・11）。神が預言者に与えられた他に類を見ないこの特権は、エリヤの預言者としての任務は決して死なないという象徴であるとも解釈できます。一部の熱心な信徒たちの間には、すべての預言は、二千年前にほぼ完成した聖書と共に終わったという感覚があります。しかし、神が望まれる時に、お選びになった人に預言の任務を与えることがおできにならないとは、聖書のどこにも記されていません――神は大昔から、そのようにされてきたのです。重要なのは、新しい預言は、聖書のどの部分にも矛盾してはならないということです。矛盾は、そのメッセージは「神からのものではない」というしるしだからです。

旧約聖書のイスラエルの預言者は、「主はこう言われる……」という言い回しを頻繁に使いました。私が受けたメッセージの中でも、「聞きなさい……」という同じ様な言い回しが見られます。旧約の預言者が表現したように、神はご自身を一人称で、詩的に、威厳ある口調で、しかし優しさを込めて表されます。

預言の賜物は、教会の歴史において、また預言の対象となった人々の人生において、重要な役割を果たしてきました。この賜物は、聖霊の主要な賜物のひとつとして聖書に記されていますが（一コリント12・10、14・1）、同時に、教会の聖職者の一部からは否定的な反応を招く傾向がありました。なぜなら、神から与えられた任務を彼らが怠《おこた》っていることを叱責するメッセージを、神が何度も送られるからです。教会の指導者の何人かは、聖霊の導きと勧告は、自分たち自身からのみ来るものだと主張するでしょう――奉献され、選ばれた者として。そういった階級の外から来る、彼らを正す声はにべもなく拒否します。

それでもなお、預言者たちは教会の利益のために、教会内の声となり続けます。教会の歴史が示しているのは、神は小さな道具たちも同じようにお使いになることができ、実際にお使いになるということです――素朴で「無知」な人々、例えば、神学の心得などなかったジャンヌ・ダルクのような人々を。

預言者の任務は、神がそうするようにと言われた時には、歯に衣着せずに戒《いまし》めることです。もしそうしなければ、彼が責任を問われるでしょう。人々の間に絶望がある時、預言者は行って彼らを優しく慰め、希望を与えるように言われます。教会の人々が罪に陥った時には――虐待のスキャンダルなどに見られるように――神はこのような邪悪な行為を厳しく戒《いまし》められますが、同時に、彼らを正すために介入してくださいます。神は教会を正されますが、攻撃したり、破壊したりしようとはなさいません。神は、教会が破滅を免れるために警告を与えられるのです。悪が教会に打ち勝つことは決してない、と聖書は明確に説明しています。

「**陰府《よみ》の力もこれに対抗できない**」（マタイ16・18）

2000年2月12日のメッセージの中で、主ご自身が、預言者の役割について説明してくださいました。

「**私の預言者たちには、私の聖性のうちに、私を観想するように教え、私の高貴さに近づく許しを与えた。彼らが私の現存に直接触れて歓喜し、私の甘美さを味わうように。それゆえ、ただ一つの神学とは、加えて強調するなら、唯一まことの神学とは、あなたの神、私を観想することであり、至福の直感を前もって味わうことである。これこそがまことの聖なる神学。学識ある神学**

**者が自らの神学を論文に記すことによって、自身を預言者へと変えるのではない。そうではなく、私自らが、愛の塗油によって聖別し、神聖で特別な内的霊感に到達できるように、私の心のうちにしっかりと埋め込んだ者たちがそれだ。この霊感は、私の民に炎のように語られるべく、私の心の中に置かれている……」**

**「教会内のこの棄教を、永遠の昔から予見していた。しかしまた、あなたのうちなる私の救いの計画も予見していた。その時には、私は玉座より降《くだ》って来て、私の愛のテーマを神聖な詩歌として語り、私の限りない憐れみによる愛の仲裁をあなたに現し、あなたを通して他の者たちにも現すだろう。……」**

預言者として仕えさせることを望まれたなら、神は誰でも使うことがおできになります。1917年、第一次世界大戦の最中、主はポルトガルのファティマという村に聖母マリアを送られ、聖母は三人の貧しい無学な子どもたちに姿を現されました。聖母は、もし世界が悔い改めて神に立ち戻らないのなら、第一の戦争よりもさらにひどい第二の世界戦争が起こり、ロシアはその誤謬《ごびゅう》を世界中に広めることになる、と言われました。教会と世界の人々は、この警告を真剣に受け止め、直ちに行動を起こさなければなりませんでした。

ところがその代わりに、ファティマの子どもたちは不当な扱いを受け、聖母マリアの預言は無視されました。悲しいことに、聖母マリアが子どもたちに言われたことは、すべて現実となってしまいました。第二次世界大戦はファティマの出現の二十三年後に始まり、何百万もの人々が亡くなりました。ファティマの出現と同年である１９１７年に起こったボルシェヴィキ革命（十月革命）を皮切りに、共産主義が世界中に広まり、何百万もの人々が奴隷とされ、殺されました。

１９８０年代、ソビエト連邦とその他の共産主義国がまだ権力の絶頂にあった頃、ヨーロッパの共産主義が間もなく崩壊して、灰と化すとは誰も予想できませんでした。ところが、１９８８年１月４日、キリストが緊急に私の名前を呼んでおられるのが聞こえました。お声の調子から、大変苦しんでおられるのがわかりました。私は書き下ろすために、急いで鉛筆を取りに行きました。キリストは言われました。

**「私の愛する娘の一人が死んで横たわっている！　あなたの姉妹の一人が！」**

主がなぜソビエト連邦を私の「姉妹」と呼ばれたのかわかりました。なぜなら、この国の住民は、元来私と同じ正教徒だからです。

「誰が死んで横たわっているのですか、主よ？」

**「私の深く愛する娘、ロシアだ！」**

ここで、主が彼女を本来の名称で呼ばれたことにお気づきでしょうか。それから、主は切迫した様子で言われました。

**「来なさい！　さあ、彼女を見せよう！」**

主は私の霊魂をヴィジョンへと導かれました。自分が砂漠のはずれにある広大な荒れ地に立っているのが見えました。神は一人の女性を指差しておられました。彼女はこの砂漠の中、私の二、三メートル先にいて、灼熱の太陽の下で、死んで横たわっていました。彼女の身体は虐待のために痩せ衰え、死に際して、見捨てられてしまったようでした。ヴィジョンの中では、あらゆることを感じることができ、すべてが生き生きとしています。私は彼女の容体を目にし、どれほど主が悲しんでおられるかを見て、あまりにかわいそうで、わっと泣き出してしまいました。主は叫ばれました。

**「おお、泣いてはならない。……私の栄光にかけて彼女を復活させる。ラザロを甦《よみがえ》らせたように、私が彼女を甦らせる！」**

それから、主は隠喩《いんゆ》的な表現で説明してくださいました。ロシアと他の共産主義国はこの年月、主の家（教会）を焼き払い、無神論者になり果てたのだと。そして私に泣かないようにと言われました。なぜなら、主は今まさにロシアのそばにいて、彼女の心を温めようと、その上にみ手を置き、復活させ、主に栄光を帰すように、変容させようとしておられたからです。それから間もなく、ロシアの共産主義が終焉を迎えたという知らせを聞きました。この預言は１９９１年の８月、ロシア正教会の主の変容の祭日に、ソ連共産党の解体をもって現実となりました（八月クーデター）。ソビエト連邦は、公式には１９９１年12月25日、キリストのご降誕の祝日に消滅したのです！

１９１７年に、聖母マリアを通した神の警告に耳を傾けていたなら、私たちは途方もない苦しみを避けることができたはずです。神は今も同じように、私たちに警告を発し続け、悔い改めるように呼びかけておられます。

ロシアの神への回帰に関しては、さらに多くの預言を受けましたが、最も衝撃的だったのは、ロシアが、他の誰よりも神に栄光を帰す国となるように引き上げられ、多くの国々の先頭に立つようになる、という預言でした。主は、彼女の力強い復活を次のような言葉で強く表されました。

**「ロシアよ、あなたは生きる！」**

ロシアが最も強力なやり方でキリスト教を擁護することを示した、これらの最後の預言は、まだ実現していません。これは1993年12月13日のメッセージからの短い抜粋です。

**「言っておく、あなたの姉妹ロシアは多くの国々の頭《かしら》**（霊的に）**となり、やがては私の栄光となろう……彼女の羊飼いたちを、数えきれないほどの国々の頭《かしら》とする」**

次のメッセージは1993年3月17日、新しいローマ教皇フランシスコが選出される、ほぼ二十年前に与えられたものです。このメッセージは、偽の預言に耳を貸して惑わされないように、という警告でもあります。偽の預言は、教皇フランシスコが「偽教皇」だと、さらにひどいことに「反キリスト」であると、至る所でおおっぴらに、恐れることなく批判しています。教皇が聖霊に心が開かれておられるために、彼の周囲の多くの人々が異議を唱え、苛立っています。教皇の説教は大胆不敵で、一致のために折れることへの古い偏見や頑固さを一掃します。このメッセージは長いので、何行か選び出しました。

**「私、イエス・キリストは、私の司祭、司教、枢機卿たちに警告したい。ある大艱難《かんなん》について、**

**私のすべての家に警告したい。私の教会は大艱難に近づいている。覚えているか、聖別する私の霊によって、私に栄光を帰すようにとあなたたちを選んだことを。私の教会の頑丈な柱となるように、そして真理のうちに、信仰によって生きるようにと、初めからあなたたちを選んでいた。私の栄光を分かち合い、私の小羊たちの世話をするようにとあなたたちを選んだ。あなたたちに厳粛に言っておく、あなたたちはまもなく、火によって試されるだろう。試練を受けずに済むように祈り、断食しなさい。しっかりと立ち、教えられた伝統を守りなさい。何が起ころうとも私の教皇**（ヨハネ・パウロ二世とその後のすべての教皇）**に従いなさい。彼への忠誠を守り続けなさい、あなたたちに必要な恵みと強さは、私が与える。彼に忠実であり続け、彼に反逆する者からは離れるようにと強く要請する。何よりも、彼を追い払おうとする声に、決して耳を傾けてはならない。あなたの彼への愛が偽善的になるのを許してはならない。……私の敵は、狡猾《こうかつ》な話術であなたたちを買収しようとするだろう。悪魔はすでに仕事に取り掛かっており、破滅はあなたたちからそれほど遠くない。教皇**（ヨハネ・パウロ二世とその後のすべての教皇）**は大変な苦しみに遭うだろう。真理を宣言し、私の教皇に従うゆえにあなたたちが迫害されるのは、このような理由による。そしてまた、彼らがあなたたちを憎む理由でもある。なぜなら、彼らの行いが邪悪だからであり、悪事を働く者は誰でも、自分たちの破壊的行いが明るみに出るのを恐れて、まさに光を憎んで避けるからだ」**

私は言い続けます。「神はあとどれだけ沈黙を保たれるのでしょうか？」と。火に関する預言は非常に近いように感じます。

清めの火に関する最初の預言は、１９８７年9月1日のヴィジョンの中で与えられました。私は神に呼ばれました。

**「ヴァスーラ、あなたを私まで引き上げるヴィジョンを与える。天国がどんな風に現れるか、見せてあげよう」**

空が示され、それは星がある普通の夜空のようでした。すると変化が起こり、星の代わりに何か別のものが現れ始めました。恐ろしい何かが。画家のパレット上にある、絵の具の点のようなものが見えました。ある一色が支配的で、他のすべてをしのぎ、指揮しています。それは赤で、深紅色であり、まるでイースト菌が私たちの上に注がれたかのように増大し、濃くなっていきました。この預言はまだ実現していません。私たちには警告が与えられており、まだ心を入れ替える時間が残されています。赤くて濃い「絵の具」は、溶岩か、あるいは火だったのかもしれません。

神はさらに、次のように説明してくださり、この預言を拡張されました。主が言われたことはこうです。

**「時の始めから、ずっと私の被造物を愛してきた、しかし私は、被造物も私を愛し、私を彼らの神として認識するように創造した……時の始めから、私の愛を人類に示してきたが、私の義も同じように示してきた……世は絶え間なく私に背《そむ》き続けている。私としては、私の存在を彼らに絶**

**え間なく思い出させ、どれほど彼らを愛しているかを思い出させてきた。私の義の杯は満ちている、被造物よ！　……私の叫びは響き渡り、来たるべきことに震えおののく私の天使たちを置いたまま、天全体が震えている。私は義の神であり、私の目は偽善、無神論、悪徳を見ることに疲れ果てた。私の被造物の退廃ぶりは、ソドムの生き写しとなってしまった。ソドム人に雷を轟《とどろ》かせたように、私の義をあなたたちに轟かせよう。悔い改めよ、被造物よ、私が訪れる前に」**

憐れみ深い主は、私たちを罰することをお望みではありません。主は、私たちが健康を取り戻すために来てくださるのです。問題は、私たちが医者を必要とするほど悪いことをそもそも知っているのか、私たちは神の憐れみに気づき、感謝しているかということなのです。１９８８年５月４日、神は清めの火に関する別のヴィジョンを下さり、私は震え上がりました。私自身が外に立っているのが見えました。すると突然、火のついた、猛毒を含んだ破壊的な風が、自然界に吹きつけたのです。吹きつけられた木々は、瞬時に枯れて干上がり、焼け焦げました。それはまるで、火のハリケーンのようで、悲しみと死だけが残ったのです。人々は新鮮な空気を吸おうと逃げまどっていますが、息をした途端、まるで火を飲み込んだかのように、即座に内側から焼け焦げてしまいました。イエスは言われました。

**「時は差し迫っている、これまでにないほどに迫っている、さあ、来なさい、愛する者たち！　私のもとへ来なさい！　私は道であり、真理であり、いのちである。まだ時間があるうちに、私のもとへ来なさい。まだ草が青く、木々に花が咲いているうちに、さあ、来なさい！　あなたた**

**ちをことのほか愛している！　あなたたちの惨《みじ》めさと悪行にもかかわらず、いつも愛してきた……ああ、時が終わりかけている。[*1]　来たるべき事が、あなたたちのすぐそばにまで差し迫っている！」**

１９９４年12月18日には、さらにこう言われます。

**「私の教会はいつの日か、歓喜の声を上げるだろう。私の永遠の愛ゆえに、この棄教を、予告されていたよりも早く終わらせるからだ……最悪の時は来なければならないが、何事もすべて一度には生み出せない。御父は、力あるみ手を貧しい者たちに現されるが、棄教者と反逆者は、あらゆる不道徳な行いによって、東から襲う火の大嵐《ハリケーン》に焼き尽くされるだろう……罪人はその罪によって死ぬ。もし私の日の前に回心し、破壊してきたものを立て直し、自分の罪を認めるなら、私はその者をゆるし、彼は死なずに生きる、死ぬことはない。これが三たび聖なる私の掟である」**

主はこの火について何度も話され、警告してこられました。神がお話しになったことは比喩《ひゆ》的なものなのか、文字通りのものなのかといつも尋ねられます。この火は原子爆弾によるものなのか、自然に由来するものなのか――もしかすると小惑星によるものなのか――等々。私はこう答えます。

「私にはわかりません。ただわかるのは、神が話しておられるものは本物の火であるということです。神はそれに『火のハ、リ、ケ、ー、ン』と名付けてさえおられます。それはまるで、空気が引火したようなもので、神はヴィジョンで二度お見せになりました。これらの預言はすべて、『神のうちの真《まこと》のいのち』のメッセージの中に書かれています」

１９９1年9月11日、イエスは愕然《がくぜん》とするような預言を下さいました。それは、アメリカ合衆国にとって悲劇となることを後に証明するものでした。アメリカのツインタワーの大惨事の日から、ちょうど十年前のことです。メッセージの中で、主は人類に対して、とても気を害しておられました。悲しみに暮れたご様子で、このメッセージを私に書き下ろすように言われたのです。

**「……私の目は今日の世界を見下ろし、国から国を探し求め、次々と霊魂を調べている。少しでも温かさが、少しでも寛容さが、少しでも愛がないかと。しかし、私の好意を喜ぶ者は、ほんの一握りしかいない。わざわざ聖なる生活を送ろうとしている者は、ほんのわずかだ。そして日々は過ぎ去り、大艱難《かんなん》までの時は数えられている」**

するとイエスは突然声の調子を変えられ、厳《おごそ》かに言われました。

**「――地球は震えおののこう――そして塔のようにそびえ立つ悪は、どれも崩れて**（バベルの塔のように）**塵《ちり》の山となり、罪の埃《ほこり》の中に埋もれるだろう！　天上では諸天が揺れ、地球の基礎は揺れ動く！」**

そのちょうど十年後の２００1年9月11日、アメリカ史上最も激しいテロ攻撃の結果、ニューヨークで「塔」が崩れ落ちました。

9月11日の黙示録さながらの恐ろしい経験は、世界に衝撃を与えました。それはアメリカの人々を跪《ひざまず》かせたのです。しばらくの間、教会はいっぱいになり、人々は神に立ち返りました。都会生活のために、つっけんどんで神経質だと言われていたニューヨークの人々が、突然ゆったりし、お互いに優しくなり、人生において何が一番大切かということに焦点を合わせるようになりました。

しかしすぐに、このショックは収まっていきました。そして、悔い改めて真《まこと》に神に立ち返る代わりに、世界は以前よりも悪くなっていきました。こういった悲劇が、私たち自身の罪によって引き起こされたことを理解する代わりに、世界は神のやり方ではなく、悪魔のやり方に従い続けました。

２００４年12月26日、スマトラ諸島とインド洋の国々を津波が襲いました。23万人を超える人々が、多くの国で亡くなったのです。イエスはこの大惨事についても、それが起こる何年も前に、四回に渡って預言を下さっていました。

最初の津波の預言は、１９８７年9月10日でした。

私はノートにこう記しています。

「イエスは突然、私が忘れていた昨晩の夢を思い出させてくださいました。それは最近見たヴィジョンでしたが、私が見た夢の中では最悪のものでした。主は言われました。

**『聞きなさい、あなたが眠っている間にヴィジョンを見せた。あなたが感じることができるように。いいや、逃げ道は無い！』**」

私はこう書きました。

「巨大な波が襲ってくるのを見たのを覚えています。無理だとわかっていながらも、走って隠れようとしました」

主に尋ねました。「私たちを愛しておられるのなら、どうしてこんなことが？　なぜ？」

主はお答えになりました。「**私は愛の神として知られているが、義の神としても知られている**」

私は尋ねました。「これを止めるにはどうすればよいのでしょう？」

神は答えられました。「**あなたたち全員から、途方もない償いが今求められている。一致して一つになりなさい。互いに愛し合いなさい。私に信頼し、私の天的な業《わざ》を信じなさい。私はいつもあなたたちの間にいるのだから**」

１９９１年9月11日、ツインタワーに関する警告と同じ日に、イエスは津波について、二度目の警告を与えられました。

「**島々と海、諸大陸は突然、雷を伴った私の訪れを受け、火の訪れを受ける。私の最後の警告の言葉をよく聞きなさい、まだ時間がある今のうちに聞くように。私たちのメッセージ**[*2]**を読みなさい、天が語っている時に、あざ笑ったり、耳を塞いだりするのは止めなさい……間もなく、本当にもう間もなく、天が開かれ、あなたたちは審判者を見るだろう**」

そして１９９１年12月24日、キリストのご降誕の前夜に、三つ目の警告を受けました。クリスマス・イブに与えられたということには、特別な意味があります。私が理解したのは、最近のキリスト教徒たちのクリスマスの祝い方が、イエスをとても悲しませているということです。教会に行って、主の聖なるみ名を称えるべき時に、大勢の人々が、クリスマスをレジャー休暇や消費の機会にしています。イエスを賛美し、主のご降誕を称えるよりも、クリスマス・ツリーを飾りつけ、プレゼントを交換して、具合が悪くなるまで食べることに重きをおくことによって、キリストを攻撃しているのです。キリストは言われました、主のみ名を廃止するために、敵はゆっくりと、しかし確実に働いていると。数年ほど前から、クリスマス・カードからキリストの名が省かれ始めました。今日では、「様々な宗教に配慮して」という名目のもとに、「季節のご挨拶(Season's Greetings)」となっています。キリスト教徒が信仰を実践し、「クリスマスにキリストを大切にする」と、まるで誰かが本当に気分を害するとでもいうように。社会からキリストのみ名をはぎ取ろうとする、こういった試みが数多くあります。これらは、キリストのみ名を廃止しようとする悪魔の企ての一部です。

「反キリストはどこか？　いつやって来るのか？」と人々は尋ねます。

私は答えます。「反キリストはすでに私たちの間にいて、活動しています。世界からキリストのみ名を消そうと働いています」と。

１９９１年12月24日のメッセージで、キリストが次のように言われたのはこのためです。

**「今日、私は和解案と愛のメッセージを携えてやって来た。しかし地上は、私が与える平和を冒涜《ぼうとく》し、私の誕生の前夜に与えている愛は冷やかされ、あざ笑われている。人類は、私の名を抜きにしてこの日々を祝っている。私の聖なる名は廃止され、私の誕生の日を娯楽のための休日と**

し、人々は偶像を崇拝している。サタンは私の子どもたちの心に入り込み、弱り、眠っているのを見つけた。私は世界に警告を与えてきた……」

四つ目の最後の警告は、津波とその他の将来の出来事に関するもので、1993年2月18日に与えられました。

「見よ、雷鳴と火によって私が訪れる日は近い。しかし嘆かわしいことに、あなたたちの多くが気づかずに、深い眠りに落ちているのを見いだすだろう！　被造物よ、聞く耳を持たないあなたたちの耳を開こうと、私は次から次へと使者を送っているが、その抵抗と無関心には疲れ果てた……自分自身の声に酔いしれ、私の声に反対したが、それも永遠には続くまい、もうすぐあなたたちは転落する……私の教会は、あなたたちの分裂により荒廃してしまった。……地球は揺さぶられ、流れ星が軌道を逸《そ》れるように、山々と島々はもとの位置から根こそぎにされ、国中の人々が滅ぼされる。娘よ、あなたがヴィジョンで見たように、空は巻物を巻き取るように消滅するだろう（1990年7月21日、ノート44）。激しい苦悶が国民すべてに降りかかる。そして信じない者たちは悲しいかな！　聞きなさい、もしも今日あなたに、『ああ、しかし生けるお方が私たちに憐れみをかけてくださる。あなたの預言は神からのものではない、あなた自身の霊から来る』と言う人々がいたなら、こう言いなさい。

『あなたたちは生きていると評されるが、死んでいる。その懐疑によって裁かれている。私の慈悲の時に信じるのを拒み、私の被造物に警告を発して救おうと、代弁者たちを通して語る私の声

**が広まるのを禁じたからだ……』」**

科学者たちによれば、インド洋の海底で地震が起きて、津波が発生した時、地球全体が揺れてほんの一瞬止まり、通常の自転軸からはずれたそうです。地盤のずれにより、六百マイル（965・58キロメートル）以上の亀裂が生じ、海底はおそらく、水平方向に十ヤード（9・144メートル）、垂直方向に数ヤード動きました。スマトラ諸島は、もとの位置から数メートル移動しました。これは確実に人々の注意を引く大惨事でした。

津波のニュースに、私たちは皆衝撃を受け、動揺しましたが、神は警告を送ってくださらなかったと言うことは誰にもできません。神は、代弁者としてお選びになった人たちを通して警告しておられます。しかし私たちの反応といえば、大抵はこうです。

「こんな警告は必要ない。われわれには聖書があり、教父たちが書いた著作があるし、犠牲も祈りも欠かさず献げている。そこで、すでに与えられているものに加えて、キリストが私たちにこれ以上何を言う必要があるというのか？」

彼らは自分たちの耳を閉ざすだけでなく、神のみ言葉が広まるのを禁じ、妨害の上に妨害を重ねました。

津波がスマトラを襲い、はるばるアフリカまでたどり着いた後、世界は黙示録的な光景をテレビで目にしました。ほんの数分の間に住人と観光客の両方を犠牲にした、この天災の恐ろしい模様は、あまりにも痛ましいものでした――特に犠牲者の多くが子どもであったことを知った時は。

しかし、私たちはその後に続く「奇跡」も目の当たりにしました。浮かんでいた小さなマットレスの上で、生後二十日の赤ちゃんが生きているのが発見されたのです。小さなスウェーデン人の男の子も、元気に生きて発見されました。人々はお互いに協力し合い、無私無欲で困っている人々を助けました。悲劇は、私たち人間がどれほどか弱く小さいものかを――いかに神の計画に完全に依存しているかを――思い起こさせます。奇跡は、神と同胞たちを称えるように、私たちの心を元気づけてくれるのです。

しかし不幸なことに、これほどの規模の大惨事が起きて、罪なき人々の命が奪われると、すぐにそれを神のせいにする人々もいます。罪深い人類のせいではなく。多くの人々がこういう時にだけ神のことを思い出し、怒って神について話すので、さらに神を攻撃することになってしまうのです。彼らがこう言うのを聞くでしょう。

「もし神が善だというなら、どうしてこんなことが許されるのか？」

とはいえ、苦しみや悲しみは、時に思ってもいないことを人々の口にのぼらせるものです。こうした悲劇は辛ければ辛いほど、恵みの機会ともなり得ます。けれども、もし私たちが神の警告にきちんと注意を払っていたなら、いくつかは完全に防ぐことができたのです。

同じく１９９３年2月18日の預言の中で、もし私たちが心を入れ替えて神に立ち返らなければ地球を襲うであろう「暗闇の時」についても、神は語っておられます。

**「第六の封印が解かれようとしている**（黙示録６・12）**、あなたたちは皆闇に投げ込まれ、明か**

**りはもうない。巨大な炉《ろ》から吹き上げてくる煙のように、深淵から吹き上げる煙によって、太陽も空も暗くなるからだ**（黙示録9・2）**……あなたたちを地に押しつぶし、毒蛇も同然であることを思い出させよう……あなたたちは自分の罪に息を詰まらせ、窒息するだろう……暗闇の時が訪れたなら、あなたたちの内面を見せよう。霊魂をひっくり返して見せると、炭のように真っ黒なのを見て、あなたたちはかつてないほど悲嘆に暮れるだけではなく、自分の暗闇は周囲を取り囲む闇よりもはるかに深刻だと言って、苦悶のあまり、胸を打って悲しむだろう。……私は人間の生活を、これまでにないほどに乏《とぼ》しくする。そして私の憤《ふん》怒《ど》が鎮《しず》められたなら、私の玉座をあなたたち一人ひとりに据える。あなたたちは心と声を一つにし、一つの言語で、小羊である私をほめ称えるだろう」**

この一節から私が理解するのは、警告の日が訪れ、私たちの本当の姿と、霊魂のうちに抱えているものを、特別な方法で明らかにするということです。邪悪な人々は、神の光のうちに自らの霊魂の状態が露わにされると、苦悩し、衝撃を受けるでしょう。

神は、私たちの心の窓をのぞき込まれ、私たちの霊魂の闇のうちに呼び続けて、気づかせておられます。私たちは地球を危険にさらしているだけではなく、宇宙全体でさえも脅かしていると！

2000年3月8日、主は言われました。

**「天が今ほど、地上近くまで身を屈めたことはない。かつては、地上から溜息《ためいき》の一つや二つは聞こえてきたものだが、今やほとんど何も聞こえてこない。だからこそ、私はあなたを憐むように**

**心動かされるのだ、時代よ。死体から聞こえてくるのは、このような自慢気な声だ。『ほら！　私はペリカンのように、砂漠でも生きていける。フクロウのように、廃墟でも生きていける。神がいなくとも生きていける。私は神よりも上手くやれるのだから』」**

２００２年２月７日、神は世界とアメリカ合衆国に次のような警告を与えられました。

**「あなたの国家は、その奇怪な法制度とは異なる私の愛の掟のすべてに、真っ向から対立する統治を行っている。その法制度は、地球だけではなく、宇宙全体の安定さえも危険にさらすほどに、最も凶悪な犯罪を犯している……私は天から見ている、あなたたちの企みが、いかに自分自身に跳ね返ってくるかを。世界はすでに、自らがたどってきた道筋の結果を味わっている。自然が激変によって反乱するように挑発し、自然災害を自らの上に引き寄せ、その狡猾《こうかつ》な悪巧《わるだく》みは、自らを窒息させている。私はもう何年もの間、あなたたちを招いてきたが、気づく者はごくわずかだ。時代よ、この清めは今や、あなたの上に下る懲罰《ちょうばつ》のように、多くの者を私に引き寄せるだろう。私の警告をはねつけてきた者たちは、悲嘆にくれて私のもとへ戻るだろう……」**

世界全体は今や、自らの悪で荒廃しています。皮肉なことに、世界は平和を呼び掛けているのに、私たちの罪がその達成を阻《はば》んでいるのです。２００２年９月30日、主は私に言われました。

**「……壇上に立って平和を宣言する者たち……まさにこの者たちが、私の掟を破り、私に敵対している。平和をもたらそうなどと、正気で期待しているのか？」**

八十年代にイエスが私に近づいて来られた時も、警告を発しておられました。あの時でさえ、もうすでに御父の義の杯はいっぱいになっていたのです。主は何度も言われました。私たちが神の裁きを招いており、清めの火を自らの上に引き寄せているのだと。ですが、当時は条件付きでした。あれから十五年が経ち、イエスは言われました。主のメッセージが聞き入れられなかったために、神の裁きが完全に取り消されることはもうないと。

しかしながら、清めの火は軽減させることができます。どうやって？　生き方を改め、悔い改め、神のうちに真《まこと》に生きることによってです。償いの行為、心からの愛による行い、祈り、そして特に教会が和解し、ひとつの祭壇を囲んで一致することによって、この火を弱めることができます。

2008年1月7日、ちょうど午前三時十分過ぎ、聖母マリアは私を起こされました。人類が直面しており、戸口の外にまで迫っていると予告されていた出来事に、私たちは大変近づいていると聖母は言われました。それらの出来事は、神のみ言葉に対する世界の拒絶、悪意、偽善と無神論によって引き起こされるのだと。聖母は言われました。

**「地球は危機に瀕しており、火によって苦しむことになります」**

またこうも言われました。

**「神のお怒りはこれ以上持ちこたえることができず、私たちの上に下されるでしょう。人類が罪ときっぱり決別するのを拒否しているからです」**

そして、**「何年もの間、神の慈しみはできるだけ多くの人を神のもとに引き寄せようと、その**

**み手を伸ばして彼らを救おうとされていましたが、耳を傾ける人はごくわずかでした**」と言われたのです。

「**神の慈悲の時はもう長くは続かず、誰もが試みを受ける時が近づいています。地球はその内側から炎の川を吐き出し、世界の人々は彼らの無価値さと、心に神を持っていなかったための無力さを理解するでしょう。神は揺るぎなく、そのみ言葉に忠実です。神の家の者たちが試みを受ける時が来ました。その憐れみを拒んだ者は、神の火を味わうでしょう**」

この時私は尋ねました。私たちを迫害し、神の慈しみのみ業《わざ》を理解しない教会の人々についてです。聖母は、「**彼らも自分たちに値するものを受けるでしょう**」とお答えになりました。

聖母は続けて、犠牲について語り、私に求められました。

「**皆に思い出させなさい。私たちの創造主である神は、私たちがもっと完全に自分自身を神に献げることを求めておられます。犠牲と絶え間ない祈りを抜きにしては、回心したというには不十分です。神への愛と惜しみなさを示すには、様々な方法があります**」

「**神を本当に愛し、祝福された人々はこの日々、恐れてはなりません**」

祝された御《おん》母は言われました。

「**この苦難を耐え抜く人々は祝福されています**」

聖母は「**この神のみ業を分かち合い、推進する聖職者たちを喜んで**」おられます。

「**彼らは確信を持ち続けねばなりません。なぜなら、神の霊からの特別な恵みを受けており、こ**

**の霊を通して主のうちに、神の救いのご計画のうちに、力強く成長したからです」**

そして言われました。

**「キリストは、彼らに神の平和をお与えになります。もし誰かが神に仕え、自分自身を犠牲として献げるなら、火による裁きは彼らの上に厳しいものとはならず、彼らをいのちへと導いた神の呼びかけを、霊のうちに喜んでいることでしょう」**

**「多くの人々が脱落しましたが、多くの人々が高められるでしょう。多くが神のみ言葉を心のうちにしっかりと保つことに失敗し、与えられたみ言葉から逸脱しました」**

以上が聖母が下さったメッセージです。

２００９年11月28日、主は私を呼ばれると、これを広めるようにと祈りを与えてくださいました。それから、これを祈って神の憐れみを乞うように、私たちに求められたのです。主はこう言われました。

**「ヴァスーラ、私にこのように呼びかけなさい。**

**『心優しい御父よ、この時代をあなたの激しい怒りで打たないでください。彼らが完全に滅びてしまわないように。苦しみ悲嘆にくれるあなたの群れを罰しないでください。水が干上がり、自然が枯れてしまうことのないように。すべてがあなたの激怒に圧倒され、跡形も無く消え去ってしまうでしょう。あなたの息の熱で地上は燃え上がり、ただの荒れ地と化してしまうでしょう！地平線から一つの星が見えてきます。その夜は破壊され、灰が冬の雪のように降り、あなたの民**

**を幽霊のように覆うでしょう。私たちを憐れんでください。神よ、私たちを厳しく評価しないでください。あなたのうちに喜んだ者の心と、彼らのうちにあなたが喜ばれたことを思い出してください。あなたに忠実な者を思い出し、私たちの上にあなたのみ手を振り下ろさないでください。むしろ、あなたの憐れみのうちに私たちを引き上げ、すべての心のうちにあなたの戒《いまし》めを置いてください。アーメン』」**

この祈りをいただいたとき、これは緊急のものだとわかりました。「**地平線から一つの星が見えてきます。その夜は破壊され、灰が冬の雪のように降り、あなたの民を幽霊のように覆うでしょう……**」という言葉を聞いた時は、特に衝撃を受けました。なぜなら、イエスがお声の調子を変えられ、とても厳粛な声になられたからです。私にはこの部分だけが、残りの祈りの文脈から外れているように感じられました。他の人々にも手伝ってもらい、私たちは世界中にこの祈りを伝え、すべての祈りのグループが継続的に祈りました。

四か月後の２０１０年3月20日、アイスランドのエイヤフィヤトラヨークトル火山が噴火し、膨大な火山灰の雲をもたらしました。火山周辺の地域の人々は避難しました。何人かの人が近くをビデオで撮影しましたが、空気中の灰の雲が人々を幽霊のように覆っていたために、二、三メートル先もよく見えないほどでした。すべてが灰に覆われて灰色でした。航空運航は停止し、多くの航空便がキャンセルされ、何千万ドルもの損害が出ました。世界中で旅行者が足留めを食らい、果物、魚などの生産物は商品保管所で腐り始めました。

2010年4月14日、火山が引き続き噴火する中、アメリカ中西部では、地平線上に輝く星（火の玉）が見られました。火山が一年半に渡って噴煙を上げ続けたことから、この見事な「星」は警告であったと信じます。しかしながら、近隣のより大きな火山が予想されていたような噴火を起こさなかったので、私たちの祈りは聞き入れられたのだと確信しています。

この祈りを私たちに与えてくださる時、神はこの隕石が地球に向かっているのをご存じでした。こう尋ねる人がいるでしょう、「神はなぜこの祈りを祈れと四か月前に与えたのか？ 大災害から私たちを助け出してくれるためではなかったのか？」と。この世の多くの人々は、無関心で無気力です。多くの聖職者が、神がご自分の民に話されるのを禁じ、み言葉を聞かぬようにと間違った忠告を与えて、人々が神のみ旨を知るのを阻《はば》んでいます。

しかしながら、もし私たちが、モーセの言葉を聞くのを頑固に拒否したファラオのように、時のしるしを無視するなら、手遅れとなってしまい、さらに悪いものが地球上に降りかかるでしょう。

こういった厳しさにもかかわらず、このメッセージは、陰鬱《いんうつ》と破滅の預言ではありません。神の甘美さと優しさが明らかにされています。この時代に向けたこういったメッセージや預言は、困難な時を生きる私たちへの、神からの贈り物なのです。すべては私たちの目を覚ますために、神の限りない慈しみから来ています。神の崇高な愛から来る呼びかけなのです。今は慈しみの時ですが、次は義の時がやってきます。なぜなら神は、私たちが神に永遠に背き続けることは許されないからです。

神のご計画を妨げることは誰にもできません。これはもう時間の問題なのです。イエスは私たちに尋ねられます。

**「時代よ、一致は訪れるだろう、だがどちらの方法によってか？　平和的な協定によってか、それとも火によってか？」**

選ぶのは私たちです。私たちは変わることを望むでしょうか？　もしそうなら、恐れる必要はありません。私たちは神のもの、神は私たちのものです。神に従う霊魂は勝利するでしょう。

＊1　イエスがこれらの言葉を話しておられる間、私は内的なヴィジョンの中で、熱く、致命的な、汚染された非常に強い風が、私たちと自然の上に吹きつけ、その通り跡には死だけを残していくのを見ました。触れたものはすべて死んでしまったのです。
＊2　イエスとマリア、二人の証人のメッセージ。

# 15章　奇　跡

私たちの注意をさらに引くために、神は、私の使命の周囲に多くの奇跡や不思議を与えてくださいました。これらは私の証しの最中に、または祈りを通して、聖霊によってなされたものです。以下はそういった奇跡のいくつかの例です。

１９９２年1月11日、アメリカのミズーリ州インディペンデンスの小さな聖堂で話すように招かれた時のことです。講話が終わると、可愛らしい若い女性が、毛布に包まれた四歳の息子を抱いて私の所へやって来ました。名前はカートでした。それまでの日々にずっとそうであったように、この日も、カートは熱があって歩くことができず、靴さえ履けない状態でした。激しい痛みに苦しんでいたのです。カートの母親は精神的に打ちのめされており、涙で顔を腫らしていました。小柄な修道女、シスター・メアリー・ルシルが彼女に付き添っており、母親の代わりに話してくれました。

「この男の子は死にかけています。若年性関節リュウマチを患《わずら》っていて、手足が不自由なのです」

カートは二歳の時、ミズーリ州カンザス・シティーのチルドレンズ・マーシー病院で診断されました。

男の子が、私を見ようと顔をこちらに向けたので、彼にはわかっているのだと知って私はショックを受けました。シスター・ルシルは続けました。

「彼のために祈って、額に祝福を与えてもらえませんか？」

母親は抑えきれない様子で、激しく泣いていました。私は同情のあまり、溜息が出ました。そして手を伸ばして彼の額に十字を切り、心の中で、主と祝された御《おん》母に必死に嘆願しました。「何とかしてください！」と、ただこの一言だけを言いました。男の子は直ちに癒やされたのですが、私たちはそれを知りませんでした。

カートと母親は聖堂を出て、家に帰りました。ところが家に着いても、この子はいつものように横になりませんでした。それどころか、彼は立ち上がってしゃべり、食べ物と飲み物を求めたのです。戸惑った母親は、検査をしてもらうために、息子を急いで病院へ連れて行きました。血液検査の結果には、その病気の痕跡は何も見つかりませんでした。

さて、私は自分がしたことや言ったことは覚えていますが、彼らが見たもの、彼らが聞いた私の言葉はそれとは違っていました。彼らが目撃したのはこうです。額を祝別した後、私はカートの両手を片方ずつ取って、手のひらに十字の印をしました。後から聞いたところでは、次に私は毛布を上げて、カートの足の裏に十字の印をしたそうです。それが済むと、私はまた毛布を上げて、背骨に大きな十字の印をしたそうです。それから、私は母親の方に向かって、「もしも if」ではなく「時には when」という言葉を使って、彼女にこう言ったそうです。

「あなたの子が回復した時には、ロザリオを教えてあげなさい」

このような事が実際に起こったことを、私はまったく知りませんでした。けれど、小さな男の子は治り、後に母親にこう言ったそうです。

「ママ、あの女の人を見たら、とってもきれいだったんだ。あの人が僕の背中を触った時、手が冷たくて痛かった」（癒やしの最中に、彼は少し痛みを感じたのかもしれません）

「それから、この美しい女の人は、天国を少し見てみたいですかと言って、僕を上まで連れて行ったの。それで天使を見たんだ」

その二か月後、彼らの目から見たこの出来事の話を聞いて、私は卒倒しそうになりました。

これは、神が完全なる沈黙のうちに起こされた奇跡でした。母親と修道女は、男の子と一緒にアメリカの多くの都市を訪れ、この奇跡を証ししました。病院の書類を全部そろえて私にくれたので、私はそれをバチカンに届けましたが、書類を受け取ったという返事は一切私のもとには届いていません。とはいえ、私も書類のコピーを保管しています。それ以降、何度かこの男の子に会いましたが、最後に会った時、彼は私より背が高く、ハンサムで素晴らしいティーンエイジャーになっていました。一緒にソフト・ドリンクを飲みながら、彼は私に尋ねました。

「神様は僕を癒やしてくださったけれど、僕に何を求めておられるのかな？」

私は笑って言いました。

「ただ神を愛し、喜んでいればいいのよ。神はあなたに命を返してくださった。これは神からの贈り物よ。だから喜んで」

カートの祖父は、アメリカの雑誌に、奇跡の癒やしについて次のように寄稿しました。「1992年1月11日、シスター・ルシルは私の娘の手を取って、孫をヴァスーラのもとへ連れて行ってくれました。ヴァスーラは「どこが悪いのですか?」と聞き、天の御父とイエスに、そして祝された御母《おん》に癒やしてもらえるように祈りました。彼女の祈りを通して、カートは癒やされたのです。カートはもう薬も飲んでいませんし、関節炎に関する健康問題はすべて消失してしまいました。ヴァスーラの祈りを通して、カートは神から賜物をいただいたのです。これは神の完全なる愛と慈しみの一例にすぎません」

カートは祝された御母を見、そして自分の天使だけでなく、他の人々の天使も見ることができる賜物までいただいたのです。私が証しを行った何年かの間に、実に多くの癒やしの奇跡が起きましたが、わざわざ病院から書類を入手して私に下さったのは、カートのご両親だけでした。その他の癒やされた人々は喜んで立ち去りましたが、病院の書類を入手して私に渡そうなどと考えた人はいませんでした。

次の話は、スウェーデンのストックホルムに住んでいた、あるレバノン人女性に関するものです。彼女の肺には水が溜まっていました。彼女の娘はメッセージを読んでおり、私がストックホルムの教会で話すように招かれた時には、話を聞く機会を逃したくないと思っていました。着替えも済んで、出かける準備が整った時、病気の母親は、家に残ってそばにいてほしいと頼んできました。ところが、娘さんは私の話を聞きに行こうと心に決めていたので、説得のしようがありませんでした。母親は一人で家に残るのを拒み、娘さんについて行くことにしました。体調の優れない母親が一緒では遅刻してしまう、と娘さんは少しイライラしていました。

彼女たちが到着した時には、教会は人でいっぱいでした。一緒に座れそうな席は見つからなかったので、仕方なく別々に座ることにしました。興味深いことに、この母親は私――ヴァスーラについて――何も知らず、私の名前が男性名か女性名かさえ知りませんでした。後になって、母親は娘に、私がいた場所で話している人を見たら、それは髭《ひげ》のある男性だったと話しました。その男性を見ながら、彼女は肺に何かが起きているのを感じたのです。私のスピーチ中に、彼女の具合はどんどん良くなり、自発的に癒やされてしまいました。スピーチが終わると、彼女は急いで娘のもとへ行き、踊りながら、自分が癒やされたことを伝えようとしました。彼女は、母親があっという間に健康を取り戻し、生き生きとして元気になったことが信じられませんでした。母親が髭のある男性を見たと言った時、彼女たちにはそれがイエスだったとわかりました。私はこの話を翌朝、ストックホルムを発つ前に聞きました。娘さんが、大喜びで奇跡について教えてくれたのです。

そこから、私はデンマークのコペンハーゲンに行きました。午後に集いがあったからです。メッセージの証しを始める前に、集まった人々に、ストックホルムで起きた奇跡について話しました。そこにいた人々の中に、口蓋《こうがい》にがんを患っていた年配の女性がいました。この女性は次の日の朝、手術のために病院に行くことになっていました。奇跡の話を聞くと、彼女は胸を打たれて、心の中でつぶやきました。

「私にもそんなことが起きればいいのに」

翌朝、友人が彼女を病院に連れて行こうと訪ねてきました。しかし驚いたことに、女性の口の中にがんの痕跡はなく、しゃべっても痛みを感じなかったのです。話し方も良くなっており、今ははっきりと発音できていることに友人は気づきました。ようやく病院に行き、医者が彼女の口を診察すると、もはや口蓋に癌の痕跡がないのを見て、大変驚いたそうです。

主は他にも、世界中で、証しの最中に癒やしを与えてくださいました。アメリカでは白血病を患っていた引退した医者が、祈りと祝福だけで癒やされました。シカゴでは十四歳くらいの耳の聞こえない男の子が、私が手をおいて祈った時に癒やされました。ピッツバーグの会議では、参加していた松葉杖の男性のために祈ったところ、その晩、彼がベッドに入ると、足の痛みは消えて治っていました。

残念なことに、彼らに関しては、病院の書類は受け取っていません。この事は、イエスが十人のハンセン病患者を癒やした時のことを思い出させます。九人がユダヤ人で、一人がサマリア人でしたが（ルカ17・11―19）、イエスに癒やしていただいた後、サマリア人以外は全員、イエスに感謝することなく立ち去りました――意外なことに、サマリア人だけがイエスに感謝の気持ちを伝えるために戻ってきたのです。主が言われるのが聞こえました。

**「恵みは誰にも与えられる……」**

聖パウロがギリシャのロードス島を訪れ、「復活されたキリスト」について説いた事はよく知られています。彼にちなんで名づけられた、景色の良い小さな入り江があり、ギリシャ人は彼の軌跡に敬意を表して、入り江の上に小さな聖堂を建てました。その聖堂から数キロのところに、聖ネクタリオ修道院があります。この場所で、神は驚くような出来事を準備しておられたのです。ロードス島に住んでいた姉のヤヌーラの所を訪れていた夏、私はしばらく一人になりたくて、人里離れた場所で黙想するのがよいのではと考えました。そこで、知り合いの修道女二人が世話をしている、聖ネクタリオ修道院に行こうと決めました。

修道院が建っている周囲はとても美しく、私がそこに行くことは、まさに神のご計画であったに違いありません。なぜなら滞在中に、神は私たちがどれほど十戒を破っているか、どのように破っているかを説明する、とても長いメッセージを書き下ろすように私を呼ばれたからです。神は私たちがどれほど騙《だま》されているか、自分たちが十戒を守っていると信じ込んでいながら、実際にはそうではないことを説明なさりたかったのです。それはまったく驚くべき啓示でした。

修道院と教会を大きな松の木々が囲んでおり、丘の中腹の様々な種類のハーブが、夜遅くまで良い香りを漂わせていました。時折、丘で放し飼いになっているクジャクの甲高い鳴き声が聞こえてきました。修道女以外は誰もいません。修道女の一人は完全な盲目で、いつも大きく目を開いたまま眠るので、起きているのか眠っているのかわかりませんでした。たくさんあるとても簡素な部屋の一つに、一週間滞在させてほしいとお願いしたところ、快く引き受けてくださったのです。

ところが、そこに行く前に、私は自分の計画を友人の一人につい話してしまい、すぐさま一緒に行っていいかと聞かれてしまいました。彼女の申し出に私は不満でした。なぜかというと、黙想中に一番そばにいてほしくない相手だったからです。彼女は、地球上で一番のおしゃべりとして知られていました。そうです、途切れることのない長話で、聞くために一息つくこともありません。耳をつんざくような、こんなものすごいおしゃべりが周囲にいて、どうやって静かな安らぎを得られるでしょう？　そこで私にはアイディアが浮かびました。いいですよ、でも条件が二つあります。

まず一つ目は、沈黙の誓いを守ること。二つ目は、断食の誓いを立てて、一週間パンと水だけで過ごすこと。言葉を交わすのは短い休憩時間にほんの少しだけ、と約束しました。友人は果敢にも同意し、私はこれらの条件付きで、一緒に来ることを許可しました。

けれど、彼女はこの厳しいルールが守れず、四日目にはすっかり参ってしまいました。私は彼女が気の毒になりました。生きているというよりは死んだも同然で、顔はひどく青ざめていました。「何かちょっとだけ食べてもいい？　――トマトとか？」

彼女がそう言うと、私は笑って、何でも好きなものを食べていいのよ、と言いました。お望みなら子羊一匹でも！　それでも、彼女は沈黙の誓いと昼の断食はまだ守っていました！　これは聖母からのメッセージを思い出させました。

**「唇で断食しなさい……」**

これは裁いてはならない、噂話をしてはならない、といった事を意味します。

私たちがあらゆる方法で十戒を破っていることを説明する、長いメッセージを神は口述され、それを書き下ろしましたが、私には、第五番目の「殺してはならない」という掟が一番印象に残るものでした。神は言われました。

**「私は殺すのを禁じた、時代よ！　自分を私のものと称し、私の教会の一員と呼び、殺すなかれと説きながら、あなた自身が殺すとは何事か？　胎児に対する犯罪を積み重ねながら、審判の日に私の面前で、自分は正しく無実であると主張する気か？　私は天から、この恐ろしい光景をじっと見ている。ああ！　子を形造っておきながら、拒んで名前も与えず、未練もなしにこの子を死へと追いやり、子を形造った胎がもはやこの子を覚えていないのを見て、私はどれほど苦しむか！この者たちに言っておく。『自分の剣を研ぐがいい、しかしお前が準備した武器が、お前を殺すだろう。今やお前は子を宿しているのではなく、邪悪さを宿している。お前は悪意を宿し、災難を産むだろう。お前は落とし穴を掘り、くり抜いて穴を開けたが、仕掛けた罠に自分がはまるだけだ！　お前の悪意はその頭上に跳ね返り、お前の残忍な行為はその頭にふりかかるだろう』」**

（1990年8月5―20日）

この一節を踏まえた話があります。あるアフリカ人女性の神への謙遜、信頼、従順について、そして彼女がどのようにして神を称えたか、という話です。ザンビアを訪れ、証しをして神のメッセージを分かち合った時に、彼女に出会いました。彼女は、この話を書き留めて私に渡してくれたのです。

スピーチをしようと、聴衆が集まった大ホールに入る前に、私は中庭を通りました。そこには私に会おうと集まった人が大勢いて——中には司祭もいました。小さな四歳くらいの可愛らしい女の子がいることに気づきました。バレリーナのような白い服を着て、髪を編み込んでいました。女の子は私の方へやって来ると、彼女の母親が「これはヴァスーラです」と言うのが聞こえました。母親はきっと、娘に私が誰かを教えているのだと思いましたが、そうではありませんでした。小さな女の子の名前がヴァスーラで、母親は自分の娘を私に紹介していたのでした。彼女は次のような話をしてくれました。

娘を妊娠していた時、彼女は重い病気にかかってしまい、妊娠の展望は良好ではありませんでした。医者には、この病気によって赤ちゃんは死んでしまうかもしれず、妊娠を中断させない限り、彼女自身の命も危ないと言われました。気の毒なこの女性は、どうしたらよいのかわからず、ご主人と相談した結果、夫婦は次の日に中絶の手配をすることに決めました。

その夜、夫婦は友人から夕食に招待されました。その友人は、彼女の置かれていた状況について、また医者に言われたことについても何も知りませんでした。神がいかに私たちの心配事に注意を払っておられるかを、彼女はそのとき見いだしたのです。食後に、友人がアメリカのテレビ番組で私がスピーチした時のビデオを見せました。「命の問題」というタイトルで、私が中絶について、罪なき血が流れることを悪魔がいかに喜ぶかを話したものでした。悪魔の力をより強めるこの「生けにえ」を、悪魔がどうやって獲得するかについて話しました。かわいそうな女性は、このビデオを見て、神が中絶について語るべくして語られたすべてを聞いて凍りつきました。食事を終えて家に着くと、彼女はご主人に言いました。

「明日、中絶には行かないわ。もし神がこの子をお望みなら、取ってくださってかまいません。もし私のこともお望みなら、取ってくださってかまいません。でもこの子を中絶はしない」

驚いたことに、間もなく彼女の身体は赤ちゃんと共に良くなり、時が来ると、元気な女の赤ちゃんを出産しました。起こったことを鑑みて、彼女は赤ちゃんに私の名前を付けました。

「赤ちゃんがもし男の子だったとしても、ヴァスーラと名付けたわ」とさえ言っていました。

私は1988年8月4日の主の言葉を思い出しました。

**「どんなに困難な状況でも私に信頼し、従いなさい。私に従い、私の意思を行っているのを見いだしたなら、いつでもあなたを助ける」**

# 16章　狭い道

平和のために働くと迫害されます。私は偏屈《へんくつ》ではありませんが、偏屈者だと言って非難されました。私は嘘つきではありませんが、神の声が聞こえるふりをしていると言って責められました。私は――言わせていただくなら――まだ正気を保っているつもりですが、精神異常者のように扱われました。私は所属する正教会を弱体化させるつもりなど毛頭ありませんが、ある正教の修道士には、教皇にお金で雇われて、哀れな正教徒たちをおびき寄せて、ローマ・カトリックに改宗させようとするトロイの木馬だと糾弾《きゅうだん》されました。正教会に私を破門するように求める記事を書く人たちまでいました――中には、もうすでに私が破門されたという事実無根の噂を流す人たちまでおり、今日に至ってもまだ、公正な判断もなしに、悪意を持って陰謀を企てる人がいます。殺害の脅迫さえ受けました――なんと三か国で!

主は、永遠の命に至る道は狭く、試練に満ちていることに気づかせてくださいます。ある日、あらゆる苦難が自分の上にのしかかっているようで、疲れ果ててぐったりしていました。イエスはそのみ手に無限の力を握っておられるので、色々な事を解決して、行く道を平らにしてくださるはずと思い、多くの人と同じように、愚痴をこぼしに行きました。イエスはお答えになりました。

**「恵みは、苦しみなしには立ち行かない。ああ、一番身近な者たち、最愛の友人たちに、私がしないことがあるだろうか！」**（1992年9月25日）

私は言いました。

「では、アヴィラの聖テレジアの言葉を引用させてください。『道理であなたには友達が少ないのですね！』」

イエスは穏やかなまま、お答えになりました。

**「人間は皆弱い……それでもあなたが言ったことに答えよう。私が何を差し出しており、あなたに何をしているのかを霊魂が知ってさえいたなら、さらに多くの試練、苦しみ、十字架を、もっとたくさん下さい、とあなたの方から願っただろう！　――私は愛する者たちを鍛錬《たんれん》する、それゆえ、私にとって善いと思われることに反対してはいけない」**

また、別の時にはこう付け加えられました。

**「私、主は、受難でたどった足取りを示している。私に仕えているのだから、私について来なければならない。私に何と言ってほしいのか、『ついて来なさい、しかし私の足跡はたどらなくてもよい』とでも？　そうはいかない、誰でも私に仕える者は、血塗られた私の足跡をたどるだろう……」**（1993年6月3日）

1992年5月1日、私がなぜ三日間も瞼《まぶた》が閉じたままで生まれてきたのか、神が理由を明かしてくださいました。神は、私がまだ母の胎にいた最初の時から、神秘的な方法で、私の霊魂と秘密の契約を結んだと言われました。人生の一番始めから、犠牲を献げて断食するために。神ご自身が選ばれた方法がこの剥奪《はくだつ》であり、誕生の時に、日の光を見るのを禁じられるというものでした。

神はすでにその時から、私の能力をはるかに超えた、非常に困難な使命の道にいずれ向かう時のために、私を準備しておられたのでした。その使命とは、証し人として、耳を閉ざして信じようとしないこの世界に突き出され、神が与えられたみ言葉をすべての被造物に宣言し、惨《みじ》めな者、貧しい者を慰め、彼らに希望をもたらし、あらゆる人種、宗派の人々に、和解して、神の聖なる掟と十戒を守るように求めるというものです。私の弱さを通して、神は、まさに自滅しようとしている人々を呼び集められるのです。

神は、私が侵略者、つまり悪魔の脅迫を恐れないようにしてくださいます。私を通して、反逆者を追い詰めるとも付け加えられました。私の犠牲、祈り、苦しみを通して、神は教会を和解させ、多様性のうちの一致をもたらそうとしておられるのです。力ある神は言われました、かねてより敵の計画をさえぎることにしておられたので、私の霊魂を神と一致させ、最初から強める必要があったと。以下がその時のお言葉です。

**「私、ヤハウェ、あなたたちの永遠の父は、あなたを創造し、この手に抱いた日から、永遠に及ぶ愛をもって愛してきた。ああ……あの日、あなたがどんなに小さかったか、決して忘れはしない。私は言った。**

**『この小さく華奢《きゃしゃ》な少女を通して、多くの霊魂から侵略者を追い払おう』**

**その後、あなたと私は共に契約を交わした。つまり、あなたは平和のために働き、私の愛が地の果てまで知れ渡るように宣言する。私はあなたの弱さを通して、自滅しようとしている者たちを呼び集め、あなたが脅迫や侵略者に恐れを抱かないようにするという契約だ。あなたを通して反逆者たちを追い詰めよう。それから、あなたのうちにこの時代を和解させ、一致させる。かねてより敵の計画をさえぎることにしていた私は、あなたの霊魂を私に一致させ、最初から強める必要があった。私は言った。**

**『あらかじめ自分自身を聖化し、誕生の時から断食しなさい。それが私の望みである。生まれてすぐには光を与えない。三日三晩は闇の中に留まる、このようにしてあなたは断食するだろう』**」

（1992年5月1日）

私たちの犠牲や試練から、神は大きな成果を導き出されます。私たち自身や他の人々のため、そして教会のために。このようにして、メッセージは世界に広まり続け、勝利を得てきました。多くの霊魂が、この霊的戦いに参戦するため、新たな使徒へと変貌を遂げました。この使徒たちは、神から限りない祝福と特別なご好意を得ました。彼らは神のご計画の一翼《いちよく》を担っています。教会が生き返り、攻撃を仕掛けてくる悪に打ち勝つ力を得るために。すべての人々、最悪の罪人たちにさえも、平和、愛、高潔さをもって到達するという計画です。

主は命じられました。

**「――私の家に仕えなさい、私の現存がどんな闇をも照らすことを思い出させることで、教会が活気を取り戻すことができるように……」**

**「――私の家に仕え、私の名によって話しなさい。そうするなら、私の神秘的な愛のうちに、これからもこの時代の人々に祝福を降り注ごう」**（1998年10月20日）

私たちは学ばなければなりません。神の目には、犠牲的な愛が重視され、神の霊に忠実であるためには、自分の意志を献げ、自己に死に、生活の中で神を一番に置くことを必要とするということを。神は私たちの人生においてプラスであり、マイナスではありません。私自身もこの教訓を学びました。私は神のご命令に従い、神に信頼し、必要な手助けはすべて与えてくださると信じなければなりませんでした。それは神の英知、神の支え、神の愛の優しさといったものです。

一致は私の使命です。神のみ旨《むね》を成し遂げるためには、最大の教会――ローマ・カトリック教会――が中心的な役割を担わなければなりません。神から来る啓示が突然現れると、大抵、人々を動揺させます。私の働きは何年にもわたって、バチカンのレーダーに捉《とら》えられてきました。彼らはメッセージを疑問視する通達を公表しましたが、私はまだ彼らと直接連絡を取ったことすらなかったのです。私のような状況の場合に、どのようにすべきか教会法が示しているように、私と意見を交換したこともなければ、私の事例を徹底的に調査もしていませんでした。

キリストご自身が使徒たちに、どうやって本物の預言者と偽物を識別するか助言されています。本物の預言者は、良い木のように良い実を結ぶ、と言われました。その人のメッセージと使命が、人々の霊的生活において良い効果をもたらし、神へ近づける、という意味です。その人の使命が長期的にどのような実を結ぶかを見るためには、何年も、あるいは何十年もかかります。しかし最終的には、その使命が良い実をもたらすのか、悪い実をもたらすのかが明らかになります。教会が私のような神秘的な事例に評価を下す前に、通常何年もかけて調査を行うのには、このような理由があるのです。

「時はあっという間に過ぎ去ります、私たちにはもうあまり時間がありません」と、友人の司祭に言ったことがあります。

「この世が無気力から目覚めて悔い改めなければ、遅かれ早かれ、地球から出るすべての悪が私たちの上に降りかかってきます！　聞く耳を持つ人はほんのわずかしかいません。主はご自分の神秘体を一致させることを望んでおられます。主はご自分の羊飼いたちに、教会を運営する役人のようになってほしくはない、自分たちの羊の群れの世話をする羊飼いのようでありなさいと言い続けておられますが、彼らは聞こうとしません！　そしてこの通達です……地球は神の義に挑み、神の怒りを招いています。自然までもが、私たちに反旗を翻《ひるがえ》しています」

１９９６年４月15日に与えられたメッセージの一部を選んで、彼に読み上げました。主は言われました。

**「これまで私は目をつぶり、沈黙を守ってきた。あなたたちの世代に振り下ろそうとした手を、幾度となく引っ込めてきた。あなたたちを火をもって正す決意を何度思いとどまったことか……**

**間もなく、私の声がこう言うのが聞かれるだろう。**

**『そこまでだ！　もう十分！』**

**地は裂け、私に逆らった者たちは、自らの上に私の手が振り下ろされるのを見るだろう。しかし私の子の器たる者たちは、私が守る。私は火の大嵐の中を訪れる。これは人によっては祝福となるだろう、だが私を畏《おそ》れることがなかった者たちは、その日、私を畏れるようになる……」**

司祭は溜息をつき、そして言いました。

「驚きましたか？　歴史は繰り返すのです。歴史上、どれほど賢明な方策が無視され、教会法が破られてきたでしょうか？　このように頑固で融通のきかない組織は、強さを示すどころか、脆《もろ》さを露呈しているのです。だから神の預言者の性格は、教会がどれほど頑固かという許容量に左右されます。しかし他の何にもまして、神だけが、人間に屈しない力を預言者に与えられるということを証しするためでもあるのです」

しかし、妨害が増えつつあるにもかかわらず、キリストのみ声は、恐れずにこの瀕死の世界にみ言葉を広め続けるようにと、常に私を励ましてくださいます。何も進展していないように感じられ、私が苛立ちを見せた時、キリストはこう言われて私を説得されました。

「……**私はまさにこのためにあなたを送っている。み言葉は生きていると国々に宣言するために、あなたを送っている！　だからしっかりと立ち、揺れ動いたり恐れたりしてはならない。私はあなたの盾……あなたのレースはまだ終わっていない**」（1993年4月16日）

そして1998年8月12日、私がロードス島にいる間に、イエスは驚くべきことを言われました。

**「あなたの若枝を海を越えて伸ばす国**（イタリア）**へとあなたを送る……オリーブの木がオリーブの実を、ぶどうの木がその実をもう一度つけることができるように、あなたを彼らのもとへ送る……私のヴァスーラ、あなたに言っておく、望ましい時にあなたを彼らのもとに送る、あなたは自らを現すだろう」**

イエスがローマについて言われていることがわかりました。しかし、一体どうやってそこまでたどり着き、二、三週間前にイエスが言われたように「自らを現す」のか、さっぱりわかりませんでした。驚いたことに、このメッセージから間もなく、夫が新しい仕事を依頼されたと言ってきました。夫に「どこ?」と聞くと、「ローマだよ」と答えました。「六年の契約だ」と。またしても主が手配されたのでした。私はただ主のご計画に協力するだけでよかったのです!

ローマへ引っ越す前、まだスイスに住んでいた頃、ダミアン神父というスイス人の司祭から電話がありました。私を擁護する本を読んだと言い、読み終えると、私のために何かしたいと心から感じた、と言ってくださいました。何かできることはないかと尋ねられたので、私のために祈ってくださいと言いました。神父は、バチカンのキリスト教一致推進評議会の議長であるカシディ枢機卿に会ったことはあるか、と尋ねました。

「いいえ、ありません」私は答えました。

「彼は私の働きを支持しておられないようです」

「なるほど」神父は言いました。

「あなたについて誤解させられているに違いありません。彼は私の良い友人です。もし私が面会の段取りをつけたら、彼に会われますか？」

「それはもう、もちろんです。もし会っていただけるのなら」

それから間もなく、ダミアン神父はローマに行かれました。戻って来ると、こう言われました。カシディ枢機卿は、私がまず最初に、同じオフィスで仕事をしている司祭、モンシニョール・フォルティーノに会うのを望んでおられると。そして電話番号を下さいました。

その時は夏だったので、私は休暇でロードス島に行くところでした。到着した時、財布に手を入れると、何か変なものがあるのを感じました。手を出すと、紅土（ラテライト）のような、赤い砂のようなもので覆われていました。財布の中を見ると、本当に驚いたことに、中はこの赤い物質でできた繭《まゆ》で一杯で、潰れたものもいくつかありました。そして、小さな黒い蜘蛛の死骸が至る所に何百匹も散らばっていたのです。例外的に一匹だけ、おそらく母虫と思われるとても大きなものがいました。私はすぐに、これはサタンの顕示だとわかりました。スイスを発ってロードス島に着くまで、この財布を私の手元から離すことはなかったので、誰も私のハンドバッグに繭《まゆ》を入れることはできなかったはずです。魔術――黒魔術――ではないかと疑いました。なぜなら、何もないところから突然現れたからです。

これは後に、ある高名なエクソシストによって確認されました。この方がおっしゃるには、これは私に敵対し、サタンに協力している何者かによってなされた、悪の顕現《けんげん》だと信じるとのことでした。これを目撃した私の友人たちは、すっかり震えあがりました。私は財布に向かって祈り、イエスのみ力によって悪を追い払うと、繭《まゆ》、ほこり、そして蜘蛛をすべてゴミ箱に捨てました。あのハンドバッグは二度と使いませんでした。一か月後、あの黒い革バッグを見たら、緑がかった色に変色して、ボロボロになっていました。バチカンのドアが私に開かれていたのが、サタンには非常に不満だったのでしょう。分厚い黒雲のようにバチカンに垂れこめていた誤解がどのようなものであれ、まもなく解けることでしょう。

翌日、私はローマにいるモンシニョール・フォルティーノと話をするために、バチカンに電話をしました。どんな話になるのかと思っていましたが、モンシニョールご自身が電話に出られ、私は自己紹介し、電話をするように言われていたと伝えました。驚いたことに、彼はイタリア系アルバニア人であるにも関わらず、ギリシャ語で私に話されました。

彼はとても気さくな方でした。私がローマにいる間に会う日を決めました。まるで、キリストが私の狭い道を通りやすくしてくださっているようでした。

神にはご自身の時があり、ご自身の計画をお持ちです。ローマに引っ越してから一週間もしないうちに、私はバチカンのモンシニョール・フォルティーノのオフィスのすぐ前に車を停めていました。彼のオフィスは、サンピエトロ大聖堂からほんの数メートルの所に建つ、とても古い建物の中にありました。典型的なバチカン建築様式です。ドアマンに近づいて面会の詳細を伝えると、彼は私を古い木製のエレベーターに案内してくれました。ギシギシと音を立てるエレベーターで、オフィスがある二階まで上がって、キリスト教一致推進評議会の特別室のベルを鳴らしました。別のドアマンが応じ、小さな居間に案内してくれました。すぐにモンシニョール・フォルティーノが来られて、とても温かい笑顔で私を迎えてくださいました。彼は背が低く、どっしりとしていました。ついて来るようにと言われて、歩きながら、会議の広間までの道中で通り過ぎるすべてのイコンの歴史について、手短に説明してくださいました。ようやく広間に入ると、バチカンの公務に使う巨大な長方形のテーブルに座りました。

モンシニョール・フォルティーノは、とても謙虚で善良な方で、連絡の取りやすい親切な方として知られていました。すぐに心を和ませてくれるタイプの人で、彼がユーモアを交えて話された最初の言葉は、次のようなものでした。

「あなたのお名前は、ここバチカンで大きな反響を呼んでいますよ」

私は答えました。

「それはよかったです。やっとのことでした……」

もしかすると、生意気に聞こえてしまったかもしれません。でも、喜びを抑えきれなかったのです。

ここは主が私に来ることを望んでおられた場所で、神のお恵みによって、なんとか実現したのですから。これでやっと、バチカンの人々に真実を伝え、メッセージが何であるかを明確にし、主が求めておられることを彼らに伝えることができます。これは私にとって、主が私を永遠の都に送られ、私の使命に疑問を抱いている人たちのところへと導く、というイエスのみ言葉の成就でした。

対談は興味深いもので、モンシニョールがメッセージに心を開いておられることがわかりました。驚いたことに、彼はメッセージを幾つか読んでおられたのです。話し合いはとても友好的で、私が立ち去る直前に、彼はこう言ってくださいました。

「ヴァスーラ、このオフィスのドアは、いつでもあなたのために開けておきます。お好きな時に話をしに来てくださって結構ですよ。私はあなたを楽にしてあげたいのです」私に対するあらゆる迫害について、彼は十分に認識しておられるのだと感じました。

この招きを受けて、私は一致推進評議会のオフィスに頻繁に立ち寄り、私の使命における最新の出来事について、モンシニョール・フォルティーノにお知らせしました。ある日のこと、彼はついに、オフィスの「ボス」であるカシディ枢機卿との面会を設定してくださいました。

面会の日、評議会オフィスのベルを鳴らすと、モンシニョール・フォルティーノが迎えに出てくださいました。申し訳なさそうに、「大変申し訳ないのですが、カシディ枢機卿は医者の予約が入っておりまして。でももうすぐ戻られますから、どうぞお入りください」と言って、小さな居間に案内してくださいました。三十分後、ドアが開き、カシディ枢機卿が入って来られました。

私はご挨拶しましたが、枢機卿が私と目を合わせないようにしておられるのに気づきました。私はさらに詳しく自己紹介をし始めましたが、彼は唐突にさえぎると、「時間がないので、まず事実を」と言われました。

「私はあなたの人々と関わっていますので、お目にかかりたかったのです」と返事をしました。カトリック信徒という意味です。彼に私の方を見てもらうために、このような言葉を使いました。そして彼はこちらを見ました。

「私の召命についてお伝えできることを嬉しく思います」と続け、私の使命について話しました。特に、超教派の巡礼について、教会の異なる宗派の聖職者たちが互いにゆるしを乞い、ひとつの祭壇を囲んで、共に祈るために集まっていることを強調しました。

　突然、彼は怒りだして言いました。

「そのような行為によって、あなたは我々の一致への進展に悪影響を及ぼしているのですよ！」

　私は衝撃を受け、声を張り上げて言いました。

「あなた方の一致の目的は何ですか？　和解し合い、ひとつの祭壇を囲むことではないのですか？」

「そうです！　でもまだです、そのようなものではない！」彼は答えました。

　しかし私は言い張りました。

「愛があるなら一致は簡単です」

「もう行かなければならないので」彼は立ち上がって言いました。

私は冷静に言いました。

「次にオフィスで一致の対話をなさる時には、ぜひ私も参加させていただきたいです」

もちろんこれは突拍子もないことだとわかっていました。

「モンシニョール・フォルティーノと話しなさい、彼はあなたの良き支持者ですから」と彼は答えると、部屋を出て行かれました。

私は家に帰ると、メッセージの中から、キリストが教会の一致を求めておられる一節の引用を付け加えた手紙を彼に書きました。彼が私を迎えた時の態度には、大変失望したと枢機卿に伝えました。その一方で、モンシニョール・フォルティーノは、何が起きたのかどうしても知りたくて、電話をかけてこられました。面会について詳しく話すと、彼はとてもがっかりし、「彼は否定的な報告を受けて影響されたに違いありません。ご心配なく、私から彼に話してみます」と言われました。

一週間後、モンシニョールは再び電話を下さり、「ヴァスーラ、すべてがはっきりしました。カシディ枢機卿はいつでもあなたにお会いになります」と言ってくれたのです。

しばらく後、ギリシャ正教のある最高大修院長が、ローマにいる私を訪ねて来られ、カシディ枢機卿に会うのを望んでおられました。私は一致推進評議会のオフィスに電話をかけて、面会の手配をすませ、車で彼をお送りしました。この時にお会いした枢機卿は、本当に好感のもてる方でした――これ以外の良い表現が見つかりません。今度は私への評価を新たにされたようでした。枢機卿は私を対談に招いてくださいましたが、これは私のための面会ではないので、と言ってお断りし、終わるまで待つために、他の部屋へ向かいました。後に彼らは写真を撮りましたが、私はあえて、写りこまないように離れていました。枢機卿との写真を、私が自分の宣伝のために使おうとしていると思われたくなかったからです。帰る頃には、皆上機嫌でした。

こうして、カシディ枢機卿と新たに調和した関係を持つことができて、とても幸せでした。守護の天使が初めて私を呼んだ、バングラデシュでの日々に思いを馳《は》せました。あれ以来、事がどれほど発展したか、じっくり考えました。とても困難で狭い道のりでしたが、イエスがそばにいてくださり、私の手を握っていてくださったので、恐れることはありませんでした。あの狭い道を行くことで、神は多くの勝利を得られ、実に多くの人々の心と霊魂を回心させられました。いよいよ、神はローマ教会の権威に、ご自分のメッセージを届けようと準備されたのです。キリストがメッセージの中で求めておられるキリスト教の一致のために、教会が仕事をしているまさにそのオフィスの中へ。私は嬉しくてたまりませんでした！

しかし、私の喜びは長くは続きませんでした。使命が一歩ずつ進展するごとに、新たな試練が私を襲いました。バチカンとのつながりができるや否や、様々な個人的な問題が持ち上がり始めました。従妹の息子が、アフリカの砂漠にあるサファリでバイクを運転している最中に、突然亡くなってしまいました。私の母は視力を失い、車椅子の生活を余儀なくされ、老人ホームに入所しなければなりませんでした。

　それからというもの、私は月に一度、ローマからスイスに行って母と共に過ごし、苦しむ母を喜ばせました。同時に、姉とその夫が癌を患い、容体が非常に悪化しました。医者は手術をして、姉の胃を摘出しなければなりませんでした。その後、姉は化学療法の治療を受け、健康は徐々に失われていき、四年後、夫婦二人とも、三日の差で亡くなりました。彼らがこのように苦しむのは、見ていられないほどでした。母も病気だったため、姉夫婦が亡くなったことは、決して母には話しませんでした。苦しみがさらに増すだけですから。

　この同じ時期、長男のヤンが発熱しました。結婚してわずか二日後に、ホジキンス病と診断されたのです。長男も化学療法を受けねばなりませんでした。その痛みはあまりにも激しく、彼を赤ん坊のように泣かせ、落ち着かせるために沈静剤を必要とするほどでした。ある日、彼は本当に沈んでいて、涙ながらに私を呼んで、必死になって言いました。

「僕はあなたの息子だよ！　母さんは神様のためにこんなに一生懸命働いているのに、どうして神様はこんなことが僕に起こるのを許すの？」

　胸が張り裂けそうでしたが、私にできるのは、ただ神を信頼し続けることだけでした。そして毎日ヤンのために祈りながら、次は一体何が起きるのかと思いました。主は私から息子を奪われるのでしょうか？　私はこの十字架を受け入れるようにと言われるのでしょうか？　主は答えを明かしてくださいませんでしたが、ある日ついに、ヤンと電話で話している時に、母親にとって最も素晴らしい言葉を聞いたのです。

善き主は私にささやかれて、「**あなたの息子は再び良くなります**」と言われたのです。

私は大喜びし、聖母マリアが御子《おん》イエスは甦《よみがえ》ると知った時に感じたに違いない気持ちを味わいました。主は約束を守ってくださり、息子は回復しました。

ところが、そのたった二、三か月後、スイスに住んでいる妹のヘレンから電話がありました。「お母さんが食べも飲みもしないの。もう長くないかもしれないわ」と言うのです。すぐにローマを発ち、スイスに向かいました。到着すると、母は衰弱して目を閉じていました。話しかけても私だと気づかず、答えもありませんでした。母は、私と妹から完全に切り離されてしまったのです。

何日か一緒に過ごした後、何か月も前から計画されていた宣教旅行のために、私はインドに発たねばなりませんでした。母の部屋を去らなければならない時が来た時、それは私の人生で、最もつらく悲しい瞬間でした。再び会えるかどうかわからないまま、打ち沈んだ心で母を見てから、ゆっくりと廊下へと歩いて行きました。あまりにも心が重くて、涙も出ませんでしたが、体中が痛みました。何も考えられず、もう前も見えませんでした。母はもうすぐ主のもとに行くのだという事実に集中しようとしましたが、私をこの世に送り出し、育て、守り、ずっと私のために祈ってくれた人と離れる辛さしか感じられませんでした。

飛行機でローマに戻り、次にインドへ飛びながら、気楽な青春時代から、どれほど自分の人生が変わってしまったかをつくづく考えました。主は実に多くを与えてくださいましたが、天国への「狭い道」は、同じように大きな犠牲を必要としました。四日後、インドにいる私のもとに、母が亡くなったとの電話が妹からありました。

そして母の死からたった一年後、弟が突然亡くなりました。家族のうち誰が生き残れるのか、と思い始めました。弟の葬儀を司式したギリシャ正教の司祭が、同じ心配を口にしてつぶやきました。

「もうたくさんだ！　いつになったらこのすべては終わるのか？」

私はこれらの不幸をすべて、繭《まゆ》と蜘蛛の死骸の魔術と結びつけました。私と私の家族を標的にした悪魔崇拝者《サタニスト》たちが、サタンの力を使い、あと少しで私の長男まで奪うところでした。しかし私たちの主は、悪魔がそこまでするのはお許しにならなかったのです。

私の弟、母、姉、義理の兄、そして従兄弟を失い、私の息子が死にかけるのを見るのはとてもつらいことでした。それでも、私にできることは祈り、神に信頼することだけでした。神に背を向け、私に与えられた使命に背を向けることはできませんでした。神がすべてを掌握《しょうあく》しておられ、私たち皆にとって、何が一番良いかをご存じだと信じなければなりませんでした。これが、私たちが人生で十字架に直面したときに迫られる選択です。拒否して神を呪うこともできます。また受け入れて神を称えることもできるのです。私たちの返答によって、十字架を変えることはできません。イエスご自身のみ言葉から、私は十字架の価値について学びました。時にキリストは、私たちを聖化して、祈りへと導き、キリストとの結びつきをより親密にするために、ご自分の十字架を与えられます。どんな十字架であれ、神にはいつもちゃんとした理由がおありなのです。

こういった家族の試練に加えて、外部からくる試練も増えました。私の使命に反対する人々は、私がバチカンの一致推進評議会とつながりを持ち、いつでも出入りできるようになったことに激怒しました。そこで彼らは、私への中傷と攻撃を増し、バチカンに連絡を取って、私に敵対するように説得さえしたのです。これには大変な苦痛を味わいました。一致のために働いていると言う人々が、実際に諸教会を集めて共に祈り、多様性のうちの一致に向けて働く人々にどうして反対するのか、理解できませんでした。

「なぜ彼らは、こうした悪意を心に抱くのかしら？　神のみ手が働いているのがわからないの？」

私は夫に言いました。

「この人たちはこれ以上何を言ってくるの？」

彼らはゲームのように私をしつこく追いかけ、高値をつけられた私を滅ぼそうとする者には大きな報酬がある、と言われた天の御父のみ言葉を再び思い出しました。

しかしながら、主は私たち全員に気づかせてくださいます。

**「私とひとつに結ばれ、私のうちに形造られ、編み込まれている者だという証拠は、あなたの心が私の十字架と、それが担うすべてのものにも接ぎ木されているということだ。私に属していると確信する者は誰でも、私の十字架にも属していることを理解せねばならない」**（1998年11月12日）

私に反対する声がバチカンに届いたにもかかわらず、教理省長官であるヨゼフ・ラッツィンガー枢機卿（その後、２００５年に教皇ベネディクト十六世となられました）は、私と対話を始めることを決定されました。枢機卿は、私の働きに関する懸念を表明した、バチカンの最初の通達に取り上げられた諸問題を解明するために、五つの質問に書面で答えるよう私に求めてこられました。これに回答することで、私はバチカンが通達を修正もしくはすべて無効にしてくれることを望んでいました。

枢機卿の五つの質問に回答した後、彼は満足しておられると伺《うかが》いました。この調査に関して枢機卿が尋ねられた時、彼の返答は「Tutto è positivo」だったと知らされました。すべては明確にされた、という意味です。

この良い知らせを受けて、私はラッツィンガー枢機卿との私的な謁見を申請しました。通達に取り上げられた諸問題に、満足のいく回答が得られた時に会うことにします、と以前に言われていたからです。これが達成されたので、２００４年11月22日に謁見を賜《たまわ》りました。到着すると、彼は私を気品あふれる見事な居間に案内してくださり、フランス語で「Finalement!」と言われました。「やっとですね！」という意味です。私にとって、これはとても重要な意味を持っており、主を称えながら、「起こっていることのすべてが、イエス・キリストの権威と力を現している」と思いました。

神がいつか私をバチカンの心臓部にまで導かれ、未来の教皇と教会に関する事柄について話をするなんて、想像もつきませんでした。ラッツィンガー枢機卿と話をしてみて、私は彼の単純さと謙虚さに感動しました。二度にわたる対談で、彼は「教会は時々間違いを犯しますが、私たちは神のゆるしを請うのです」と言われました。私はメッセージが収められた『神のうちの真《まこと》のいのち』の本を献呈し、この新版*には枢機卿の要請通り、五つの質問への私の回答が盛り込まれているのをお見せしました。枢機卿は言われました。

「いいですね。誰もがこの対話を読んで、その光のうちに真実を見いだすべきです」

ラッツィンガー枢機卿との対談の結果、私を中傷する人たちは静かになり、しばらく影を潜めました。彼らの誰も間違いを認めませんでしたが、この肯定的な結果に喜びもしませんでした。それどころか、彼らが「これは背教だ」と言うのが聞こえてきました。バチカンが背教者となったというのです！　以前はこの同じ人たちが「ローマが口を開いた！」と大声で吹聴したので、誰もが、まるで神が話されたと言われたかのように捉えて震え上がりました。今度はそれが気に入らなくなり、「ローマが背教者となった」と言うのです。しかしながら、多くの司祭を含む、メッセージを信じる世界中の多数の人々が、ローマの識別力と態度の変化を称賛しました。

わずか二週間のうちに、夫のローマでの仕事の期間が終わりを迎え、私たちが去る時が来ました。出発の前に、モンシニョール・フォルティーノは、カシディ枢機卿の後任であるカスパー枢機卿との面会を設定してくださいました。彼はとても陽気な方でした。この面会は、復活祭の日取りを一致させるために教会は共に働くように、という主のご要望を伝えるために、主が準備してくださったに違いありませんでした。千年以上に渡り、正教会とローマ・カトリック教会は、復活祭を別の日に祝ってきました（時に同じ日になることもありましたが）。イエスは何度も、この相違は教会の不一致の兆候であり、世界における教会の権威を著しく弱めていると言われました。

私はこのメッセージをカスパー枢機卿に説明しました。もし教会が復活祭の日取りを一つにしたなら、あとのことは主がなさる、とイエスが約束されたことを伝えました。主は、私たちには決してできない方法で、教会間の一致を復活させ、それは全世界に平和をもたらすでしょう。私は枢機卿に言いました。

「主は、カトリック教会が正教会と共に、復活祭を祝うことをお望みです」

彼のオフィスは、教会間の一致を構築する責任があるので、彼はこのメッセージを聞くのに最適な人物でした。彼は立ち上がり、私が持ってきた復活のキリストのイコンをほれぼれと眺めながら、微笑んで言われました。

「でもあなた方の日付は間違っていますよ！」

私は彼を見据え、私が属するギリシャ正教会を代表して言いました。

「あなた方もです！」

彼は黙りこくり、私は続けて言いました。

「猊下《げいか》、仮にそうだとしても、私たちがするべきは、この祭日を共に祝うことで、共に祝う限り、日付はどちらでもいいのです。これこそキリストが私たちに望んでおられることなのです。主は約束してくださいました。もしこれを行うなら、あとのことは主がなさり、私たちを完全に一致させてくださると！」

彼は少し思案してから、「あなたのご提案を教皇ヨハネ・パウロ二世に持って行きます」と言われました。

私は立ち上がってお礼を言い、帰りました。

主は勝利されました。メッセージをしかるべき人たちに届けるために、扉を開かれたのでした。そして２００５年、ラッツィンガー枢機卿とカスパー枢機卿との面会の直後、ヨハネ・パウロ二世が逝去され、ラッツィンガー枢機卿が教皇に選出されました。すべてが正しい方向に向かっているように見えましたが、行く手にはさらなる試練が待ち受けていたのです。

ラッツィンガー枢機卿が教皇ベネディクト十六世となられ、ウィリアム・レヴェイダ枢機卿が教理省長官に就任されました。私が五つの質問に回答し、本にも印刷したにもかかわらず、レヴェイダ枢機卿は２００７年、世界中の全カトリック司教に書簡を送ることを決定されたのです。この書簡は、１９９５年のバチカンの通達を繰り返したもので、私が教理省と築き上げた調和的な関係を覆すようなものでした。

この本の執筆に関しても、カトリック教会との状況はいまだ流動的で、私が属するギリシャ正教会も同様です。ある地域では、私は教会の指導者から厳しく拒絶されていますが、他の多くの地域では、メッセージを読んだ司教、司祭、神学者、修道女たちに支持され続けており、彼らは私に手紙を送ってくれたり、祈りの集いに参加したり、教会間の一致を築くための巡礼に参加してくれています。

私の使命に反対する人たちに関しては、キリストが与えてくださった平和を失なわないように努めています。彼らをゆるし、愛し、思いやる心を持つように求められたことを理解しています。

つい最近、神は私に夢を見せてくださいました。今まで見た中で、最も印象的なヴィジョンでした。私は中庭におり、巨大な美しい大聖堂への入り口にあるベンチに座っていました。どうやら私はそこに住んでいるようでしたが、それだけではなく、そこの一員であり、護衛をしているようでした。なぜなら、その大聖堂の正門の鍵を私が幾つか握っていたからです。

私の精神は、完全な心の平和と静寂の状態にあり、もはや何も私を煩《わずら》わすものはありませんでした。それは、人々のために祈るように招かれ、彼らを十字架で祝福する時に体験する穏やかな状態と同じでした。そのような祈りの瞬間によく起こることですが、聖霊のみ力によって、空中に浮遊するような感覚を体験します。まるで誰かが私の体を引き上げているようで、同時に足が地面から持ち上げられているように感じるのです。

神が私のうちに休まれ、私が神のうちに休んでいる間、私は周囲の静けさを楽しんでいました。人生における過去のあらゆる苦しみや喜び、強烈な出来事や騒動も、もはや何でもないように思え、何の痕跡もなくなってしまったようでした。心の静けさに包まれ、傷つくこともなく、世から解放されたように感じました。平静な感覚に包まれ、誰にも、何にも属していない感じがしました。敵であれ友であれ、すべての人々から解放され、論争や脅迫から解放され、喜んで愉快になったり、悲しみで惨《みじ》めになったりすることもなく、死からも解放されたように感じました。要するに、私は神のものであり、神は私のものでしたので、もはや何も問題ではなくなり、、何物も私の心を動かすことはなかったのです。

この穏やかな状態にあって、そのような感覚に包まれていると、五人の枢機卿が、大急ぎで大聖堂に向かって来るのが見えました。そのうちの一人は、ヨゼフ・ラッツィンガー枢機卿（現名誉教皇ベネディクト十六世）だとわかりました。彼らは大聖堂の門に着き、中に入ろうとしました。ラッツィンガー枢機卿が、鍵で門を開けようとしているのが見えました。その鍵が合わなかったので、もう一つの鍵、さらに別の鍵を試しましたが、どれも合わないようでした。五人の枢機卿は、皆困惑しているように見えました。私は音をたてずに立ち上がると、ゆっくりと彼らの方へと歩いて行きました。彼らが私を見ているのを感じましたが、私は彼らに目をやりませんでした。私がそこで何をしているのかと、彼らが不思議に思っているのがわかりました。私は持っていた鍵の中の一つを易々と鍵穴に差し込むと、カチッと音をたてて、彼らのために門を開けたのです。

このヴィジョンから、教会の指導者たちは、彼らを一致へと導くキリストのメッセージを聞いていないことがわかりました。互いへの愛と謙遜の回復が欠けているのです。愛と謙遜こそが正、しい、鍵なのです。この鍵によってこそ、彼らが全く異なる光のもとに真理を見て、一致を成し遂げることができます。そして、ああ！　主イエスは、どれほど教会間の不和についてご存じでしょうか！　それでも主は、彼らがお互いに歩み寄るやり方を変えてもらいたいのです。このヴィジョンの中でキリストは、彼らが皆屈んで、他でもない、謙遜と愛の鍵を使うようにと示しておられます。

　イエスは言われました。

**「私の救いの計画のために、預言者たちを絶えず任命し、真理の道を歩ませてきた。神との魅惑的な出逢いの時、彼らの口に上った崇高な誓いを成し遂げさせる……今日あなたは、私の家への熱意によって、彼らを見分けるだろう。彼らを飾る私の家、彼らを焼き尽くすほどの熱意……彼らは困難からも顔をそむけず、あらゆる試練を平和のうちに耐え忍ぶ。その心は壊れることなく、むしろ聖化されるだろう。私の十字架を分かち合うという忠誠の誓いを、彼らが破ることはない。そこでもし、たまたま彼らの傷に気づいて、『誰がその傷を負わせたのですか？』と尋ねるなら、彼らは皆こう答えよう。**

**『私はあなたの罪をあがなうために、背中を預けました。この傷は、残酷にも主の友人たちの家で負わされたものです……それは私が真実を伝えてきたためで、そのために彼らは私を敵とみなし、このような扱いを受けたのです。……しかしかまいません、この傷も気にかけてはいません、なぜなら、私にとって重要なことは、十字架を知ることだからです、私たちをあがなう道具、私**

**たちの救い主の十字架を……神への従順は、人への従順より重要であると聖書に記されている**（使徒5・29）**ので、私は天より与えられた指示に従順に従ったまでです**』」（2000年4月28日）

反対の声が優勢に見える時はいつも、神は私を支持する人々の声を届けてくださいました。世界中を巡る長い宣教旅行の後は大抵、疲れ切ってくたくたになって家に戻ります。そんな時私が必要としたのは、まさに家族の愛でした。息子のファビアンが私に、「ママ、疲れているみたいだね。大丈夫？」と言ってくれたのを思い出します。

「ええ、大丈夫よ」と私は答えましたが、ファビアンは納得せずこう言いました。

「ねえ、これから三日間、僕に料理を任せてよ。僕が作って、お皿も洗うから。今日は何が食べたい？　チキンとポテトのオーブン焼き、それともスパゲッティ・ボロネーゼ？」

私がその中の一つを選ぶと、彼は私がキッチンに入るのを許さず、コップをキッチンに運ぶことすらさせてくれませんでした。まだ十三歳でしたが、彼も小さな使徒となっていたのです。メッセージについて知っていることを親しい友達とすでに分かち合っていて、若者らしく、彼らは私にたくさん質問をしてきました。彼らに答えるのはいつも楽しいものでした。

「決して失望してはいけないわ」と、自分にも他の人にも釘を刺してきました。

「なぜなら、トンネルの終わりには光があるから、ヽヽヽ。耐え忍んで、希望を失ってはだめ。私たちの救い主の袖を決して手放さないで。主にしがみつくのよ！」

信じる人たちには、受難の後に必ず復活があります。必ずです。それは神と私たちとの約束です。そして神は約束を守られます。

「あなたを私の晩餐に招き、あなたを通して、他の多くの人々も招いた……一致の十字架を支える私の柱よ、私の栄光の知識の光を輝かせなさい。この暗闇で、私の寛大さの光を輝かせなさい、そして恐れてはならない。あなたの口に聖油を注いだ、私の代弁者として語ることができるように。いつも明るく振る舞う私の歌い手でありなさい。私の恵みに頼って、世界中を旅し、この世代に歌って聞かせなさい。……話すときは、愛する人よ、常に要点をはずさないように。そう、私が言ったことを簡潔に、すべて繰り返しなさい。あなたに与えた宝石を、それぞれの心の中に置きなさい。私の会話は甘美そのものだと皆に知らせなさい。あなたと共にいる……」（1998年8月29日）

私たちは神を通してのみ、平和な世界を作り上げることができるのです。イエスは皆に言われました。

「私の子どもたちに思い出させよう、私は彼らの父親なのだから、憐れみの心が動かされないまま通り過ぎることはないと。彼らの心が私に向かって歌うようにさせる。そして彼らは悟るだろう、私の聖所の外では、食卓は空であると。彼らは理解するだろう、私の聖所の外では、悲しみと重荷で窒息してしまうと。私の腕の中にいなければ、彼らは破滅と死に直面するのだと」（1993年10月6日）

「彼らに伝えなさい、平和の君、ケルビムたちに囲まれたこの神は、王冠を脇において、王家の

**衣裳を脱ぎ、深い悲しみを示すために荒布をまとって**（黙示録11・3）、**素足のまま世を巡回していると。あなたを親切に扱い、私の聖心の中にあなたの居場所を割り当てたように、他の子どもたちも同様に扱う。……彼らの旅路も共に完成させよう**」（1993年10月11日）

＊『神のうちの真のいのち』Ⅸ巻に所収（2003年9月刊、天使館）（訳注）

# 17章　時の終わり

栄光の高みから来る声が、天の宝はこの時の終わりのために取っておかれたと叫ばれました。その声は、私にすべてを書き下ろすように求められたのです。こう宣言されました。

**「あなたたちの頭上を行く雲のように、私は前進している。それでも多くの者は私が見えないと言う、世代よ。あなたたちはこの世の富の中を往き来してさ迷う、ところが霊的な宝があなたたちに降り注ぎ、荘厳さのうちに私をまとわせようとしても、注意を払おうとはしない」**（2001年3月）

主はさらに説明を続けられます。最も崇高で、計り知れないほど貴重な宝の一つとは、神の知識であると。この宝によって、人は神との親密な関係、そして神ご自身を獲得することができるからです。

1996年4月3日、その同じみ声が、予見しておられたことを教えてくださいました。

**「時の終わりに、私たち[*1]の二つの心は使徒たちを立ち上げ、彼らは時の終わりの使徒と呼ばれるだろうと言われてきた。この者たちは、天の元后と私自身によって教え導かれ、あらゆる国に出て行っては、神のみ言葉を恐れずに宣《の》べ伝える。敵の卑劣な攻撃に遭い、血に染まったとしても、止められることはない。彼らの舌は諸刃《もろは》の剣《つるぎ》のように、異端を露わにすることによって、私の教**

**会の敵を刺し貫く。この者たちは決してたじろがず、恐れを知ることもない。私が勇気の霊を授けるからだ。破壊をもたらす鞭が彼らに届くことはない。彼らはあらゆる手段を尽くすだろう。罪人、高慢な説教家たち、大物や尊大な者、偽善者、私の教会を裏切る者たちを追及し、片手に十字架、もう一方の手にロザリオを持って追い詰める。私たちは彼らの側に立つ。彼らは異端を打ち砕き、その場所に、忠実さと真理を打ち立てる。彼らはこの毒に対する解毒剤となるだろう。なぜなら、マリアの王的な心から出るつぼみのように成長するからだ**」（2001年3月）

この希望のメッセージは実に妥当なもので、今日、この時の終わりに起きている出来事に深く関連しています。神はここ何年かの間、非凡な方法で「使徒たち」を立ち上げて形造っておられます。そして彼らを「時の終わりの使徒」と名付けられました。彼らは形造られ、神に触発されて、神のみ旨に従って行動し、全世界を燃え立たせます。そして、これまでに犯したすべての罪に対する拒絶と悔恨《かいこん》へと世界を導きます。聖霊が彼らの導き手となり、彼らの慰め主、同伴者となられるために、彼らが通り過ぎた後には霊的な刷新がもたらされます。

「時の終わり（End of Times）」という言葉は、世界が止まる、あるいは終わるといったことを意味するものではありません。歴史上のある特定の時期として理解されるもので、単に一つの言い回しに過ぎません。現在、私たちはこの時の終わりに生きており、霊的な戦いの真っただ中に生きているのです。この戦いは目には見えませんが、至る所で感じることができ、霊魂のうちにさらに感じ取ることができます。この善と悪との戦いにおいて、私たちはどちらかを選ばねばなりません。戦いは私たちにかかっています。私たちだけが選ぶ能力を持っており、自分の人生の概要を描くことができ、善と悪のどちらの味方をするのか決断することができるのです。この戦いの最終的な結末は、私たちの選択によって決まります。

時の終わりの霊的な戦いがあまりにも激しいために、神は聖霊を通して、無制限かつ言語に絶する方法によって介入しておられます。今、神の恵みと慈しみが歴史上かつてないほどふんだんに流れ出ており、手遅れになる前に、悔い改めるようにとあらゆる人々に呼びかけておられます。同時に、聖霊は全人類に、最も小さな者にさえも賜物を分け与えておられます。それは刷新するためだけでなく、私たちが神のみ旨を知るようになるためでもあります。

私たちがこの時代を生きていることを示すしるしが、数多くありました。反キリストが全力で活動し、永遠に世界を支配しようとするこの時代のことを聖書は語っています。

以下は、1992年4月19日にキリストが与えられたお言葉です。

**「……世は私の神性を価値のない模倣、死を免れ得ない人間と置き換え、偽りのために神聖な真理を手放した。しかし時の終わりには、サタンが動きだし、あらゆる偽りの奇跡としるし**[*2]**と不思議な業《わざ》を行い、そして、あらゆる不義を用いて、滅びゆく人々を欺《あざむ》くと言われてきた。自分たちの救いとなる真理の愛を理解しようとしなかったために**（二テサロニケ2・9―11）**……反逆の力**（反キリスト）**は今や恐れることなく、誰の目にも堂々と姿を現すまでに至った。それは預言者エゼキエルが語った者**（エゼキエル28）**、傲慢でふくれ上がり、自らを神と称し、真理を猿真**

**似する者、自分自身を私と同等と見なし、私の玉座に座っていると言う者。この反逆者はまさに私の教会の敵、反キリスト、聖三位を否定する者。読まなかったか。『偽り者とは、イエスがメシアであることを否定する者でなくて、だれでありましょう。御父と御子《み》を認めない者、これこそ反キリストです。御子を認めない者はだれも、御父に結ばれていません。御子を公に言い表す者は、御父にも結ばれています**（一ヨハネ2・22—23）』」

これをもとに、聖書がある悪の動きに言及していることを説明したいと思います。サタン自身の影響を受けて悪に熟達した人々は、神の掟をどれもことごとく無視します。それによって、彼らは神の民に対して戦争をしかけ、この世を混沌に陥らせようとするのです。ニュースを聞くだけでわかるでしょう、現代において人間の価値が低下していることを、そして、どれほど悪が優勢となろうとしているかを。

科学と技術は、私たちに計りしれないほどの物質的な快適さをもたらしました。しかし個人の物質的な快適さはしばしば、人類の道徳と霊的な知識への真の関心に取って代わります。人間は皆、平和に、幸福を感じ、愛されながら生きたいと願っています。しかし中には、神の目に忌まわしく、残酷とも言えるような非道な手段をもって、幸福を得ようとする人もいるのです。どんな手段を使っても、幸福を得ようとする人々もいます。身勝手な目的を達成するために、他人に苦しみを与えることをいとわない人々もいます。

時に、世界は逆さまになってしまったかのように見えるほどです。人々は言います。「あまりにも多くの不正義と悲しみ……」そうです、これこそ私が「私たちは、目には見えないけれど常に存在する霊的な戦いの中に生きています」と話すときに言っていることなのです。

1990年5月15日に聖母マリアが下さった言葉を引用して、状況を明確に説明しましょう。

**「世界は冷え切ってしまいました、氷のように冷たくなって……世は愛に対して死んでいます。憎しみ、貪欲と利己主義が地球全体をその中核まで支配しているために、世は深い暗闇の中にあるのです。この闇の世の邪悪さと、聖所そのものの中に浸透していった棄教、こういった恐ろしい光景に、私は身震いしています。災害、飢饉《ききん》、苦難、戦争や疫病、このすべてはあなたたちが引き寄せたものです。地上から出たものは、すべて地上へと戻ります。地球は自己を破壊しているのです。そして多くの人がそう信じがちですが、このすべての災いは、神が与えられたのではありません。神は公正で慈しみに満ちておられます。しかし悪が悪を引き寄せるのです」**

悪魔は、エバを騙《だま》した時と同じ嘘で、もう一度この世を欺《あざむ》こうとしています。私たちは神になることができる、だから私たちに神は必要ないと言うのです。

ちょっと想像してみてください、悪事をはたらく人々が皆、その代わりに善い行いをするところを。利己的な人々が皆無私無欲になり、地球上のあらゆる強欲な行いが慈善の行いに、あらゆる不正行為が正義の行いとなるところを。こんな状況があり得るなら、家も無い飢えた人々は地上から一人もいなくなると思いませんか？　科学が、武器を製造して戦争を行うよりもむしろ、自然災害を早期警戒するために応用されるところを想像できますか？

もし人々が、神と人間における愛の現実に直面したなら、彼らは神と隣人を愛するようになるでしょう。もし人々が、神の祈りの要請に応えて祈ったなら、この世は「楽園」となり、神への感謝の賛歌となるでしょう。もし人々が、キリストの教会は一致しなければならないと認めるなら、そこにはすでに「一つの群れ、一人の羊飼い」（ヨハネ10・16）というキリストの約束が実現される希望があります。もし人々が、「時の終わりの使徒たち」が勧めるようなやり方で神を受け入れるなら、神はすでに「すべてにおいてすべて」（一コリント15・28）となられていたはずです。もし人々が、サタンに関する神の警告を真剣に受け止めていたなら、サタンはこの世からも人間の心からも追放されていたでしょう。もし人々が、神からの回心への呼びかけに心を留めたなら、男も女も全員が聖人になるでしょう。もし、神が今日メッセージの中で語っておられることを誰もが分かち合うなら、私たちそれぞれの人生の歴史、ひいては全人類の歴史が愛の賛歌となるでしょう。

１９９０年7月21日、主はとても恐ろしいヴィジョンを下さいました。窓の外を見ている自分が見え、それは日中だったのですが、突然、足元で地面が激しく揺れ始めました。地面は上へ下へと揺れ、マグニチュード8の地震だと言う声が聞こえました。それが止まらないのです。もう一度窓の外を見ると、空が輝きを失っていくのが見えました。星を見ていると、それが落ちてくるのが見えていくのが見え、深夜ほどの暗さに達しました。天を見上げると、どんどん暗くなっていくのが見え、深夜ほどの暗さに達しました。星を見ていると、それが落ちてくるのが見えました。落ちると言うよりも、東の地平線から西の地平線に流れ去っていくように見えました。それは、まるで星が天国から離れていくようでした。すると揺れがおさまり、暗闇の中で恐ろしい静寂に包まれました。自分の部屋の中にかすかな光があることに気づき、窓の外を見ると、町全体でほんの数軒の家にだけ、弱い明かりが灯《とも》っているのが見えました。

後の１９９０年８月４日には、次の言葉が与えられました。

**「義が降《くだ》ろうとしている――教会は生き返る。地上は炎に包まれるだろう」**

そしてさらに、１９９２年12月13日に主は強く要請されました。

**「時代よ、あなたはまだ私に味方すると心を決めていない。いつ私に立ち帰る決心をするのか？燃え盛る火、硫黄となめ尽くす炎によって、この時代の敷居を越えたいのか？」**

１９９３年６月３日、こう言われる神の声を聞きました。

**「悔い改めない者は災い、彼らの死体はこの砂漠、彼ら自身が広げた砂漠に散らされる。私の天使はその時、私の玉座と祭壇の前で手にしていた香炉を満たし、それに火を入れ、地上に投げ落とすだろう**（黙示録８・５）。**そして誰もが見ているさ中、激しい地震が起こり、地上の諸要素は火によって崩壊する**（黙示録３・12）。**多くは山に逃げ、洞窟**（黙示録６・15）**や岩陰に身を隠すだろう、私に向かって叫ぶが、私は耳を貸さない……」**

このメッセージのような自己破壊に対する警告が、何度も繰り返し与えられてきました。

１９９４年６月３日、神のみ声は再び叫びを上げられました。

**「私は世を救いに訪れたのであって、断罪するために来たのではない。私は世に警告を与えよう**

**と今ここにいる……目を覚まし、常に祈っていなさい、起こるべきすべてのことから生き残る強さを得られるように」**

そしてさらに、天の御父が悲しそうに言われるのが聞こえました。

**「私は今日、地上に目を注ぎ、見なければよかったと思う……決して見たくなかったものが目に入り、聞くのを恐れていたことを耳にしている！　私の心は、父として悲嘆にうち沈んでいる。私の似姿として人間を創ったが、人間は自らを堕落させ、今日、彼らのなんと多くが野獣の似姿を取ってしまったことか！」**（１９９６年4月15日）

メッセージの中で、神は三つの異なった悪の象徴について話されます。反キリスト、野獣、そして龍です。各自が時の終わりに果たすべきそれぞれの役割を持っています。この三つの象徴が三角形を作っています。

高名なエクソシストであるホセ・アントニオ・フォルテア神父は、著書『エクソシストへのインタビュー』の中でこう書いています。

「ヨハネの黙示録では、時の終わりにキリストと教会に反対するものとして現れる三つの主要な象徴をはっきりと区別している。反キリスト、野獣、そして龍（またはヘビ）である。反キリストが人間であるのに対し、野獣は地上に戦争をもたらす政治力である。悪魔だと見なされるのは龍なのだ。黙示録の中では、明らかに実在するこの三つの間に、曖昧《あいまい》で不明瞭な点は一切ない」

象徴を解釈するのは難しいものです。聖書は、ことに悪魔に言及する場合、多くの象徴を使っています。時々映画で、悪魔が子どもを産む話などがありますが、それはあり得ません。悪魔は霊であることを忘れてはなりません、ですから悪魔は一人のままなのです。しかし、すでにおわかりのように、悪魔は人間に入り込み、取り憑《つ》くことができます。あるいは群がったり、考えを支配したり、唆《そそのか》したりします。一度取り憑くと、悪魔は主導権を握り、その人々を介して、たやすく行動することができるのです。

聖パウロは、テサロニケの信徒への手紙二の第二章で、時の終わりについて書いています。時の終わりが来たのをどのようにして見分けるかについて語っており、二つのしるしが与えられると言っています。

一つ目のしるしは、大棄教（人々が神の真理を拒絶する時）であり、私たちが生きている今この時にあたります。二つ目のしるしは反逆の霊であり、サタンは神を演じ、神を模倣します――自分自身を神の位に就けて、神の猿真似さえします。主が教えてくださったのは、文脈を無視して、聖書からある一節だけを取り上げ、その意味全体を理解あるいは説明しようとしてはならないということです。聖書のあちこちから取って来て結びつけることで、全体の完全な意味を得ることができると教えてくださいました。

世界的規模の棄教と道徳的危機にさらされている現代において、平和への訴えや、人間的価値への回帰といった呼びかけは見過ごされています。特に、ほとんどの先進国において。聖なる義は一日ごと、一時間ごとに挑発され、罪の上に罪を重ねています。時々、神の忍耐力と寛容さを不思議に思うほどです。神が今になってもなお私たちに忍耐されておられ、いまだに大規模な清めによって私たち全員を一掃しておられないことに驚くばかりです。

棄教と反逆の霊は、ダニエル書で言及された時の終わりの主なしるしです。大聖堂は売却され、テロリズムが拡大し、自然災害はより頻繁に起こり、ますます激烈になっています。私たちの多くは、実在しない哲学者たちの神々に仕えているのです。２００２年6月1日に主は言われました。

**「この時代の人々は、彼らが知識と権力と考えるものを得るために、あらゆる種類の異教的な体系[*3]につき従い、偽りの神々[*4]を探し求めている。そして世は水晶の美、木の葉の美などの自然界の要素にますます魅せられ、それらを私の全能の上に置く。なぜなら、憐れみ深く、癒やすことのできる私の聖霊の力ではなく、こういったものの中に癒やしの力を求めるからだ。もし彼らがそういったもの（水晶）の外形に魅了されているなら、水晶や木の葉といったものを形造り、それらすべてを創造した者がどれほどはるかに偉大であるかを推察しなさい！……」**

人間は梯子《はしご》を使って登りがちで、天の本物の宝を把握するよりも、長持ちせず、いずれ朽ち果てるこの世の財産や宝へと登ります。

経済危機は人類にとって、もう一つの大きなしるしです。全能の神は今、金銭の神を現すマンモンを打ち砕いておられます。世界は神の愛ではなく、マンモンに頭を深く垂れて崇拝し、それが利己主義、戦争、そして心の中に邪悪さをもたらしているのです。

しかしながら、世界がこれほど邪悪で神を認めないにもかかわらず、神は今もなお私たちを愛してくださり、サタンが破壊したものを建て直すとして私たちを安心させてくださいます。

1992年5月6日、神はこのように言われました。

「**サタンは今日、その憎しみのすべてを地上に吐き出している。怒りにまかせて国民を引き裂き、国々を転覆させる。サタンは破壊し、災難に次ぐ災難をもたらすが、私の手は大いなる力をもって、破壊したもののすべてを建て直す**」

現在の棄教のさ中にあって、主はこの時の終わりに、希望のしるしを与えておられます。希望のしるしとは、主が「第二の聖霊降臨」と呼ばれる刷新です。異言、預言や癒やし、知識の賜物《たまもの》といった、身に余る賜物が分け与えられています。一言で言えば、私たちに与えられているすべては天からのものなのです。

霊魂が霊的に死んで、その「死臭」が天に届く時にでさえ、恵みと慈しみの時代である今この時には、聖霊が突然、そして不意に、その霊魂に降《くだ》って来られ、生き返らせるために復活の息吹を吹き込まれます。そしてその霊魂を燃え立たせ、邪悪で不浄なものをすべて根こそぎ焼き尽くします。聖霊はその愛のうちに、この霊魂を高く上げて、神の甘美さを味わわせます。神の甘美さによって変容させられ、燃え上がった霊魂は、喜びのあまり走りだし、直ちに力強い神の証し人となります。この霊魂は一つの墓であったのに、大聖堂《カテドラル》へと変容させられたのです。

黙示録21章1―2節の中に記されている比喩的表現は、次の通りです。

**「わたしはまた、新しい天と新しい地を見た。最初の天と最初の地は去って行き、もはや海もなくなった。更にわたしは、聖なる都、新しいエルサレムが、夫のために着飾った花嫁のように用意を整えて、神のもとを離れ、天から下って来るのを見た」**

1995年4月3日のメッセージの中で主が言われたことです。

**「新しい天は……至高の天の高みから、私の聖霊があなたたち皆の上に注がれたときに訪れる……あなたの霊魂から一つの天国を造るために。こうして私は、この新しい天で誉れを受ける」**

**「私の聖霊があなたたちの土壌に新しい地を造り、繁栄するようにさせなさい。そうして、悪霊の領地だったあなたの最初の地が消えゆくように。そして私の栄光が再びあなたたちのうちに輝き、聖霊によってあなたたちのうちに蒔《ま》かれた神聖な種は、すべて芽吹いて、私の聖なる光のうちに成長していくだろう」**

主が与えられたこのメッセージの中にある「新しい天と新しい地」とは、私たちの霊魂の状態を比喩的に表しています。この刷新の前に、罪深さのうちにあった霊魂は、夜闇《よやみ》に覆われた天のようなものでした。しかし、霊魂のうちに聖霊の現存があると、その霊魂は内側にも外側にも、幾千もの星座の光のように輝きだします。神の栄光の光輝のすべてを受けたからです。

新しい地に関しては、刷新される前の霊魂は、乾いて不毛な荒れ地のようでした。聖霊が霊魂の内に訪れることによって、この霊魂は新しい地、楽園、神にとってのエデンの園となります。なぜなら、この霊魂のうちに植え付けられた種子は、神に由来する天の種だったからです。

エルサレムの町も私たちの霊魂を象徴します。私たちは聖霊が住まう住居であり、聖所、聖なる住居、天幕、神の都市、エルサレム……等と呼ぶことができます。この刷新の後、古いエルサレムはもはや消え去り、霊魂は新しいエルサレムへと新たにされるのです。言い換えれば、霊魂の「古い自我」は消え、聖霊の光へと変貌をとげた新しい自己はいまや、神の天国から現れた新しいエルサレムとなるのです。神のものとなったこの町は、光り輝く神の栄光に照らされるので、もはや太陽や月の光を必要としません。

このような変貌をとげた霊魂は今、花婿のために美しく着飾った花嫁のようです。なぜなら、彼女（霊魂）はキリストをまとっているからです。私たちの創造主に他ならない花婿[5]は、花嫁を婚姻の寝所、すなわち神のみ心の中へと運んでいかれます。

イエスは言われます。

**「それゆえ、自分の霊魂にこう言い聞かせなさい、愛する者たちよ。『神のうちだけに憩え、神だけが私の希望の源なのだから』。心を歓喜させ、霊魂は新たにされるように、この日々には、歴史上かつてないほど、私の恵みを人類に降り注いでいるからだ」**（2001年8月3日）

時のしるしと聖書の格言を見分けることが、どうして私たちにとってこれほど難しいのかと、イエス・キリストは驚いておられます。1993年10月6日、キリストはお尋ねになりました。

**「今日、いちじくの小枝がしなやかになり、葉を芽吹かせた。あなたたちはまだ時が見分けられないのか？　これほど多くの者が聖書を読んで理解できないとはどういうことか？　あなたたち**

のほとんどが洞察力を失ってしまったのはどうしてか？　目を覚ましていなさいとは言わなかったか？　私の子どもたちよ、今日、私の王国があなたたちの前に差し出されている。気づかないまま、その横を通り過ぎてはならない。私の王国があなたたちを追い越してしまうことがないように。私の愛を軽んじてはならない。来なさい、私はいつもあなたたちと共にいる」

「携挙《けいきょ》」*6についてては、これを物理的なものだとする多くの解釈がなされています。イエスが話される時、ほとんどの場合は、比喩やたとえ話であったということを彼らは忘れています。この点について、1992年7月20日にイエスからいただいたお言葉です。

「……私の聖霊のしるしで、あなたたちの額に封印させてほしい。より分ける時が来た。今や精算の時。私は盗人のようにあなたたちを訪れる、私が戻る時には、誰も予想すらしていないだろうと皆に言ってきた。その時、二人の男のうち一人が取り去られ、一人は残される。二人の女のうち一人は取り去られ、一人は残されるだろう。収穫を刈り入れる準備がほとんど整った。そして私が『私はここにいる！』と言う時、そこには数え切れないほどの死体が残されているだろう。その時、私は私の天使に言う。*7

『私のものでない者たちをより分け、引き抜く時が来た。私を認めた者たちと、私の掟に従うのを拒んだ者たちをより分けよ。私の聖霊が彼らの案内人、松明《たいまつ》となるのを許して歓迎した者たちと、私に歯向かって棄教し、反逆したすべての者たち*8をより分けよ。小羊の封印が額に押されている者たちと、獣の名、あるいは666の数字が押されている者たちをより分けよ』

**今や時が来た。そして私自身が、私の名と御父の名を私の民に刻印している」**

神の教授法――神の教え方――は、誰もがみ言葉を理解できるように、ご自身が言われたことを、さまざまな方法で繰り返されるというものです。翌年、１９９３年12月23日に、主は前述の文章について再び説明されました。以下が主のお言葉です。

**「……いちじくの木はもう実をつけ、ぶどうの木はもう花を咲かせている。娘よ、見えないか？私の天のしるし*9に気づかないか？聞いて書きなさい。時代よ、これまでも、そして今も、私は天使たち*10を送り続けている。選ばれた者たちを四方から集めるために、天の隅からもう一方の隅にいたるまで……あなたが今いるこの世界は急速に過ぎ去る。私は教会を刷新するために私の天使たち*10を送り、選ばれた者たち、私の民を集める。気が付かなかったか？理解しなかったか？まだ私のしるしが見えないのか？今日、聖霊は二人のうち一人を選んでは携挙し、聖霊の燃える炎で包み、至高者の証し人として送り出す。聖霊は一人を引き上げ、もう一人を塵《ちり》の中の塵に置き去りにする。一人は取られ、もう片方は残される。*11私の聖霊は風のように、望みのままに吹いていく。あなたたちはその音を聞くが、どこから来てどこへ行くかはわからない……私の聖霊はこの日々、こちらからもあちらからも、あなたたちの上に吹いている。その息吹はあらゆる方向に流れていく小川のよう、この小川が流れる所はどこにでも、実のなる木が萌え出て、その葉はしおれず、病いを治す力があり、この木から食べる人は誰でも癒やされる……あなたたちが聖霊のまばゆい光に気づかないとはどうしたことか？　――七日分の光を一度にするほどに、私**

**の聖霊は今日、天において輝いている。人の子が天に現れるというこのしるし**[*12]**は、あなたたちにとって十分ではないのか？　群れを集める羊飼いのように、私の聖霊は散らされた群れを集めて救う。私は隠されていたこと、知られていなかったことをあなたたちに啓示している。時代よ、私は時宜にかなってこれらのことを啓示している。右を向こうと左を向こうと、あなたたちは天に聖霊のまばゆいしるしを見る、そしてその耳は聞くだろう。**

**『私はある！**[*13]**『私はある』が、心の中であなたと共にいる。『私はある』がここにいる、あなたの希望、力、信仰、そして愛をうち立てるために』**」

これらの文節は霊です。霊が神の被造物を新たにしようと、まさに全力で働いておられることがわかります。聖霊は私たちの霊魂を罪から解放してくださいます。肉は肉に過ぎません。ですから「携挙」とは、肉体にではなく霊のうちに行われるものなのです。イエスが「死」や「死体」について語られる時、罪は私たちを霊的に殺すことから、同時に霊のことも言われているのです。

1997年4月12日に与えられた次のメッセージの中で、神は時のしるしが見分けられるように、私たちの無気力な霊魂に活を入れようとしておられます。

「（聖母マリア）**地球は混乱に陥り、罪のない多くの血が流されています。しかし、それは時の終わりのしるしでもあるのです。サタンと闇の権力は、地上に反吐《へど》を吐き出して、家庭に悲しみと分裂をもたらしています。世界中に偽預言者を立ち上げ、さらにしるしや前兆を作り出しています。それは神に選ばれた者たちでさえ、反逆するように陥れるためなのです**」

残念ながら、この世はまたもや時を見誤り、見分けることができずにいます。聖なる恵みが私たちの上を吹いているのに、私たちは自らの闇のうちにあって気づきません。神は言われます。多くの人々は、心の中に平和ではなく、戦争を抱いていると。私たちの心が抱くこの戦争は、それ自体外面化します。ここで再び、イエスが言われた言葉です。この世がどれほど不明に陥っているか、私たちを救うために神がどれほどみ手を伸ばしてくださっているか、より明確な視点が示されています。

　１９９２年6月10日、キリストは言われました。

**「この時代、あなたたちを悪の力から救い出そうと、私はかつてないほど、天から手を差し伸べている。彼らはあなたたちのうちに残されたわずかな光も吹き消し、闇の中に住むように強いるつもりだ。そこで、『私を救ってくれる人も、友となってくれる人もいない』と言ってはならない。あなたは助けを得られないと言ってはならない。心から私を呼び求めなさい。そうするなら私はあなたのところへ飛んで来よう……」**

　そして、１９９２年9月17日の別の一節で言われました。

**「私は優しく、へりくだる心を持っている。そしてあなたたちの心の中にあるものをすべて知っている。そこで私の霊に願い求めなさい、そうするなら私の霊があなたを助けに来る。聖霊は今、この祈りをたびたび祈るように求めている。**

**『イエスよ、死も、生命も、天使も、君主も、存在する何物も、これから来る何物も、どんな力も、**

**高さや深みも、造られた何物も、あなたから私を分かつことは決してありません。あなたへの忠実に留まると誓います。これが私の心からの誓いです。いつまでも永遠に、この誓いが守れますようにお助けください。アーメン』」**

神なしには、私たちの人生に平和はありません。心を入れ替え、隣人を愛さなければ、私たちの世界は混沌に陥ったままです。それほど単純なことなのです。生命の価値なくしては、私たちは大規模な破滅に向かうことになります。それは他の誰でもない、私たち自身が招くものなのです。

これがあなたの目の前に置かれている選択です。

＊1「私たち二つの心」この表現は、イエスと御母マリアの二つのみ心を象徴します。
＊2 サタンは神の猿真似をして、聖痕を与えることすらできるのです。ちょうど、ニューエイジのセクトに属する人に与えたように。
＊3 宗教。
＊4 例えばバイオエナジック・エクササイズ等……。
＊5 イザヤ54・5「あなたの造り主があなたの夫となられる。その御名は万軍の主」。
＊6 マタイ24・40―41。プロテスタント諸派の終末論でしばしば議論される概念。（訳注）
＊7 マタイ13・24―30、毒矢のたとえに言及。
＊8 この一節は二テサロニケ2・1―12の聖パウロの預言を確証しています。「時の終わり」を予告する二つのしるし、大いなる反逆（棄教）と不法の者（反逆の霊）です。
＊9 マタイ24・30に言及。

＊10「天使たち」とは、ここでは使者たちを意味します。み言葉を運ぶべく、神が世に送られた「選ばれた者たち」。
＊11 この場合も、例えば同じ家族の中で、一人は聖霊によって引き上げられて回心し、神の愛に燃え立つのに、他の一人はなぜそうならないのか、私たちにはわからないのです。
＊12 マタイ24・30。
＊13 ヨハネ18・6と8。

## ヴァスーラの使命

世界を良くしていくための解決法はどこにあるのかと尋ねられて、ヴァスーラはこう答えました。「まずは悔い改め、自我に死に、神に立ち戻って祈ることです。これが、病んで堕落してしまった世界への私の処方箋です」

ヴァスーラの体験は、数多くのキリスト教派に属する信徒たちに、昔の預言者たちが引き起こしたものと同じ疑問を生じさせることになりました。

「果たして全能の神は、地上まで降りて来て、人間と語られるのか？」

ヴァスーラの使命が30年にわたって世界中で引き起こした関心は、多くのキリスト教徒が考えるように、神はキリストの時代から現代に至るまで、ずっとご自身を現し続けてこられたということの明らかな指標です。

ヴァスーラが受けたメッセージの主なテーマは、キリストの体の一致ですが、同時に、彼女の宣教はヒンズー教、イスラム教、仏教、その他のあらゆる信仰を持つ人々にまで到達し、歓迎されました。事実、これらの信仰を持つ何千人もの人々が彼女の集いに参加し、中には「神のうちの真《まこと》のいのち」の巡礼に参加した人々もいました。ヴァスーラは、世界中の超教派の会合や諸宗教間の会合に、定期的に招かれて参加しており、ニューヨークの国連本部で「聖地に平和をもたらす方法」について演説したこともあります。

## 祈りの集いと連絡先

神は、ヴァスーラに祈りの集いを作るように求められました。その性質上、教派を問わないもので、「神のうちの真《まこと》のいのちの祈りの集い」と呼ばれます。米国（30州以上）とカナダを含む、世界で77以上の国々に広まっています。日本では、英語のグループを含めて15前後の集い（2016年9月現在）があり、定期的に集まって祈っています。参加者はさまざまな教派にわたり、日本国内でもカトリック信徒、プロテスタント信徒、正教徒などが一致して共に祈っています。参加は自由、無料で、洗礼の有無も問いません。活動はすべてボランティアによって無償で運営されています。

日本語の集い：東京都、伊東市、大阪市、神戸市、鳥取市、倉吉市、北九州市、那覇市

英語の集い：会津若松市、郡山市、喜多方市、須賀川市、那須塩原市、調布市、土浦市、川口市、さいたま市

祈りの集いの詳細に関して、また祈りの集いを作る方法についての問い合わせは次の連絡先まで。

ＴＬＩＧ日本
Ｅメール　info@tlig.jp
電話・ファックス　０３—６３１５—２６９０
公式サイト　http://tlig.jp/

## 巡礼と黙想会

ヴァスーラは祈りの集いの設立に続いて、諸教会を呼び集め、共に祈り、礼拝し、一致についての対話を行うように指示を受けました。以来、ヴァスーラは人々の協力を得て巡礼を企画し、現在は二年ごとに行われています。巡礼では毎日、様々なキリスト教派の聖職者団による礼拝（ミサや聖体礼儀）が行われます。

ヴァスーラは言います。

「皆が一緒に集まって行われる礼拝（典礼または奉神礼）や、集会の中で起きていることは、本当に素晴らしいものです。なぜなら、これらの異なる教派の諸教会はもうすでに——非公式なやり方で——来たるべき一致を前もって味わっているからです」

巡礼や黙想会については、公式サイトやメールマガジン等で情報が公開されます。詳細はお問い合わせください。

**慈善を実践する**

神がヴァスーラにお与えになったメッセージは、キリスト教徒だけではなく、すべての人々のためのものです。信仰を行動に移し、他の人々に仕えることで愛を実践する必要があります。

１９９７年、ベツレヘムのキリストご降誕の地のすぐ外にいた時、ヴァスーラは聖母マリアのヴィジョンを体験しました。このヴィジョンの中で聖母マリアが言われたことは、人々に霊的な糧《かて》を与えるのに加えて、目に見える糧も与える必要があるというものでした。あるメッセージで、イエスはヴァスーラに思い出させておられます。

**「どんなことであれ、もっとも小さな者にすることは、私に対してしているのである」**

多くのボランティアたちの協力を得て、ヴァスーラは世界16ヶ国で慈善の家を作りました。――ヘブライ語で「マリアの家」を意味する「ベス・ミリアム」と呼ばれています――これらの家は、宗教を問わず、すべての人々に対して開かれており、困っている人々に食事やその他のサービスを提供しています。医療や教育サービスを提供しているところもあります。

日本では、東京都渋谷区と大阪市西成区の二カ所（２０１６年9月現在）で、有志によるホームレスの人々への炊き出しが行われています。ベス・ミリアムに関する情報は、公式サイトをご覧ください。

**『神のうちの真《まこと》のいのち』**

1986年から2003年までにヴァスーラが受け取った『神のうちの真のいのち』のメッセージの完全版は、単巻版（上記写真）と六分冊版で入手できます。また電子ブック版もあります。英語オリジナル版の他、様々な他の言語でも出版されています。詳しくはinfo@tlig.jpまで、ご注文もこちらまでお問い合わせください。『神のうちの真のいのち』についての情報は、公式サイトをご覧ください。http://tlig.jp/

ヴァスーラ２歳　1944年

皇帝ハイレ・セラシエの限定切手

19種類の限定切手のうち９種類を含む封筒

ダッカにて　バングラデシュ国内テニス選手権の女子ダブルス

ファッション・モデルをしていた時

バンコクでの休暇旅行の家族写真

ダッカのカトリック教会と神学校

ディアンへ向かうカヌー上で

ディアンでの私たちのベッド

ディアン在住の隠修士デュジャリエ神父との夕食

ダッカへの帰路の途中、ディアンの村にてサモサを食す

バングラデシュの台風の被災者にサリーとルンギーを提供

教皇ヨハネ・パウロ二世の腰帯にキリストのメッセージを入れる　1988年８月３日

インドでの集会　1998年

インドで証しする

ヨルダン巡礼にて　一つの祭壇を囲んで分かち合う　2005年

バングラデシュのクルン村の子どもたち
ここには「神のうちの真のいのち」が設立した学校がある

ダッカのベス・ミリアムにて養われる子どもたち

「神のうちの真のいのち」の巡礼にて　テレスフォレ・トッポ枢機卿と

カンタベリーのウィリアム・ローウェン大主教に紹介される　2006年

アレクサンドリアのコプト正教会の第 117 代教皇および総主教である
シェヌーダ三世（1923—2012）—ヴァスーラの使命を祝福される

アレクサンドリアおよび全アフリカのギリシャ正教会総主教セオドロス二世
ヴァスーラの使徒としての働きを祝福される

総主教セオドロス二世との会談

教皇に選出される直前のヨゼフ・ラッツィンガー枢機卿との私的な謁見
この謁見はバチカンでの実りある対話の完結として行われた

教皇ベネディクト十六世『神のうちの真のいのち』の単巻版の本を受け取られる
2008 年 1 月 30 日

バングラデシュのマイメンシンにて
イスラム教のエリートたちとモウラナ・アボウル・ハック師との会合

マイメンシンのホテル・ムスタフィズにて
イスラムの聖職者たちとの会議

バングラデシュのH.E.シェイク・ハシナ首相より
平和金賞を授与される

宗教間の平和と調和への平和金賞

直近のイスラエル巡礼　2013 年

**著者略歴**

ヴァスーラ・リデン

1942年生まれ。夫と二人の息子をもつギリシャ人。普通の主婦でありながら「現代の最も偉大な神秘家の一人」として広く知られる。才能のある画家として、またテニスプレーヤーとして世俗的生活を謳歌していた1985年のある日、突然守護の天使の出現を受ける。清めを経て、三位一体の神ご自身からの世界への緊急の愛と警告のメッセージを伝えるように呼ばれる。30年にわたって著述と講演(これまで85か国を訪問、千回を超える)を続けており、報酬は一切受け取っていない。驚くべき内容のメッセージは、嵐のような論争を巻き起こしながら、世界中の人々、各教会の高位聖職者や国家指導者にまで到達し、支持を得る。


# 天国は現実、しかし地獄も現実

来たるべきことについての目撃者の証言

2017年1月18日　初版発行

著　者　ヴァスーラ・リデン
翻　訳　TLIG日本
翻訳監修　英　隆一朗(イエズス会)

発行・発売
創英社／三省堂書店



〒101-0051　東京都千代田区神田神保町1-1
Tel：03-3291-2295　Fax：03-3292-7687



印刷・製本　日本印刷株式会社





ISBN：978-4-88142-611-1 C0016